Ana Cecilia und Dietmar Schoof

Geschichten, die das Leben schrieb…

…und von dem, was übrig blieb

El Faro Verlag

Ana Cecilia und Dietmar Schoof

Geschichten, die das Leben schrieb…

…und von dem, was übrig blieb

El Faro Verlag

Bibliografische Information der Deutschen Nationalbibliothek
Die Deutsche Nationalbibliothek verzeichnet diese Publikation in der Deutschen Nationalbibliografie; detaillierte bibliografische Daten sind im Internet über http://dnb.d-nb.de abrufbar.

ISBN 9783942721011

www.elfaro-verlag.com
Herstellung und Vertrieb: Books on Demand GmbH, Norderstedt

Inhalt

Vorwort

Manchmal, so sagt man, ja manchmal, da schreibt das Leben die besten Geschichten und nicht die Menschen, die sie erleben und durchleben müssen. Das liegt wohl daran, dass alles, was auf dieser Welt geschieht, schicksalsbedingt abläuft. So wundert es uns nicht, wenn wir eines Morgens aufstehen und zur Kenntnis nehmen müssen, dass wir wieder einmal in einer wie auch immer gearteten, hanebüchenen Geschichte des Lebens, geradezu gefangen in deren uns bedrohlich scheinenden Abläufen sind und nichts weiter tun können, als zu hoffen und zu beten, dass auch dieses Mal wieder alles gut gehen möge und der uns bedrohende Schatten eines auf uns zukommenden Schicksalsschlages vorüber ziehen möge, wie schon so oft in unserer Vergangenheit.

Ja, das sind, so sagt man, lieber Leser, jene schicksalhaften Augenblicke, in denen man sich vielleicht noch ein Stück mehr mit dem Leben und den Betroffenen, die diese schwierigen Momente zu durchleben haben, verbunden fühlt, weil man doch tief in sich spürt, wie abhängig man ist als eine vom Leben geschaffene Kreatur, die vielleicht nur zu dem einen einzigen Zweck auf dieser Welt verweilt: Zu überleben in einem Chaos, das diese auch noch selbst zu erschaffen scheint, wie man da landläufig meint!

Wenn man sich allerdings tiefgründiger dieser Thematik der schicksalsbedingten Ereignisse und der sich daraus ergebenen Geschichten nähert, dann erkennt man die Handschrift des Lebens und die uns noch lange spürbar auf den Wangen verbleibenden Ohrfeigen desselben, wenn, ja wenn wir wieder einmal allzu sehr von dem uns vorgegebenen Schicksalsweg abkamen, der uns allen vorbestimmt scheint. Was läge da näher, als anzunehmen, dass der tiefere Sinn unseres Lebens der immer währenden Aufgabe folgt, sich gemäß den vorgegebenen Schicksalsabläufen unterzuordnen, um uns weiter zu entwickeln in einer Welt, die auf die Evolution aller seiner Mitbewohner, wie groß oder klein, bedeutsam oder unbedeutsam sie auch sein mögen, setzt?

Wer also ein Stück mehr von sich und seinem Leben kennen lernen möchte, der braucht nur hineinzuschauen in seine Vergangenheit, in der all jene erlebten und durchgemachten kleinen und großen Abenteuer abgespeichert sind, um festzustellen, dass es sie wirklich gibt, die Geschichten, die das Leben schrieb und von dem, was übrig blieb.

So möchte ich als Autor und selbst Betroffener, der viele dieser Geschichten erfuhr, durchlebte und überlebte, Ihnen einen kleinen, wie auch immer gearteten Einblick in die Schicksalswelt geben, in der jeder auf seiner kurzen oder langen Lebensreise all jene bittersüßen, traurig-sauren Erfahrungen machen muss um zu verstehen, wie es ist, mittendrin zu stehen in einem Leben, das um uns herum eine Geschichte spinnt, die manchmal verrückter, absurder und doch unvergleichlich und genialer nicht sein könnte.

Vergessen wir von daher nicht, wie klein und unbedeutsam der Mensch als solches ist, wenn er, wie so viele andere um ihn herum, etwas erlebt, von dem er vielleicht meint, dass er es kaum überleben wird. Gedenken wir aber auch all derer, die hoffnungsfroh und mutig trotz alledem ihren Weg fortsetzten, nachdem sie wieder einmal eines dieser ihnen bedrohlich bis gefährlich scheinenden Abenteuer überstanden, wohl gemerkt: heil überstanden. Denn nicht immer gehen die Geschichten, die das Leben schrieb, glimpflich aus, so wie die, von denen man leider im Nachhinein sagen muss, dass das Leben es mit den Betroffenen nicht immer gut meinte.

Folgen wir von daher nun all den kleinen und großen Protagonisten jener großen und kleinen Geschichten, die wie du und ich hilflos und im Steinhagel der Ereignisse stehend, in eine ihnen unbekannte Zukunft sehend, nicht wissen, woher sie kommen und wohin sie gehen und doch durch eine ereignisreiche Welt schreiten, die sie, wenn alles gut ausgeht, zu Erzählern und somit Botschaftern ihrer eigenen kleinen, bedeutsamen oder unbedeutsamen Geschichte macht.

Und gedenken wir natürlich dabei auch der eigenen, denn es sind oft die absurdesten Lebenssituationen, die die verrücktesten Geschichten hervorbringen, die wir, wenn wir sie im Nachhinein betrachten, trotz ihrer Gefahren und der manchmal von ihnen ausgehenden schrecklichen Bedrohung, durchaus noch als reizvoll empfinden. Da ist es doch spannend, sich noch einmal in einer, wenn auch nicht immer gewiss scheinenden Gegenwart, der vor uns liegenden, ungewissen Zukunft zuzuwenden und gleichzeitig zurückzublicken auf die Ereignisse von gestern in eine uns gewisse, weil erlebte Vergangenheit, um erleichtert, ja, vielleicht sogar schmunzelnd auf das zu schauen, was dort als gelebte und abgeschlossene Erfahrung hinter uns liegt, die Geschichten, die das Leben „für uns“ schrieb und von dem, was davon übrig blieb.

Das Schiff im Sand der Zeit

Es war einmal, so sagt man vor langer Zeit, vor einer kleinen Ewigkeit, dass ein Schiff, aus einem fernen Land kommend, in ihren Gestaden auflief und wie ein gestrandeter Wal liegen blieb, an jenem Strand, wo es heute noch liegt. Jenes Schiff, dessen Name, verwittert am Bug und Heck, nur noch mühsam lesbar ist. Jenes Schiff, das einst stolz die sieben Weltmeere befuhr und nun nur noch ein großer Haufen Schrott ist. Jenes Schiff also, das hier strandete, weil es vielleicht müde geworden war all der Fahrten über die Meere jener See, die doch sein Zuhause war.

Was um alles in der Welt war geschehen? Das fragt sich, der diese Monstrosität am Strand liegend, die einstige Schönheit der Meere, sieht, was um alles in der Welt führt dazu, dass ein so schönes Schiff von einst zu einem Wrack wird?

Nun, vielleicht ist die Geschichte schneller erzählt und entmystifiziert als man glaubt, wenn man den Erzählungen derer traut, die mit diesem Schiff die Weltmeere befuhren und ein grausiges Schicksal erfuhren, in einer düsteren Nacht, in der man spürt, dass der Tod über einen wacht und nicht mehr das Leben da draußen auf dem düsteren großen Meer, das nachts, während andere Schiffe im Hafen schlafen und dunkle Ereignisse ihre Schatten voraus warfen, bis ja, bis auch sie (Anmerkung: in der Schifffahrt sind Schiffe weiblich, „die Wappen von Hamburg“, „die Titanik“ usw.) den Hafen verließ und mit ihrem spitzen Bug in jene Welt hinein stieß, die sie auf ihre Weise empfing und nicht immer das Leben und Überleben, sondern oft den Tod wohl bringt, weil der Kapitän ein Säufer war und nicht mehr des Willens und somit in der Lage war, das Schiff zu steuern, sondern nur gemäß mit Kohle zu befeuern und den Maschinen die Kraft zu geben, sich mit den Elementen anzulegen, die grausam auf ihr Opfer warteten und diesem nichts, aber auch nichts von alledem was da kommen sollte, ersparten. Von dem Kampf gegen die Elemente und die See, denn manchmal, ja manchmal da tut es weh, zu sehen wie ein Schiff zu Grunde geht, nur weil ein betrunkener Kapitän auf der Brücke steht und so wählte er den falschen Kurs und steuerte sein Schiff und seine Mannschaft in den Tod und das, wie es schien, ohne Not, obwohl die, die ihn kannten, wussten, dass sie unter ihm leiden mussten, dem Tyrannen der Meere, wie sie ihn nannten, als sie spätestens, nachdem sie die Katastrophe erkannten, in der er sie steuerte, nur ihn den Versager feuerten(?), doch es war zu spät, das Schiff lief auf Grund und so ging es von

Mund zu Mund, SOS, rettet eure Seelen und ich will nicht verhehlen, wie schrecklich der Tod des Ertrinkens für die Männer war, für die die letzte Stunde gekommen war.

So sammelte der Tod einen nach den anderen ein und war mit sich nachher im reinen, als er die dreißigköpfige Mannschaft unter seinem schwarzen Tuch verschwinden ließ und sie, die aus dem Vorhof der Hölle kamen, in die Hölle stieß. Das Schiff aber strandete dort wo es heute liegt, von den Elementen der See, aber vor allen Dingen von den Menschen besiegt. Von denen, die verantwortungslos mit ihm umgingen, weil Menschen nun einmal Unglück über andere bringen. So wie dieses Schiff, das im Meer der Zeit verloren ging und uns traurige Erinnerungen an eine bessere Zeit wohl bringt, denn wenn wir es am Strand liegend betrachten und vielleicht verstehen, warum oft gescheiterte Existenzen schicksalsvolle Dinge begehen und nicht nur das Leben von sich und anderen opfern, sondern auch das eigene noch dazu und so lag es da, friedlich sterbend, eingebettet im Sand der Zeit zur letzten Ruh.

Das Schiff, das man den Namen „Rosi Ann“ wohl gab und das, wie so viele andere einem schrecklichen Schicksal erlag, dem nämlich, ein Opfer derer geworden zu sein, die verantwortungslos handelten und ohne es zu wollen mit dem Tod anbandelten, der ihm das Leben nahm, als das Schiff auf Grund wohl kam. Was heute dort noch liegt, besiegt von Menschen Hand, seinen viel zu frühen Tod wohl fand und in einer Welt, die nun mal eine grausame ist, insbesondere dann, wenn du der Kapitän auf deinem eigenen sinkenden Schiff wohl bist, als ein unbarmherziges Schicksal es auf den Strand des Lebens hintreibt, wo es sich, der Sand der Ewigkeit der gelebten Erinnerungslosigkeit, einverleibt. Dort wo so viele Seelenverkäufer ihr bitteres Ende fanden und immer noch neue schicksalsträchtige Schiffe landen mit Mannschaften voll, die nicht verstehen, warum sie durch den Fehler eines Menschen den letzten Weg durch das Tor des Vergessens gehen. Durch jenes Tor, an das wir erinnert werden, wenn wir die gestrandeten Schiffe am Strand wohl sehen und ein Stück mehr von ihrem Schicksal und dem unseren verstehen, von der begrenzten Zeit, die uns bleibt, in einer wahrlich schwierigen Zeit, wo der Mensch, des Menschen größter Feind wohl ist und darüber hinaus vergisst, dass es doch in seiner Hand wohl liegt, dass das Schicksal ihn nicht besiegt, wie das Schiff, das träumend am Strand noch lag, während seine Seele stählern und ächzend am Strand verstarb, so wie die Hoffnung all derer, die mit ihr die See befuhren und auf diesem Wege ein schreckliches Ende erfuhren, weil doch am Ende nichts weiter bleibt, als die

Erkenntnis einer uns, wie den Sand das Schiff verschlingenden Zeit, durch die unser Leck geschlagener Seelenkamm wohl treibt.

Der Katzenerlöser
Und erlöse uns von dem Übel...

Einen ganzen Sommer lang pflegte und hegte er in seinem idyllisch gelegenen Gartenhaus, weit vor der in der Ferne sichtbaren, vor sich hinqualmenden Stadt, eine kleine Horde wilder, herrenloser Katzen, die, als sie zu ihm fanden, kleine, traurige, ausgezehrte Fellknäuel waren, die dank seiner liebevollen Zuwendung und Hilfe auch in medizinischer Hinsicht wieder auf die Beine kamen.

So gingen die Tage ins Land und die schönste Zeit des Jahres flog an ihnen vorbei wie ein nicht enden wollender Traum aus Glück, Zufriedenheit und Melancholie. Instinktiv spürten sie, die kleinen, von ihrem Gönner jetzt vollkommen abhängig gewordenen Geschöpfe jedoch, dass ihre Zeit auf eine nicht näher erklärbare Weise abzulaufen schien, genauso unaufhaltsam verrinnend, wie die unzähligen Körnchen in der Sanduhr, die auf der alten Kommode, die auch schon bessere Zeiten gesehen hatte, in seinem kleinen Sommerhaus stand.

Und ehe sie es sich versahen kam der Herbst mit seinen kalten Stürmen, die von Norden her das Land zerzausten und brachte gleichzeitig jene Kälte mit sich, die schon in den vergangenen Jahren oft den frühen Tod für andere kleine, hilflos ihrem Schicksal überlassene Katzenscharen gebracht hatte.

Auch der liebevoll, sich stets um seine kleine, quirlige Bande, Energie geladener Fellknäule kümmernde ältere, graumelierte Herr wusste, dass mit diesem Sommerende sein eigenes Schicksal besiegelt sein sollte, litt er doch an einem unheilbaren Krebs, der ihn langsam aber sicher von innen her zerfraß. So saß er oft mit traurigen Augen und einem wehmütigen Blick da, in eine endgültige, für ihn finale, nicht mehr existierende Zukunft schauend, sorgenvoll der kleinen Katzenschar und ihrem unausweichlichen, schrecklichen Schicksal gedenkend, das an das seine geknüpft zu sein schien Denn wenn er nicht mehr wäre, das stand für ihn fest, würde es niemanden mehr geben, der sich in der kalten Jahreszeit um sie kümmern würde und ihr trauriges Ende wäre, wie auch schon so viele Jahre zuvor mit anderen Katzenbabys geschehen, besiegelt. Nur die stärksten und kräftigsten Tiere wären in der Lage, die lange Zeit des Winters hungernd und frierend zu überstehen, wenn der kalte Wind des Nordens erbarmungslos über das Land hinwegzog und diese Katzenschar unter einer weißen Schneedecke verschwinden ließ. So reifte in ihm ein Plan heran, der tragischer, schicksalhafter und gnadenvoller zugleich nicht hätte sein können; ein Plan, der auch liebevoll derer gedachte, die ihm vom Leben her anvertraut worden waren.

Es war der letzte Abend vor seiner Abreise in die ferne Stadt, als er sich und seinen kleinen, ihm treu ergebenen Freunden ein letztes, allerletztes Mal, wie es schien, ein geradezu grandioses, alles überragendes Abendmahl präsentierte. Bei leiser Musik und Kerzenschein hatte er den großen, runden Tisch auf der alten schon baufällig gewordenen Veranda, wie zu einer Tafelrunde, mit dem besten und kostbarsten Geschirr gedeckt, das er hatte, sowie den wertvollsten Weinen und den schönsten Leckereien und Spezialitäten, die er im nahen Dorf in dem kleinen, aber feinen Lebensmittelladen hatte finden können. So war die reichlich gedeckte Tafel mit ihren Köstlichkeiten ein wahrer Schmaus und Segen zugleich für die geladene illustre Gästeschar, die das erste und einzige Mal mit ihm an einem Tisch dinieren durfte.

Gemütlich saß also nun ein alter, in Ehren ergrauter, sehr zufrieden drein schauender Herr, geradezu vergnüglich mit seiner lustig vor sich hin schmatzenden Katzenschar an diesem Abend zusammen und genoss die letzten Stunden ihres Beisammenseins. Und so bemerkte niemand den leicht bitteren Nachgeschmack der wunderschön anzuschauenden und noch köstlicher mundenden Speisen, die selbst einem Gourmet das Wasser im Mund hätte zusammen laufen lassen.

Nachdem das köstliche Mahl beendet worden war, rauchte er noch eine allerletzte, dicke Zigarre, genoss den vollmundigen, schweren Wein, der eigentümlicher Weise nur so in ihrer Region aus den vollen, sonnengereiften Trauben gewonnen wurde, und ließ sich von seinen kleinen Katzenfreunden schnurrend umgarnen. Danach stand er auf, legte sich auf das schon in die Jahre gekommene abgewetzte Sofa, deckte sich mit der alten, so grau wie er gewordenen Wolldecke zu und streichelte ihnen, seinen ihm so ans Herz gewachsenen kleinen Freunden, ein letztes Mal liebevoll über ihr weiches, samtenes Fell. Und nahm so auf diesem Wege Abschied von ihnen, die ihm wieder einmal einen ganzen Sommer lang die Einsamkeit und Traurigkeit und die Sorge um sein ungewisses Schicksal aus den Gedanken und seinem von Wehmut erfüllten Herzen vertrieben hatten.

So schlief er ein und mit ihm seine kleine Katzenschar und träumte von einem schöneren und besseren Leben für alle großen und kleinen Wesen auf dieser Welt, die es für ihn nicht mehr geben sollte.

Erst viele Tage später fand man den alten Herrn tot auf seinem alten, ganz durchgelegenen samtenen Sofa liegend, umgeben von den Leichnamen seiner kleinen, pelzigen Freunde, die er, als er seinem Leben ein Ende setzte, mit hinüber nahm in jene Welt, die er als die bessere ansah für sie, die ansonsten einem ungewissen Schicksal ausgeliefert gewesen wären.

Man fand eine kurze Nachricht auf einem vergilbten Zettel, zurückgelassen auf dem runden Holztisch, an dem sie ihr letztes Mahl zu sich genommen hatten, mit seinem letzten Willen und Wunsch, dass seine ihm so treu ergebenen, kleinen Kameraden neben ihm begraben werden sollten, um ihn auf dem weiten Weg in die Ewigkeit zu begleiten. Des Weiteren verfügte er, dass das Geld aus seinem Ersparten jenem Verein zum Schutz von Tieren zukommen sollte, der sich dem Leid und Leben jener kleinen, verlorenen Kreaturen widmete, wie er es getan hatte. Und sein allerletzter Wunsch war es, eine Gedenktafel aufstellen zu lassen, die an seine ihm liebsten und treuesten Freunde erinnern sollte, eine auf der zu lesen stand:

In Gedenken und ewigem Andenken an die,
die die einzigen und besten Freunde
in den schwersten Stunden meines Lebens waren,
als niemand mehr zu mir hielt und sich um mich kümmerte.

In tiefer Dankbarkeit und ewiger Freundschaft an die,
die mich nicht alleine ließen in meiner Zeitlebens erfahrenen Einsamkeit,
auf dass sich unsere Seelen dort treffen mögen,
wo es keinen Hass, keine Verdorbenheit und keine Unmenschlichkeit mehr gibt,
sondern nur noch Liebe, Verständnis und Treue.

und die Seelen all derjenigen,
die über den großen Fluss des Lebens gingen,
einander treffen und wiedersehen,
bis ans Ende aller Zeit, von Ewigkeit zu Ewigkeit.

Der Müllschlucker
Auf der Müllkippe des Lebens

Es war schon spät in der Nacht, als Betsy spontan aufstand, ihren übervollen, schon leicht müffelnden Müllbeutel nahm, zum Müllschlucker draußen im Flur des zwanzigstöckigen Hochhauses ging und erst den Müll und dann sich selbst entsorgte. Indem sie ihre 120kg Lebendgewicht in den engen Schacht presste und sich kopfüber fallen ließ.

Bis zum dritten Stock war sie schon gekommen, als eine kleine Verengung im Mauerwerk sie abrupt aufhielt.

Als man sie fand, war bereits einige Zeit vergangen, denn erst als der Müll sich bis zum fünften Stock hoch staute, kam endlich einmal jemand auf die Idee, die Hausverwaltung zu rufen, um nachschauen zu lassen, was wohl der Grund für das Passierhindernis sei. Betsy aber war bis dahin schon die Birne geplatzt, da der ungeheure Druck ihres eigenen Körpergewichts sie praktisch selbst erdrückte und sie qualvoll erstickend sterben musste, ganz so, wie ihr ganzes für sie beschissenes Leben verlaufen war:

Geboren im Müll, gelebt im Müll und gestorben in diesem. War sie doch zu lange der Müllschlucker für alle gewesen. Und so beendete sie nun ihr trauriges Leben in einem solchen. Allein – ohne Freunde, Verwandte, Bekannte, einsam und verlassen, sich selbst entsorgend wie eine ihrer alten, mit gammeligen Abfällen gefüllten nicht mehr zu gebrauchenden Plastiktüten aus dem Supermarkt um die Ecke.

Frieden ihrer armen Seele.

Erde zu Erde, Asche zu Asche, Müll zu Müll.

Mutter
(Der Abschiedsbrief)

Liebste Mutter!“

Wenn dich diese Zeilen erreichen, lebe ich vielleicht schon nicht mehr, weil ich heute dem Tod begegnet bin in Form einer kleinen, unscheinbaren Gewehrkugel, die mir in die Brust drang, unweit des Herzens. Sie gilt als inoperabel und so liege ich hier und lasse noch einmal alle meine Gedanken an Euch, die Ihr daheim geblieben seid, verstreichen.

Ich bin müde, so unendlich müde all dieser furchtbaren Bilder und Erinnerungen, sowohl derer von zu Hause, als auch jener des Krieges, den ich nie wollte. Franz, mein mir jetzt liebster Freund und Retter Lebensretter (da er es war, der mich vor dem sofortigen Kugeltod bewahrte, um mein Leben vielleicht für ein paar sinnlos scheinende Tage oder Wochen zu verlängern) schreibt jetzt diese Zeilen an Dich, liebste Mutter.

Oft noch denke ich an unsere gemeinsamen schönen Stunden und viele Bilder und Erinnerungen von damals – der guten alten Zeit - wie Du sie immer nanntest, kommen mir wieder in den Sinn und machen mich unendlich traurig; so traurig, dass ich jetzt weinen würde, wenn nur der Franz nicht wäre. Ich weiß, dass ich die Heimat nie wieder sehen werde, die Blumen vor Deinem Haus, den kleinen Fluss, die alte Straße zum Weiher und den Wald, in dem ich immer so gerne als Kind spielte. Was Du gar nicht gerne gesehen hast, weil Du immer in Sorge warst, dass mir etwas passieren könnte.

Ich habe immer alles so gemacht, wie Du es sagtest, habe stets auf Dich gehört und Deinen Rat befolgt. Und nur dieses eine Mal, wo ich ungehorsam war, weil ich trotzig und töricht zugleich wie ein kleines Kind mich nicht schützend vor den feindlichen Gewehrkugeln in Sicherheit bringen wollte, brachte mir den viel zu frühen Tod. Ich habe immer auf Dich gehört, habe geduldig die Kränkungen all jener ertragen, die mich Muttersöhnchen nannten. Ja sogar das Getuschel der Leute im Dorf hingenommen, die da meinten, wir wären mehr als nur Mutter und Sohn. Und nun liege ich hier, weit entfernt von Dir, an einem gottverlassenen Ort mit einer todbringenden Kugel in meiner Brust, die immer weiter wandert und mich schließlich töten wird, obwohl ich doch noch so gern weiter leben wollte. Ich weiß, ich habe unwiderruflich einen großen Fehler begangen, der sich durch nichts mehr auf dieser Welt korrigieren lässt und verliere nicht nur mein Leben, sondern auch die Liebe zu Dir. Du warst mehr für mich als ich es mit Worten sagen könnte, und weil ich es nicht beschreiben kann, belasse ich es dabei, Dich meine liebste Mama zu nennen; der wichtigste und wertvollste Mensch, den ich je gekannt habe in meinem noch ach so jungen Leben.

Ich bin so müde, so unendlich müde und möchte nur noch schlafen, auch wenn ich weiß, dass dann der Tod kommt und mich zu sich nimmt in eine Welt, in der kein Platz ist für Dich und Deine so grenzenlose Liebe. Verzeih mir, wenn ich nicht immer der für Dich gewesen bin, den Du Dir so sehnlichst wünschtest und verzeih mir auch, dass ich so dumm und töricht war, nicht besser auf mein Leben aufzupassen, das Du mir einst schenktest, damit ich es lebe und genieße, ausfülle und erfülle. Und gib, wenn Du irgendwann einmal den Franz, meinen Retter sehen solltest, ihm, an meiner Stelle, einen dicken Kuss, damit auch er einmal die Wärme und Zärtlichkeit eines wirklich liebenden Menschen spürt.

In unendlicher Dankbarkeit und nicht enden wollender Liebe für Dich wünsche ich mir, dass Du mich immer so in Erinnerung behalten mögest, wie am Tag meiner Abreise.

Dein Dich liebender, unendlich verletzter und trauriger, jetzt langsam sterbender Sohn.“

Zwei Tage nach diesem Brief erlag der junge Mann seinen schweren Verletzungen. Der Brief aber kam nie bei seiner Mutter an. Franz starb bei einem Bombenangriff und nahm diese Botschaft als letzten Gruß mit in den Tod.

Zurück blieb eine stets einsame, leidende, hoffende, bangende und wartende Mutter, die, obwohl schon so viele Jahre ins Land gegangen waren und sie darüber ganz grau geworden war, nie die Hoffnung aufgab, ihren geliebten Sohn irgendwann einmal wieder in die Arme schließen zu können.

So starb sie eines Tages, viel zu früh, wie die Menschen im Dorf sagten, einsam und allein, denn auch ihr Mann verstarb im Krieg und wie zum Trotz, gegen alle Vernunft, ließ sie eine kleine Steintafel an dem alten Haus, in dem sie lebte, anbringen, auf dem eine letzte Botschaft stand für ihren nicht mehr heimgekehrten, verlorenen Sohn:

Liebster Sohn,
Mir brach das Herz, als ich die Nachricht erhielt,
Du seiest vermisst und vielleicht sogar tot.
So wartete ich bis zum Morgenrot
auf meinen eigenen Herzenstod,

hoffend und betend
Dir irgendwann einmal wieder entgegenzutreten
in einer uns bereits vereinenden Welt,
wo nicht mehr der Krieg,
sondern nur noch die Liebe der Menschen zueinander zählt.

Das Grab des Namenlosen

Irgendwo fernab der Stadt lag das Grab eines unbekannten Namenlosen. Niemand kannte seine Herkunft, seinen Namen, sein Leben, sein Leid, seine Freude, seine Familie, noch seine Freunde. Hier lag er nun, bis zur Unkenntlichkeit verstümmelt durch die ihn in der Brandung der See hin- und herwälzenden Wellen. Und nur ein einfaches silbernes Kreuz an einer noch einfacheren, schmucklosen Kette zeugte davon, dass hier ein christlicher Mensch, der wohl an Gott geglaubt hatte, begraben worden war. Man hatte als letztes Andenken an seinen wohl schrecklichen Ertrinkungstod dieses an dem hölzernen Kreuz das auf seinem schlichten Grab stand, festgenagelt und lediglich das Datum seines Fundes auf diesem vermerkt.

So lag er viele Jahre auf dem kleinen Gemeindefriedhof, abseits der gepflegten Gräber in jenem Abschnitt, wo man bisher all jene begraben hatte, die, wie er, hier angespült vom Meer an ihren Gestaden gestrandet waren.

Woher er kam, wer er war, welch grausames Schicksal ihn vielleicht eines Nachts über Bord gespült hatte – nichts von alledem war bekannt. Bis, ja, bis eines Tages ein junges Mädchen, fremd und schön anzuschauen, diesen Friedhof der Namenlosen betrat und Ausschau hielt nach den Gräbern der dort bestatteten Toten. Sie hatte eine lange, unendliche scheinende Odyssee an den Stränden Südenglands und Frankreichs hinter sich, immer auf der Suche nach dem Grab jenes namenlosen Toten, der doch ihr Vater gewesen war.

Vor vielen Jahren in einer stürmischen Nacht im Kanal von England, noch in Sichtweite der weit über das Meer strahlenden Leuchttürme, trat ein vom Leben gezeichneter, einsamer, von allen sich verlassen fühlender, gramgebeugter Mann an die Reling des Hecks eines großen Frachtschiffes auf seiner Reise von Rotterdam nach Lissabon und starrte mit leerem, geradezu schon entseelten Blick in die Dunkelheit jener Nacht, die zu seinem Schicksal werden sollte. Er gedachte seiner ihn vor langer Zeit verlassenen Familie, den traurigen und glücklichen Momenten seines Lebens und der jetzt nicht enden wollenden, auf ihn einstürzenden Tristesse eines sinnentleerten Daseins.

Mit einer letzten, müden Bewegung zog er sich, nachdem er sich seiner Schuhe, auf dem Deck stehend, entledigt hatte, die er akkurat und liebevoll vor der Stelle aufbaute, von der er kurze Zeit später über Bord springen sollte, die Reling hoch, um seinem für ihn sinnlos und unwert gewordenem Leben ein jähes finales, alles beendendes Ende zu setzen.

Die groß angelegte Suchaktion blieb, nachdem man seine Schuhe gefunden hatte, die er nach Seemannsbrauch in der Gestalt zurückließ, dass jeder, der diese fand, wusste, dass er nicht mehr zurückkehren würde, genauso erfolglos wie die Identifikation der später am Strand von Südengland angespülten, vollkommen derangierten Leiche, die keinerlei persönliche Erkennungsmerkmale mehr zuließ. Außer dem silbernen, um den Hals des Toten hängenden Kreuz, was so gar nicht zu ihm passen wollte, da es eher zu einem kleinen Mädchen gehört hätte, als zu einem raubeinigen, mit allen Wassern gewaschenen Seebären.

Zutiefst erschüttert und voller innerer Verzweiflung und Trauer kniete sie an dem Grab jenes namenlosen Schiffbrüchigen nieder, das sie anhand der Kette als das ihres Vaters erkannte, der vor langer Zeit von ihr gegangen war und seitdem als ertrunken und somit verschollen galt. Es war ihr in diesem Moment, als würde sich eine tiefe Seelenwunde, die sie nach wie vor schmerzvoll daran hinderte, Frieden zu finden in ihrer kleinen, seit seinem Tod leeren und einsamen Welt, öffnen, um sie samt ihres aufgestauten Seelenschmerzes über den Verlust ihres über alles geliebten Vaters zu verschlingen. Erst als sie viele Stunden weinend an seinem Grab verbracht hatte und eine einsame Friedhofsgängerin auf sie aufmerksam wurde, ihr Trost spendete und seelischen Beistand gab, konnte sie sich aus ihrer Lethargie befreien und voller innerer Trauer und Einsamkeit den langen Heimweg antreten.

Bis zuletzt hatte sie gehofft, ihn, der so viele Weltenmeere befahren hatte, in irgendeiner verruchten Kneipe jenseits des Äquators zu finden, müde und ausgebrannt, verärgert über die plötzliche Entscheidung seiner Frau, sich scheiden zu lassen, und sich griesgrämig vergrabend und schmollend darauf wartend, dass eines Tages eine von ihnen reumütig zurückkehren würde, um nach ihm zu suchen.

Ganz Unrecht hatte sie mit ihrer Vermutung nicht gehabt, nur dass sie ihn, den alten Seemann, zutiefst in seiner Seele verletzt und mit gebrochenem Herzen hier tot in einem Grab der Namenlosen auffinden würde, hätte sie nicht gedacht, obwohl sie es tief in ihrem Inneren doch stets gewusst hatte. Noch immer konnte sie nicht begreifen, was ihn, den scheinbar lebenslustigen und alle Probleme dieser Welt bezwingenden, oft grummeligen und griesgrämigen Seebär dazu veranlasst hatte, seinem Leben auf diese

Weise ein Ende zu setzen, durch den Sprung in seine über alles geliebte See, die ihm vielleicht in dem Moment seines Todes sogar noch näher gewesen war als das Leben selbst. Gab sie ihm doch Trost und Segen in dem Augenblick, in dem er hinübertrat in jene Welt, die ihm verheißungsvoller und schöner erschien, als die, die er hinter sich gelassen hatte.

So ließ sie an der Stelle, wo jetzt das hölzerne Kreuz stand, ein marmornes, unvergängliches, alle Stürme des Lebens überdauerndes aufstellen, mit einer bronzenen Gedenktafel, die an ihren über alles geliebten und auf eine für sie seltsame unbegreifliche Weise von ihr gegangenen Vater erinnern sollte.

Querído padre mío,
Pasaste por este mundo como en un sueño…

Mein geliebter Vater,
Du gingst über diese Welt wie in einem Traum,
die Liebe und die Herzlichkeit suchend in den Seelen der Menschen, die Dich liebten.
Aber Du fandest nicht mehr als erkaltete Herzen, die Dich töteten.
Und durch ihre Einsamkeit und Härte suchtest Du einen neuen Weg
in eine Welt, in der Dich keiner mehr verletzen konnte.
Ich hoffe, dass Du all das finden konntest an jenem Ort,
zu dem Dich die Jungfrauen der Meere brachten,
wie mir Deine Kameraden erzählten.
Und hoffe, dass Du nie Deine kleine Tochter vergessen wirst,
die Dich immer liebte und die Dich nie vergessen wird.
Stets wirst Du einen Platz in meinem Herzen haben.
Deine Dich immer liebende Tochter und Schwester Deiner Seele.
Eine große Umarmung und ein liebevoller Kuss,
bis wir uns eines Tages wiedersehen in einer anderen Welt,
die weniger kalt, herzlos und einsam ist.
Carmencita

Einige Tage später fand man auf einem Fährschiff ein paar Schuhe, die fein säuberlich an dem Heck des Schiffes vor der Reling aufgebaut worden waren. Von der Trägerin, einer jungen Frau, fand man keine Spur und so galt sie fortan als verschollen in jenem Meer der verloren gegangenen Gefühle, in dem schon so manche Seele ihr trauriges vorzeitiges Ende fand. Denn manchmal, so sagt man, ist der Tod gnädiger als das Leben selbst. Insbesondere wenn er uns vor dem unerträglichen Schmerz eines zutiefst verletzten und leidenden Menschen befreit.

Das fleißige Bienchen

„Du bist eine überfleißige, wirklich beeindruckende Arbeitsbiene, aber auch die müssen abends mal in ihr Bienenkörbchen, um sich von ihrer schweren Arbeit zu erholen!“, sprach da der rauchende Bienenvater zu seiner Lieblingsbiene, bevor er den Bienenkorb sorgfältig vor ungebetenen Gästen verschloss, die hier des Abends noch auf der Pirsch waren.

Doch kaum war er weg, kam Meister Petz aus dem Unterholz, zerlegte mit schnellen präzise geführten Tatzenhieben die Behausung des kleinen Bienenschwarms und verschlang gierig den auslaufenden Honig. Die vielen äußerst schmerzhaften Stiche des wütenden und aufgebrachten Bienenvolkes interessierten ihn herzlich wenig, denn die Gier nach dem süßen Nass war stärker als die paar Pikser in die Nase oder die schleckende Zunge. Doch leider unterschätzte er die aggressive Angriffslust der fleißigen und um ihr kleines von ihm bedrohtes Reich kämpfenden Arbeitsbienen, die ihn, den großen unförmigen, bepelzten, tapsig daherkommenden Eindringling, so lange umflogen und stachen, bis sie seine Schwachstelle gefunden hatten: Den über alles empfindlichen Rachen. So ließ sich eine todesmutige Kamikazebiene auf das Wagnis ihres Lebens ein, ihr letztes, nebenbei bemerkt, denn bräche ihr Stachel ab, wäre es um sie geschehen, um in den Rachen des schleckenden Ungeheuers zu fliegen, und ihn mit einem gezielten Stich ein für alle Mal außer Gefecht zu setzen.

Gesagt, getan, und nachdem sie in den weit offenen, schlabbernden Mund hineingeflogen war, erkannte sie ihre Chance und verpasste dem pelzigen Etwas, der ihre kleine Welt bedrohte, den entscheidenden, tödlichen Stich in den sofort an- und zuschwellenden Rachen. Der Bär, vollkommen überrascht von dieser auch für ihn lebensgefährlichen Attacke, keuchte und prustete noch ein paar Mal, bevor er spürte, wie es ihm die Kehle zudrückte und er elendig verreckend erstickte.

Das Bienenvolk aber, deren Königin auf diesem Wege befreit worden war, machte sich noch früh am nächsten Morgen auf, sich eine neue, freiere Welt zu suchen, in der nur die Bienen über sich selbst bestimmen konnten und nicht dieser Pfeife rauchende, zweibeinige Riese, der ihnen immer nur ein klein wenig ihres mühsam zusammengetragenen Blütenhonig ließ. Gerade einmal so viel, wie sie zum Überleben brauchten. So machte sich eine wild summende und vergnüglich brummende Schar über Nacht befreiter Bienen auf ihren lang ersehnten Flug in eine schönere Welt, in der fortan nur sie bestimmten, wer ihr Freund war und wer nicht!

Unser Bienenfreund aber blieb traurig und allein zurück und gedachte noch oft des Abends Pfeife rauchender weise seines fleißigen Bienenvolkes und als letzte Erinnerung an sie hing das alte, zottelige Bärenfell über seinem gemütlich vor sich hin brutzelnden Kamin, mit einer winzigen, nur für das geschulte Auge sichtbaren präparierten Biene, die er im Rachen des Ungeheuers gefunden hatte, das sein über alles geliebtes Bienenvolk vertrieben hatte. Ob er seine kleine Freundin, die immer spätabends als allerletzte im Bienenkorbeingang verschwand, wiedererkannte, wissen wir nicht, aber dass er sie nicht einfach wegwarf, zeugte doch schon von seiner Hochachtung vor dieser kleinen Kreatur, die, um ihr Volk zu retten, todesmutig in den Rachen des sie bedrohenden Ungeheuers geflogen war, um dieses zur Strecke zu bringen.

Das Bienenvolk fand nicht weit von der Stelle, wo es einst in Gefangenschaft leben musste, ein neues Zuhause in einem alten, umgestürzten Baum und manchmal noch flogen alle Bienen zurück in ihr altes Revier, um sich dort von den schönen Pflanzen den Nektar zu holen, der ihren Honig, der ihnen jetzt ganz alleine gehörte, einst so berühmt gemacht hatte.

Aus diesem Bienenvolk, das jetzt frei und glücklich im Wald lebte, sollte noch so manch wertvolles neues Volk hervorgehen. Denn wenn die Freiheit Einzug hält in die Natur und sie sich ungehindert entwickeln kann, entspringt ihr eine Kraft und Stärke, die ihresgleichen sucht.

Und wenn sie nicht gestorben sind, so bieneln sie noch heute, glücklich und zufrieden in ihrer kleinen, freien Welt der fliegenden Akrobaten und erfüllen mit ihrem Summen und Brummen die Natur bei ihrer fröhlichen Jagd auf die bunte Blumenschar in Feld, Wies und Wald.

Das zarte Pflänzchen und sein Gärtner

Es war einmal ein kleines Pflänzchen, das lebte viele Jahre im Schatten seines großen Meisters und wurde liebevoll von unten, oben, vorn und hinten, also von allen Seiten betüttelt, mit Wasser begossen, mit Dünger gefüttert und Liebe überschüttet, bis es eines schönen Tages zu einer wunderschönen Pflanze herangewachsen.

Doch leider verlor dieser Pflanzenliebhaber und Hobbybotaniker die Lust am gottgleichen Spiel, die absolute Macht über die Dinge der Natur in seiner näheren Umgebung zu haben und hörte auf, das kleine, in der Zwischenzeit groß gewordene Pflänzchen mit Liebe, Wasser und Dünger zu versorgen. Die stets verhätschelte und äußerst pflegeanfällige Pflanze aber zeigte schon nach wenigen Tagen der Welt ihr traurigstes, weil vertrocknetes Gesicht, das man je in diesem Blumengarten gesehen hatte. Der schändliche Blumenfrevler jedoch widmete sich fortan seiner neuen Kakteenzucht, die weniger zeitaufwendig, pflege- und arbeitsintensiv war, und ließ seine wunderschöne, über viele Jahre herangezogene Lieblingspflanze genauso „im Regen stehen" – der im Übrigen nicht kam - wie seine anderen, gleichsam sorgsam gepflegten Pflanzen auch.

So nahm das Schicksal seinen unabänderlichen Lauf, denn eine Pflanze kann alles, dazu gehört auch das Herz eines Menschen erfreuen, um ihn mit ihrer Schönheit und ihrem Duft zu betören, nur eines eben nicht und das ist, ohne Wasser zu leben. Jetzt wurde der armen Pflanze, die einsam und allein in ihrem viel zu groß scheinenden Holzkübel abgesondert von allen anderen Pflanzen im Garten stand, diese ihre einst privilegierte Stellung zum Verhängnis. Konnten die anderen Pflanzen wenigstens noch von den gelegentlichen Regenfällen, die die Erde durchweichten, leben, so verdurstete sie langsam aber sicher, war sie doch eingesperrt in ihrem großen Topf und brauchte obendrein als die verwöhnteste von ihnen allen die dreifache Menge an Wasser, Nährstoffen und Zuwendung. Ihr Tod war also nur noch eine Frage der Zeit und niemand, außer vielleicht der, der ihr das Leben schenkte, hätte sie noch retten können. Doch er lag schon selbst mitten in seiner liebevoll verhätschelten Kakteensammlung, die ihm noch im Sturz von der Leiter begriffen, die Hände ans krampfende Herz gepresst, in dem Moment die Augen ausstach, als er mit dem Gesicht zuerst und einem nicht mehr schlagenden Herzen in seinen geliebten neuen Kakteengarten fiel. Noch in der selben Nacht starb auch seine einst über alles geliebte und zu guter Letzt verschmähte Liebe, die man auch die schwarze Orchidee der Nacht nannte, die allein nur durch ihren Duft einen Menschen so zu verzaubern wusste, dass sie diesen um seinen Verstand brächte, wenn er nicht gewusst hätte, dass es nur eine Pflanze war, die ihm da die Sinne raubte.

So starben eine große, am Ende qualvolle Geliebte zu fast der gleichen Zeit und dem selbigen Ort, wo vor vielen Jahren die geradezu seltsame und seltene Liebe und Freundschaft zwischen einem Menschen und einer Pflanze begann. Vergessen all die wunderschönen Gespräche zwischen ihnen beiden, seine geradezu philosophisch anmutenden Betrachtungen über die Liebe einer Orchidee fern ihrer Heimat in einem fremden Land zu einem sie hegenden und pflegenden Pflanzennarren, den sie aus ihm gemacht hatte. Unvergessen auch jene glücklichen Momente, in denen sie nach einer strengen Frostnacht bei halb geöffneten Fenster, das er versehentlich offen stehen ließ, halb erfroren bei ihm in seinem Zimmer stand und, liebevoll von ihm angehaucht, den Weg zurück in diese seine Welt fand.

Was ihn dazu bewog, sich nicht mehr um sie zu kümmern genauso wie um die anderen Pflanzen in seinem Garten, vermag nur der zu verstehen, der einmal die Erfahrung machte, wie es ist zu spüren, dass etwas in einem stirbt und das sich, auch wenn es noch so schön war, nicht wiederbeleben lässt. Doch niemand wird je wissen, was die genauen Hintergründe waren, die den alten Mann dazu brachten, seine über alles geliebte Blumen- und Orchideensammlung nebst seiner Königin der Nacht aufzugeben. Aber er wird wohl seine guten Gründe dafür gehabt haben. Wollte er doch vielleicht nicht sein verwelkendes Leben und nahendes Ende wahrhaben, dass er täglich im Beisammensein mit seinen, im Gegensatz zu ihm, aufblühenden Pflanzen auf grausame Weise vor Augen geführt bekam.

So verbrachte er die letzte Zeit seines Lebens mit stacheligen, unnahbaren Kakteen, die ihm nur das widerzuspiegeln schienen, was er selbst in den letzten Tagen und Stunden seines Daseins erlebte: Den unendlichen Schmerz darüber, dieses von ihm so geliebte Leben aufgeben und verlassen zu müssen und mit ihm als Symbol der Kraft, Vitalität und Schönheit seine über alles geliebten Pflanzen. Denn sie waren es, die ihm immer zugehört hatten, für ihn da gewesen waren und die ihn nie verletzt hatten. Seine Kakteen hingegen stellten die Welt und den Schmerz und das Leid dar, die er empfand, als er spürte, dass es Zeit war zu gehen.

Es mochte wohl gut ein Jahr ins Land gegangen sein, als in dem alten, verwaisten Garten, gleich neben dem in der Zwischenzeit auseinander gefallenen höheren Blumenbehälter, in dem einst die schwarze Königin der Nacht gestanden hatte, ein kleines Pflänzchen sich seinen mühsamen Weg durch das Erdreich bahnte, um seine kleinen, noch winzigen Triebe in der morgenfeuchten Luft den ersten Sonnenstrahlen entgegen zu strecken. Als ein Zeichen der Hoffnung, dass in jedem Tod und Vergehen auch wieder ein Neuanfang liegt und uns auf wundersame Weise zeigt, dass alles in diesem unserem Leben einem ehernen Gesetz des Werden und Vergehen folgt. So wie auch wir Menschen als kleine Winzlinge und Keimlinge unseren langen und manchmal beschwerlichen Weg in dieses Leben antreten müssen, bis wir das Rätsel und Mysterium unseres Menschseins und Daseins gelöst haben; dazu gehört auch die Erkenntnis um das Wissen, dass alle Lebewesen auf dieser Welt, sei es nun eine Pflanze, ein Tier oder ein Mensch, die gleichen freiheitlich verbürgten Rechte haben auf ein Leben in Selbstbestimmung, Gleichheit, Freiheit und Brüderlichkeit in Ewigkeit. Amen. Im Namen aller Pflanzen, Tiere und Menschen.

Der kleine Garten

Ein Leben lang lebte sie schon in dem kleinen Garten hinter ihrem Haus, den sie über alles liebte, hegte und pflegte, bis, ja, bis eines schönen Tages ein furchtbares Unwetter dieses Kleinod der Kleingärtnerkunst zerstörte und somit den Lebenstraum ihrer Mutter, die ihr noch auf dem Sterbebett das Versprechen abgenommen hatte, sich immer und ewiglich um diesen kleinen paradiesisch scheinenden Garten Gottes zu kümmern. Doch jegliche Versuche, das vom Unwetter völlig zerstörte Paradies wieder aufzubauen, scheiterten kläglich.

So kam es, dass eine alte, gramgebeugte Frau frustriert aufgab und den Garten ihrer Mutter, der wie der ihre war, verließ und sich heute glücklich und frei die Gärten der Natur und Paradiese dieser Welt anschaut. Sie, die auf die Reise ihres Lebens ging, auf die sie schon lange gegangen wäre, wenn, ja, wenn es diesen kleinen Garten ihrer Mutter und das Versprechen, das Erbe in guten Händen zu bewahren, nicht gegeben hätte.

Den kleinen Garten aber, den gibt es heute immer noch, denn er wurde von einer jungen Frau wieder aufgebaut, die mit Leib und Seele und mit ganzem Herzen es sich immer gewünscht hatte, in einem solchen Kleinod des Lebens zu Hause zu sein.

Glücklicher Garten, glückliche Besitzerin und noch glücklichere alte Dame, die jetzt in den Gärten der Welt ihr neues Zuhause fand und alles das nachholen kann, was sie sich immer von ganzem Herzen gewünscht hatte: Zu reisen, zu genießen, unabhängig und frei zu sein, denn diese unsere Welt ist voll Wunder und es gibt noch so unendlich viel mehr zu bestaunen als den kleinen Garten hinter dem alten Haus unserer Eltern!

Die Einsamkeit einer Stubenfliege

Es war einer dieser kalten und grauen Novembertage, er hatte es sich gerade vor dem alten Bollerofen gemütlich gemacht, der ihm die frostigen Glieder wärmen sollte, als sich eine kleine, freche Stubenfliege auf seine das Buch haltende Hand setzte und keck von dort aus alles zu inspizieren schien, was sie aus ihrer begrenzten Sicht wahrnehmen konnte.

Lange schaute er sie vollkommen verdutzt an. Ja, wusste sie denn nicht, in welch großer Gefahr sie sich befand? Woher hatte sie dieses Vertrauen und was bezweckte sie mit diesem Besuch auf seiner Hand? Wollte sie ihn etwa provozieren, schauen, ob er nach ihr schlage, um ihm dann zu zeigen, wie schnell sie und wie langsam er war? Oder war es eine Probe aufs Exempel, ob er dieses kleine Geschöpf Gottes mit genauso viel Ehrfurcht behandelte wie jedes andere auch? Oder war ihr nur langweilig, ganz allein ohne ihre Freunde, die längst im Tiefschlaf lagen?

Die Antwort, warum sie sich tatsächlich auf seine Hand setzte, wird Sie vielleicht verblüffen oder aber auch betroffen machen, denn als er sich für die kleine, auf seinen Fingern sitzende Kreatur öffnete, spürte er für einen winzigen Augenblick das tiefe Geheimnis des Lebens und die darin enthaltene Botschaft der tiefen, inneren Verbundenheit der Seelen zu jedem anderen Wesen dieser Welt aus der unermesslichen Schöpfung des Herrn und Vaters allen Lebens: Es war die Einsamkeit einer kleinen, verlorenen Stubenfliege, die sie dazu brachte, seine Nähe zu suchen, obwohl sie dabei Gefahr lief, von ihm zerquetscht zu werden. Aber ihr Gefühl der Verlorenheit und Einsamkeit war stärker gewesen und obwohl es nur ein geradezu winzig scheinender Augenblick war, so konnte er doch in ihrer Seele schauen und erkennen, wie sehr sie unter dem Alleinsein litt, geradeso wie er Zeit seines Lebens und nun, nachdem ihn seine Frau verlassen hatte, umso mehr.

Kurze Zeit später flog sie davon, denn eine ungeschickte Bewegung von ihm hatte sie wohl erschreckt und ihr Angst gemacht.

Noch lange saß er versonnen über dieses wahrlich merkwürdige Ereignis nachdenklich auf dem alten Sofa vor dem warmen, bollernden Ofen, ganz in seinem Gefühl versunken, angeregt durch so ein kleines Wesen wie es nun mal eine Stubenfliege ist.

Die kleine Fliege aber sah er nie wieder, doch ihr winziges Gefühl, das nicht größer war als ihr kleines, einsames, pochendes Herz an einem kalten, grauen Novembertag, blieb in ihm zurück als der mahnende Ruf eines unbedeutsam scheinenden Geschöpfes, das da sagen wollte: Schau, auch du bist im Weltengefüge nicht mehr oder weniger als ich und jeder sollte jeden achten, auch wenn er noch so winzig ist. Denn auch er trägt in sich ein einsames, schlagendes, sich nach der Liebe eines anderen Menschen sehnendes Herz und eine nach Frieden, Freundschaft und Freiheit suchende Seele. Achtest du mich, so achtest du auch die Gesetze des Lebens und hast es verdient, ein Wesen dieser Welt zu sein, hast du doch das große und vielleicht schönste Geheimnis und Geschenk zugleich erkannt, das uns miteinander verbindet: Das nämlich, das wir alle Brüder und Schwestern im Herzen und in unseren Seelen sind und in unserer unendlichen Einsamkeit von Ewigkeit zu Ewigkeit bis ans Ende aller Zeit.

Nur gemeinsam schaffen wir es, dieses dunkle, tiefe Tal zu durchschreiten, in der nicht enden wollenden Nacht der Kälte und Einsamkeit in unserem Inneren. Nur gemeinsam schaffen wir es, das zu ertragen, was wir das Leben nennen in all seiner Pracht und all seinem Elend in einer Gemeinsamkeit und doch immer währenden Einsamkeit – auch zu zweit!

Willy der Wal

Für ihn, Willy der Wal, waren die Boote der Menschen wie schwimmende Särge, in denen sie lebten, liebten und arbeiteten. Und manchmal, ja manchmal sogar starben, wenn ein Loch in ihre empfindliche dünne Außenhaut hineinkam, weil wieder einmal einer ihrer dummen Führer ihn, den dicken Wal Willy, im Wasser schwimmend, übersah und mit ihm unbeabsichtigt kollidierte.

So schwamm er abends und auch des Nachts sorgenvoll noch einmal an ihren für ihn schwimmenden Särgen vorbei, um nach dem Rechten zu schauen. Und spürte dabei, dass sie wie schlafende Tote in ihren Kojen lagen.

Gerade so wie jene, die noch tags zuvor an ihm wild zappelnd vorbei schwebten, in unbekannte Tiefen, die sogar ihm, der nun wirklich tief tauchen konnte, Angst machten.

Der Ruderer

Jeden Morgen pünktlich zum Sonnenaufgang, setzte er sich in sein kleines Ruderboot und ruderte die lange Strecke immer an der Hafenmole entlang bis zu der Stelle, wo das offene Meer begann. Dabei die Sehnsucht im Herzen, eines Tages über seine geliebte See zu jenem geheimnisvollen Ort zu kommen, den er nur tief in seinem Innern kannte, aber noch niemals gesehen hatte.

Viele Jahre oder waren es schon Jahrzehnte, so genau wusste er auch nicht mehr, hatte sich dieses allmorgendliche Ritual schon hingezogen, als er spürte, dass er über all seine Hoffnung, irgendwann das geliebte Land zu sehen, alt und grau geworden war und ihm die Kraft, seinen Traum zu realisieren, Tag um Tag schwand. Voller Wehmut im Herzen sah er die großen Schiffe in den Hafen ein- und auslaufen und eine nie gekannte Sehnsucht ergriff sein Herz, das sich so sehr nach Freiheit sehnte. So begann er plötzlich aus einem inneren Impuls heraus, immer weiter zu rudern, immer weiter und weiter einem Horizont und einer fernen Welt entgegen, die ihn mit ihren liebreizenden Stränden, Palmen und schönen Frauen schon seit seiner frühesten Kindheit in ihren Bann gezogen hatte. Zu einer Zeit, als sein Großvater, der noch zur See gefahren war, ihm von all diesen wundersamen Dingen berichtete, obwohl dieser in Wirklichkeit selbst nie weiter gekommen war als es die Tankfüllung des dieselbetriebenen Motors seines kleinen Fischerbootes zugelassen hatte.

So hatte er all die unendlich vielen Jahre seines Lebens in der Enge und dem Muff seiner kleinen Geburtsstadt am Rande des Nichts, wie es ihm schien, gelebt, einer Stadt, die mit ihrem Hafen lediglich Ausgangspunkt zu den wirklich großen Abenteuern dieser Welt war.

Er ruderte viele Stunden, immer seinem Gefühl folgend, in Richtung jener verwunschenen Insel, hinter dem fernen Horizont im blauen, unendlich scheinenden Ozean, die er wohl nie erreichen würde, da er weder über Proviant noch ausreichend Flüssigkeit für so eine weite Reise verfügte. Ja, nicht einmal sein Boot hätte unter den günstigsten Bedingungen diese weite Reise überstehen können, war es doch nur ein altes, in der Jugend mit seinem Großvater zusammen gezimmertes Holzboot, gebaut aus den unendlich vielen Resten der im Hafen liegenden Boote all derer, die schon lange vor ihm gescheitert waren, den Traum ihrer Träume zu verwirklichen.

Es war schon spät nach Mitternacht und die silberne Sichel des Mondes erhellte für kurze Zeit schwach jene Stelle, wo er, wenn er mit dem Rudern innehielt, schon jene Welt zu entdecken meinte, die ihn so magisch anzog. Er genoss noch einmal das Funkeln der Sterne, die Stille des Meeres und die Freude darüber, auf seinem langen Weg in das ersehnte Glück von einigen Delphinen begleitet worden zu sein. Was er als untrügliches Zeichen dafür wertete, dass er auf dem richtigen Wege war und die Töchter Neptuns nebst ihrem alten Herrn ihm schon den rechten Kurs ins Paradies seiner Wünsche, Träume und Sehnsüchte zeigen würden.

So bemerkte er bei aller Freude die drohend hinter ihm aufziehenden Wolken eines herannahenden Sturmtiefs nicht und sah auch nicht mehr die im Dunkel auf ihn zurasenden Wellen aus Gischt und Schaum des durch den Sturm in weiter Ferne aufgewühlten Meeres, als er sich, für ihn selbst überraschend, über die niedrige Bordwand seines Bootes gleiten ließ, um als miserabler Schwimmer, der er nun einmal von Natur aus war, in jenes Element einzutauchen, das er doch Zeit seines Lebens über alles geliebt hatte. Versprach es ihm doch Hoffnung eines Tages dorthin zu gelangen, wo er endlich frei sein würde. Auf der anderen Seite der Welt jenes Ozeans, der ihn noch von seinem Glück trennte. Seine immer hektischer werdenden Ruderbewegungen gegen das Ertrinken waren nur von geringer Dauer und kurz bevor die dunkle See ihn für immer verschlang, meinte er, das Gesicht einer jener Frauen zu erkennen, die auf ihn warteten an jenen fernen Gestaden, die er nun nie mehr erreichen, geschweige denn sehen würde.

Tage später fand man unweit der Stelle, wo er sonst immer mit seinem Boot umzudrehen gedachte, das kleine, halbvoll mit Wasser gelaufene Boot, das noch schwimmfähig selbst den schlimmsten Stürmen des Meeres zu trotzen schien. Von ihm jedoch gab es keine Spur und so ging man davon aus, dass er Opfer jenes Meeres geworden war, dem auch schon sein Großvater und Vater bei der Ausübung ihres harten Arbeitsalltages als Fischer zum Opfer gefallen waren.

Erst Jahre später, durch einen wie auch immer gearteten Zufall, fand, viele, viele tausend Seemeilen weit entfernt an einem fernen Strand, ein kleiner Junge eine Flasche mit einem vergilbten Zettel, der eine kaum noch zu entziffernde Botschaft enthielt, die da lautete:

„Merveilleux pays de mes rêves… geliebtes Land meiner Träume und meines Herzens, nie wohl werde ich deine fernen Gestade erreichen, noch dich sehen, noch meinen Fuß auf

deinen Strand setzen und dich wie ein Eroberer aus einer anderen Welt in Besitz nehmen. Denn ich bin und war und bleibe ein Gefangener meiner eigenen Angst, alles das aufzugeben und zu verlassen, was mir über die Jahre so sehr ans Herz gewachsen ist und mir doch zu einer unendlichen Last wurde.

Mir fehlt der Mut dazu, „Adieu" zu sagen zu einer Welt, die nicht die meine war und die mich dennoch nicht gehen ließ. Mir fehlt die Kraft, zu dir zu gehen, meine heimliche Geliebte der See, und so fahre ich heute ein letztes, aller letztes Mal soweit ich kann, hinaus aufs Meer, um wenigstens in der Stunde meines Todes dir näher zu sein, als in meinen kühnsten Träumen ich es je zu hoffen gewagt hätte. Möge Gott mir ein gnädiger Richter und die Meerjungfrauen aus den Geschichten meiner Ahnen, süße Wahrheit und nicht bittere Lüge sein. Denn ich habe Angst, hier draußen in der unendlichen Einsamkeit des Meeres zu sterben, allein gelassen von Gott und der Welt und meinen Hoffnungen, einsam mit meinen nicht erfüllten Träumen.

Meine geliebte Insel des Herzens und unerfüllten Träume und Sehnsüchte, leb wohl, bis vielleicht eines Tages die Reste meines Körpers an deine Gestade treiben, meine Seele kann es nicht mehr. Denn sie zieht es zu einer anderen, noch ferneren Welt, die, wie ich hoffe, auch so schön ist wie die deine, von der ich immer träumte und sie doch nie erreichen und sehen durfte.

Sorgt euch nicht um mich, ihr, die daheim gebliebenen Gefängniswärter meiner jetzt erst freien Seele. Ich habe meinen Weg, wenn auch spät, viel zu spät gefunden.

Merci, au revoir und adieu, euer Mathieu. "

Hebel–auf–den–Tisch–Joe

Er fuhr das schnellste Boot im Hafen, zwei Maschinen mit zweimal 250 PS Turbodiesel und ein hölzerner Rumpf, so schlank wie der Körper eines schwangeren Delphins kurz vor der Entbindung, wie es die Profis aus dem Rennsport sportlich zu behaupten wussten – wohlgemerkt nur hinter seinem wahrlich breiten Rücken. Es war nicht gut Kirschen essen mit ihm, wenn es um sein geliebtes Boot ging, das schnellste im Hafen, aber das, glaube ich, sagten wir schon! Zum Zeichen seiner gewünschten Schnelligkeit und Aggressivität hatte er sich ein aufgerissenes Haifischmaul mit überdimensional großen Zähnen auf den Bug seines schneeweißen „Schnellbootes“ gemalt. Berühmt berüchtigt für seine extrem waghalsige Fahrweise und den damit nicht minder gewagten Manövern war er der ungekrönte König der traditionellen „Rum Ralley“, die alljährlich in dem kleinen Fischerort, in dem er zu Hause war, abgehalten wurde zur Bestimmung und Ernennung des neuen und wie so oft alten Siegers mit seinem superschnellen Kampfboot.

Dieses Jahr jedoch sollte alles anders sein, denn wider Erwarten trat ein neuer Konkurrent und somit Mitbewerber an, um die Trophäe für das schnellste Boot der Küstenregion zu gewinnen. Verfügte dieses zwar über weniger PS-starke Motoren, so war es doch aus einem neu entwickelten Material, das man Polyester nannte, gefertigt und somit extrem leicht und glich damit die fehlenden PS gegenüber dem stärker motorisierten, aber eben viel schwereren Holzboot des bisherigen Platzhirsches und Vorjahresgewinners aus.

Der große Tag stand vor der Tür, die unterschiedlichen Bootsklassen begaben sich zum Start und bekamen je nach Größe und Motorleistung einen entsprechend früheren oder späteren Starttermin, um auch schwächer motorisierten Booten die Chance zu geben, zu gewinnen. Wobei das Boot des Vorjahressiegers an letzte Stelle gerückt wurde. Doch er hoffte, wieder als erstes durchs Ziel zu fahren, wie immer.

Die Boote nahmen Aufstellung, der Startschuss fiel und wie eine wilde Horde aufgescheuchter Rebhühner, machte sich das Startfeld auf den Weg. Schon nach einigen gefahrenen Seemeilen ließ sich zweifelsfrei erkennen, dass der haushohe Favorit und Sieger vieler gefahrener Rennen chancenlos hinter dem neuen, vor ihn gesetzten, lästigen Mitbewerber und Konkurrenten zurücklag. Er, der so Geschmähte und um seinen Sieg Gebrachte, hätte vor

Wut über das ihn so arg beutelnde Schicksal ins hölzerne, aus wertvollen Teakholz gearbeitete Steuerrad beißen mögen, wenn er sich nicht dabei seine teuren Jacketkronen abgebrochen hätte, die er für so viel Geld hatte richten lassen wie andere ein Jahresgehalt nach Hause tragen. Denn wie alles auf seinem Dampfer, war auch das Steuerrad aus gutem alten Tropenholz gebaut.

So verfiel er, ohne lange darüber nachzudenken, einer ebenso perfiden wie infamen List, um vielleicht doch noch den Sieg davontragen zu können, als er in der nebligen, von schlechter Sicht geprägten Bucht weit außerhalb des Kontrollbereiches der Jury und der Zuschauer den Kurs einfach neu setzte und direkt auf die gefürchteten Klippen von Sparky Rock hielt. Einem nach einem tragischen Unfall benannten Seefahrers ihres Ortes, der hier in Sturm und Wellen sein Leben gelassen hatte bei dem Versuch, ein vor ihrer Küste gestrandetes Passagierschiff zu retten, was ihm aber leider, wie der Hinweis auf die Tragödie beschreibt, nicht gelungen war. So hatten damals über 150 verlorene Menschenseelen den viel zu frühen Tod im Morgenrot ihres noch vor ihnen liegenden, bis dato hoffnungsfrohen Lebens gefunden.

Dieser geniale Abkürzungsweg hätte ihm, wenn alles gut gegangen wäre, Ruhm und Ehre gebracht, doch jetzt, wie es aussah, nur den Tod und den Verlust seines wunderschönen Schiffes „Sparky Spark", denn er war der Ur-Ur-Enkel jenes legendären Helfers und Retters, den selbst nach so langer Zeit niemand vergessen hatte. Was er nämlich leider vollkommen falsch eingeschätzt hatte, waren die durch die Tide bedingten unterschiedlichen Wasserstände, die in diesem seinen Fall heute und ausgerechnet jetzt durch den ablandigen Wind, der die hineinflutenden Wassermassen normalerweise auf ihren höchsten Punkt gebracht hätten, in der Art absinken ließ, dass die bei Flut überspülten Unterwasserfelsen nur knapp unter der Wasseroberfläche lagen. In der stillen Hoffnung, es doch noch irgendwie über die Klippen hinweg zu schaffen, raste er mit Höchstgeschwindigkeit über sie hinweg, um leider feststellen zu müssen, dass es doch nicht ging und er sich so zuerst seine schönen, sündhaft teuren Spezialpropeller zerfetzte und dann den liebevoll gepflegten und konservierten hölzernen Rumpf seines Schiffes.

Nur mit viel Glück überlebte er zunächst den furchtbaren Aufprall seines Bootes auf die Felsen, um aber letztendlich dann doch nicht nur das Rennen, sondern auch sein Leben zu verlieren, als nämlich die ## aufgerissenen Tanks mit den heißen Motoren in Berührung kamen und mit einem infernalen Knall, der noch meilenweit zu hören war, explodierten und ihn in einer Wolke aus Feuer und Rauch, die ihm schon wie der Vorhof zur Hölle vorkam, verbrannte. Selbst die sofort eintreffenden Rettungsmannschaften konnten nur noch seine verkohlte Leiche bergen.

So endete dieses Rennen um den schnellsten Fahrer mit einer nicht geahnten Überraschung: Nicht der an zweite Stelle gesetzte Neueinsteiger mit seinem leichten Boot gewann, sondern ein anderer Bewerber mit einem schweren Kahn, fuhr er doch, während alle anderen noch neugierig das furchtbare Unfallgeschehen betrachteten, an ihnen vorbei zu seinem ersten und wahrscheinlich auch letzten Sieg in dieser Bootsklasse.

So ist des einen Glück des anderen Leid und wäre es nicht ausgerechnet jener arme Verlierer des Vorjahres gewesen, der damals als letzter durchs Ziel gefahren war, weil er von dem Vorjahressieger und jetzt in den ewigen Jagdgründen weiterlebenden Rennsportlers gerammt worden war, man hätte durchaus von einer gemeinen, heimtückischen List sprechen können. Doch so gönnte jeder dem armen Vorjahresletzten den Sieg über den Vorjahresbesten, der nie wieder ein Rennen gewinnen würde, weil er gerade das seine für immer beendet hatte.

Das Haifischmaul

Dieses ist wieder einmal eine jener Geschichten, die man nicht einmal glauben würde, selbst wenn sie einem selbst passiert wäre, denn sie hört sich so unwahrscheinlich und übertrieben an, dass man sie spontan in das Reich der Phantasie eines überkandidelten, wieder einmal betrunkenen Skippers abtun möchte. Aber urteilen Sie selbst:

Er lag in einer wunderschönen Marina im Mittelmeerraum, dort, wo andere sagen würden, es sei das Paradies auf Erden und genoss seinen wohlverdienten Lebensabend, praktisch als „Frührentner" nach vielen schweren Berufsjahren, in denen er mehr als einmal mit harten Bandagen hatte kämpfen müssen. Letztendlich aber hatte er immer gewonnen, wie man unschwer an der Tatsache erkennen konnte, dass er mit einer Zwanzig-Meter-Yacht im exklusivsten Club del Mar lag.

Doch wie es nun einmal so ist in einer exklusiven Marina, da fehlt einem vor lauter Luxus und überfreundlichen Service eine wie auch immer geartete Tätigkeit, die einen ausfüllt. Was er auch ausprobierte, es begann ihn schon nach wenigen Tagen zu langweilen. Und so ersann er sich eines schönen Tages, als er wieder einmal vollkommen angeödet durchs Nichtstun über die Reling seiner millionenschweren Yacht schaute, ein Spiel, was ihm am Ende sogar noch fast das Leben gekostet hätte.

Unter ihm schwammen lustige, kleine Fische, begierig den hochgiftigen, weil mit Antifouling verseuchten Pflanzenbewuchs seines Schiffes abknabbernd, im kristallklaren Wasser umher und animierten ihn ob ihres unbändig scheinenden Hungers, ihnen kleine Brotreste zuzuwerfen. Das ging so eine ganze Weile, bis er voller Erstaunen feststellen musste, dass sich die Zahl seiner gierigen, nach dem Brot schnappenden Wasserfreunde nicht nur verdoppelt, sondern sogar verdreifacht hatte und sich im Laufe der Zeit auch immer größere Exemplare dazu gesellten, so dass er schon dazu übergehen musste, dementsprechend Mengen hinzu zu füttern. Das ging dann letztendlich so weit, dass eine speziell für ihn zusammengestellte Futtermischung einmal am Tag angefahren wurde, um die Unmengen um ihn herum tobenden und nach jedem Happen jagenden und schnappenden Fische satt zu kriegen.

Zum Teil belustigt über den Tick des superreichen Millionärs und Yachtbesitzers, und zum Teil verärgert, weil die Fischer mit ihren kleinen Booten befürchten mussten, dass er die wenigen, noch vor der Küste verbliebenen Fischschwärme abzog, registrierten die Einheimischen diesen geradezu als „fischialen“ Massenauflauf. Schwiegen aber letztendlich dazu, da für sie durch den Fischreichtum in dem der Marina angrenzenden Hafen so manch dicken Fisch, der sich vorher nie hierher verirrt hätte, für sie abfiel und an Land gezogen werden konnte.

Wie es aber nun einmal immer so ist im Leben, zieht der Reichtum und das Gute gleichzeitig auch das Böse und Verwerfliche an und so kamen auch für ihn vollkommen überraschend und unbemerkt die großen Raubfische, die von den kleinen Fischschwärmen lebten, gefährlich nahe an das für sie ansonsten unbekannte und gefährliche Terrain. Denn auch sie spürten instinktiv, dass hier die Jäger zu Hause waren, die sie mit ihren kleinen, laut tuckernden, schwimmenden Ungetümen in ihren Revieren jagten.

Den großen Spaß aber hatten die Bewohner des an den Hafen angrenzenden Ortes, wenn er die Leinen losmachte, um an eine seiner verschwiegenen Lieblingsbuchten zu fahren, die man nur vom Wasser aus erreichen konnte, weil die extrem hohen und steil abfallenden Felswände der Buchten keinen Abstieg vom Land aus her zuließen. So säumten an einigen Tagen bis zu hundert aufgeregt plappernde, wild gestikulierende und vom Spektakel aufgeregte Zuschauer die Hafenmole und schauten zu, wie ein dunkler, fast schwarz scheinender Teppich aus hunderttausenden von kleinen und größeren Fischen, wie es schien, dem stolzen Schiff folgte, hinaus aufs offene Meer.

Stolz und zugleich erstaunt über seine geradezu magischen Fähigkeiten, einen so großen Fischschwarm, wie man ihn seit Jahren an der Küste nicht mehr gesehen hatte, hinter sich herzuziehen, erreichte er nach einigen Stunden jenen Platz, den er als den schönsten und verschwiegensten der ganzen Welt bezeichnete. Dort angekommen, ließ er sich für dieses Erlebnis der paradiesischen Badefreuden, die ausfahrbare Badetreppe ins türkisfarben Wasser fahren und machte sich daran, die von seiner Crew vorbereitete Tauchausrüstung anzulegen. Denn er beabsichtigte, noch ganz Führungspersönlichkeit in seinem Herzen, ein Bad in der Menge zu nehmen, auch wenn diese nur aus Fischen bestand.

Ungeduldig stieg er von der Badeplattform seines mittlerweile umgetauften Schiffes, das jetzt nicht mehr den Namen „Mary Lee“, seiner einzigen, jetzt schon verstorbenen Frau trug, sondern den Namen jenes großen weißen Ungeheuers, das auf tragische Weise den Menschen zum Opfer gefallen war, dem legendären Moby Dick, und umgeben von Millionen seiner kleinen Freunde im kristallklaren Wasser genoss er das einzigartige

Erlebnis, inmitten von tausend Fischen zu schwimmen, die mit ihren kleinen Mäulern unablässig an seinen Tauchanzug anstießen und ihn zu beknabbern schienen.

Ganz in diesem Gefühl, Gott, Schöpfer und Herrscher über diese kleine Schar Fische zu sein und ganz dem Gefühl hingebend, dass nur er der Auserwählte und Messias für sie wäre, übersah er den langsam auf ihn und seine vielen unzähligen Freunde zu schwimmenden, tödlichen Schatten, der sich unaufhaltsam bedrohlich zwischen den ihn umringenden Fans seinen Weg direkt zu ihm bahnte. Unversehens, noch ehe er sich besinnen konnte, fiel aus der Tiefe des Meeres kommend, dieser über ihn her und zerriss mit einem einzigen großen Biss die idyllische Stille und den paradiesischen Zustand seiner bisher heilen Welt. Er wurde durch die Wucht des Aufpralls nach oben gerissen und zerbiss vor Schmerz sein ihm Atem spendendes Mundstück, bevor die erlösende Dunkelheit der Ohnmacht ihn vor weiteren emotionalen Schrecken und dem alles verändernden Schock bewahrte. Das Wasser um ihn und seine kleinen Freunde herum färbte sich blutrot und mit diesem überfallartigen Angriff, verlor die harmonische und geradezu idyllische Welt zwischen einem Menschen und den Tieren des Meeres ihre Chance und Zukunft auf ein weiterhin friedvolles, unbeschwertes Neben- und Miteinander.

Mit diesem schrecklichen Ereignis drohte, genau wie sein Körper, die Hoffnung in den Fluten und immer dunkler werdenden Schichten des kristallklaren Wassers auf Nimmerwiedersehen zu versinken, wenn nicht ein beherztes, taucherfahrenes Crewmitglied sich todesmutig ins Wasser gestürzt hätte, um ihn, und somit seinen Arbeitgeber und Garant für ein sorgenfreies Leben unter der heißen Sonne des Paradieses, zu retten. Dass er dabei selbst auch noch mehrere Male von dem aggressiven, blutrünstigen Hai angegriffen und verletzt wurde, sei nur noch der Vollständigkeit halber erwähnt. Und soll uns gruselnden Zaungästen und Beobachtern dieses wahrlich absurd und unwirklich scheinenden Szenarios aufzeigen, dass auch ein Retter mit nicht ganz uneigennützigen Motiven, durchaus in Lebensgefahr geraten kann.

Die davon getragenen Schmerzen und Bissverletzungen des Hais heilten nur langsam, das aber, was den Bootseigner am allermeisten verletzte, war die Tatsache, dass er genau in dem Moment, indem er sich am glücklichsten fühlte, von einem Ungeheuer des Meeres auf gemeinste Weise attackiert und in mordlustiger Absicht angegriffen worden war. So haderte er noch viele Jahre mit seinem Schicksal, aber vor allen Dingen mit dem lieben Gott, der, wie er fand, ihm auf diese Weise auf das Übelste vorgeführt und

Hinterhältigste reingelegt hatte. Erst viele, viele Jahre später wurde ihm, als er zum hunderttausendsten Male, wie es ihm schien, seine ihn empörende Geschichte dem staunenden Publikum unter gleichzeitiger Zurschaustellung seiner tiefen, vernarbten Bisswunde erzählte, klar, dass dieser wie er wähnte von Gott selbst in Auftrag gegebene Angriff gegen sein Leben durch eines seiner furchteinflößendsten Bestien weder böser Zufall, noch eine negative Absicht war, um ihn zu strafen, wofür auch immer. Sondern lediglich dazu gedacht war, ihm auf diesem Wege zu zeigen, dass er nicht ein Herrscher, Führer oder sogar „Gott" über eine wenn auch kleine, aber feine Gesellschaft vieler bunter Fische und somit in den kristallklaren Fluten des Meeres tummelnden Kreaturen wäre.

Tief ergriffen über diese Erkenntnis wandte er, der schon lang vom Glauben abgefallen war, sich wieder diesem zu, um als feuriger Prediger und Verfechter einer besseren und schöneren Welt den Menschen davon zu künden, dass niemand das Recht hätte, sich über ein anderes Lebewesen und Gottes Geschöpf zu erheben, geschweige denn zu stellen, auch wenn es noch so klein und winzig wäre.

So brachte dieses Erlebnis den sich von der Welt abgewandten und desillusionierten, des Lebens überdrüssigen Lebemannes dazu, wieder zurückzukehren zu den Wurzeln seines Menschseins und Daseins. Um fortan mit Inbrunst und Freude anderen Menschen etwas Positives und Gutes zu tun und somit gleichfalls auch sich selbst einen tieferen Sinn und eine Aufgabe zu geben, die sein schon verloren geglaubtes Leben im gelebten Luxus# wieder lebenswert machte.

Würden wir doch alle des Öfteren einmal, wenn wir wieder im schon so oft in der Vergangenheit unseren uns vom Schicksal vorbestimmten Weg verlassen haben, von einem Ungeheuer in den Allerwertesten gebissen werden. Um durch diesen Schock zu erkennen, wie weit auch wir uns wieder einmal von dem uns vorbestimmten Weg und der damit verbundenen Lebensaufgabe entfernt haben.

Ja, manchmal bedarf es schon eines riesengroßen Arschtrittes oder in diesem Fall Arschbisses, um wieder auf den Boden der Tatsachen und des Lebens selbst zurückzukommen. Mögen wir bei all dem, was wir tun, nie vergessen, dass auch wir nur Wanderer zwischen den Welten sind und genauso das uns umgebende Leben zu respektieren haben, wie wir es uns wünschen, auch von diesem respektiert zu werden.

Herzlichst, Ihr Haifisch ohne Zähne im Becken ohne Fische.

Die Hand Gottes und der Kuhfladen auf der Wiese

Es war einmal eine kleine Fliegenschar, die bewohnte schon seit unendlich langer Zeit ein mittelgroßes Areal am Ende einer großen Wiese, dort, wo die Kuhfladen am dicksten waren. Und lebten an diesem paradiesischen Platz gemütlich und wohlauf in ihrer für sie geradezu als überschaubar zu bezeichnenden Welt. Träumten sie zwar des Öfteren von einer Veränderung und erkundschafteten ihre nähere Umgebung, so zog es sie trotzdem immer wieder zurück zu der Wiese mit den schönsten und größten Kuhfladen weit und breit. Denn dort hatten sie es bequem und angenehm und vor allen Dingen kannten sie die Gegend wie ihre eigene Westentasche.

Dieses Heimatgefühl machte sie zu Schollenbeißern oder vielleicht treffender ausgedrückt: Zu Kuhfladenbeißern, die nicht daran dachten, ihr schönes von ihrer Familie angestammtes Gebiet zu verlassen. Doch der liebe Herrgott hatte einen anderen Plan mit ihnen, wollte er doch, dass sie sich vermehrten und in alle Lande zogen, um dort neue Fliegengemeinschaften zu bilden. Sie aber zogen es vor, in dem inzestuösen Zustand der jetzigen heimatlichen, im wahrsten Sinne des Wortes schön beschissenen Welt zu bleiben, fürchteten sie sich doch vor dem, was da draußen fern der Heimat auf sie wartete.

So gingen die Tage ins Land und ihre Population wurde immer größer, bis eines Tages der einzige noch überlebende Kuhfladen auf ihrer Wiese, nur noch von ihren glänzenden Leibern, die golden in der Mittagssonne schimmerten, bedeckt war. Da wurde es selbst dem lieben Herrgott zu viel und er ließ einen alten, trockenen Ast, der direkt über ihrem langsam sich verhärtenden Kuhfladen schwebte, hernieder fallen und mit voller Wucht in den selbigen, auf dem sie alle saßen, aufschlagen. Einige von ihnen erwischte es und sie waren sofort tot, andere überlebten schwer verletzt, die meisten aber flogen durch die Wucht des aufprallenden Astes, den man auch als den knöchernen und mahnenden Finger der Hand Gottes hätte bezeichnen können, durch die Gegend, weit verteilt in die malerische Umgebung hinein.

Der Schock darüber saß so tief, dass sie, nachdem sie in alle Himmelsrichtungen verteilt worden waren, es nicht mehr wagten, an den grausigen Ort des Geschehens zurückzukehren, sondern sich schleunigst auf den Weg machten, geradewegs in die Richtung, in die sie unfreiwillig geflogen waren, um weiterzufliegen, bis ans Ende ihrer kleinen, überschaubaren Welt.

Dort, irgendwo in einem scheinbaren Nirgendwo, begann eine neue, für sie glückselige Ära, waren sie doch Auserwählte und Abgesandte des Herrn mit dem hochheiligen Auftrag, neue Populationen zu bilden, sich mit einheimischen, in anderen Gebieten lebenden Fliegenstämmen zu mischen und neues Blut und Leben hineinzutragen in diese ihre neue, kleine und schöne, von anderen glücklichen, duftenden und wohlschmeckenden Kuhfladen durchzogene Welt.

Zerplatzte Fliegenträume

Es war einmal eine kleine Fliege, die immer morgens als erste auf dem dicken, fetten, nach geradezu biblischer Kuhscheiße duftenden Kuharsch saß und sich genüsslich, mit dem für sie köstlichen Mahl vollsaugte. Denn das, was für uns Menschen Schokoladenpudding mit Einlage darstellt, ist die frische morgendliche Ausscheidung einer auf vier Beinen, für diese kleine wahrlich nicht als Kostverächterin zu bezeichnende Flugakrobatin Namens „Fly“, was so viel wie Fliege bedeutet, aber das dachten Sie sich wohl schon!

Vollkommen glücklich mit sich und der Welt flog sie, als sie satt war wie die satteste Fliege dieser Wiese, in Richtung Heimatstall, als sie auf einer langen, geraden, wenig befahrenen Straße bei morgendlichem Gegenlicht, geblendet durch die ersten Strahlen der aufsteigenden Sonne, einen ihr entgegen kommenden Motorradfahrer übersah, der weder ihr noch sie ihm ausweichen konnte. So schlug sie genau auf das strahlend weiße zahnlächelnde, motorisierte und gefährlich bebrillte Fahrmonster, wie es ihr noch vorkam, auf und zerplatzte unter einem gewaltigen Knall direkt auf der oberen Zahnreihe. Und wenn sie noch etwas von dem, was dieses ihr fremde Wesen aus dem weit aufgerissenen Mund ausstieß, hätte hören und verstehen können, dann hätte sie die letzten Grußworte des sie ins Jenseits Befördernden gehört: „So ein Mist! Eine Scheißfliege! Bestimmt eine, die noch vor kurzem am Arsch einer Kuh hing!“

Ob sie es als tröstlich empfunden hätte, dieses noch zu erfahren, wissen wir nicht, wohl aber, dass ihr unfreiwilliger Killer noch tagelang danach mit Whisky und Mundwasser abwechselnd versuchte, den widerwärtigen Geschmack und die Vorstellung, eine mit Scheiße beladene Kuharschfliege auf seinem Zahnrücken zerfetzt zu haben, loszuwerden. Dass er dabei das hoffnungsvolle Leben einer kleinen knuffigen Fliege namens „Fly“, die nichts lieber tat als am frisch abgekackten Kuhhintern herumzusitzen, um den geradezu köstlich mundenden Saft direkt aus der Abladestation zu trinken, zerstörte, blieb seinem unsensiblen Geist verborgen. Wie sollte er auch, war er doch im Grunde genommen nichts anderes als eine zweibeinige, übergroße Ausführung dessen, was da in seinem Mund zerplatzt war und nun nie mehr das Leben, geschweige denn die Kuhärsche dieser Welt genießen und beglücken konnte! Sehr zum Leidwesen all derer, die nun um eine Attraktion # beim Motorradfahren gebracht wurden oder etwa nicht?

Das fliegende Langohr und das Knattermobil

Sloopy war ein überaus wachsamer Hirtenhund mit extrem zotteligem, total verfilztem Fell und langen, tiefhängenden Schlappohren, die er sich, entgegen der reinen Überlieferung seiner Rasse, bei einem außerehelichen Ausrutscher seiner Mutter mit einem Cockerspaniel zugezogen haben musste, was ihm jetzt das Aussehen eines langschlappohrigen, „Weiß-auch-nicht-welcher-Rasse-du-zugehörig-bist"-Hundes gab. Jeden Morgen, noch bevor er aus seinen tiefen Träumen aufwachte, spürte er schon die beginnende Furcht und die in ihm aufsteigende Angst vor dem kommenden Tag. Denn es war wie jeder Tag ein sogenannter „Knattertourentag", der dominiert wurde von einem Ungetüm von einem Motorrad samt Beiwagen, noch aus alten Kriegsbeständen herrührend, die sein Herrchen und stolzer Besitzer seines Zeichens fanatischer Dreiradfahrer, jüngst auf einem Flohmarkt für alte und gebrauchte Fahrzeuge für ein wenig Geld erstanden hatte.

Da alle davon ausgegangen waren, dass diese dreirädrige Höllenmaschine ohnehin nie wieder zum Leben zu erwecken wäre, hatte man ihm das alte, antiquarische Gefährt für „einen Appel und ein Ei" verkauft, sich noch an den Kopf tippend über so viel gelebte Dummheit solch ein Geschäft zu tätigen. So sah man ihn, nachdem das Geschäft getätigt worden war, wie er laut fluchend das schwere Gefährt den lieben langen Weg nach Hause schob, immer begleitet von seinem schlappohrigen, eher einem alten, vergilbten, vierbeinigen Flokatiteppich gleichenden Etwas als einem edlen, schottischen Hirtenhund mit einem Stammbaum, länger als die ältesten am Ort ansässigen Familien. Zweifelsohne gaben sie beide, als sie das rostige, schwere Motorrad in Richtung heimatliche Gefilde schoben, ein Bild des Jammers und zugleich der Belustigung ab, fast wie Don Quichote und Sancho Panza auf ihrem beschwerlichen Weg im Kampf gegen die widerspenstige Windmühlenflügel, die in diesem Fall die alten verrosteten Speichenräder des Motorrades und Beiwagen waren.

Dass aber der äußerst begabte, in technischen Sachen versierte und nur nach außen hin wie ein verträumter Trottel wirkende alte McBurns, dem man nachsagte, dass bei ihm nicht alle Schrauben fest säßen, aufgrund seiner merkwürdig verschrobenen, menschenverachtenden Art, in Wirklichkeit ein kleines Allroundgenie war, wusste man spätestens dann, als er eines schönen Tages mit dem längst totgesagten Gefährt knatternd und ratternd den alten

Feldweg zu ihrem Dorf herunter gebraust kam. An seiner Seite im Beiwagen sitzend wohl der einzige, den er je überreden konnte, ihm auf diese abenteuerliche Fahrt zu folgen: Sein treuer und ihm ergebener, ewiglich folgender vierbeiniger Freund Sloopy. Dieser hatte sich allerdings, was niemand wusste, nur deshalb zu dieser abenteuerlichen Fahrt überreden lassen, weil man ihn erstens mit einer Riesenwurst auf den Beifahrersitz gelockt und zweitens, nachdem er einmal drin gesessen, hatte festgeschnallt, so dass er nicht wieder aus diesem herausspringen konnte. Das, was aber die Menschen am meisten belustigte, war die Tatsache, dass er wie ein menschlicher Beifahrer eine Pilotenbrille trug, noch aus dem zweiten Weltkrieg stammend, die ihm das Aussehen eines aus den Gräbern längst vergangener Zeiten wieder auftauchenden, bärtigen Frontsoldaten gab, der sich als lebender Zombie in den Beiwagen des lustig anzuschauenden Gefährts gequetscht hatte.

So fuhren fortan Sloopy und sein Herrchen, seines Zeichens wagemutiger Gespannfahrer, tagein, tagaus die alte, rumplige serpentinenreiche Straße zu den Highlands hoch, um dort die in einem kleinen Corall untergebrachten Schafe zu betreuen. Auf einer dieser unzähligen Fahrten passierte dann das, was in die Annalen ihres kleinen, von der Zeit und den Menschen vergessenen Ortes eingehen sollte. Der Verbindungsbolzen zwischen dem Beiwagen und dem Motorrad löste sich und ein mit fliegenden Ohren in seinem sich nun verselbstständigen Gefährt die lange kurvenreiche Serpentinenstraße in einem atemberaubenden, geradezu halsbrecherischen Tempo herunter rasender Hirtenhund, wohl zu Gott und, oder den Schicksalsmächten betend, wenn er es nur gekonnt hätte, kam heran geschossen, derweil sein Herrchen zeitgleich die Abkürzung nahm und auf direktestem Wege nach unten vor die Türen der erstaunten und erschrockenen Bewohner ihres kleinen Ortes raste. Leider war, wie man sich denken kann, der Aufprall ein nicht so glimpflicher, denn nur die wenigstens überstehen einen über hundert Meter tiefen Sturz, selbst wenn die Maschine trotz ihrer exquisiten Federung, wie man später ironisch sarkastisch auf einem Abschiedstrunk im Pub zu bemerken wusste, den Aufprall eigentlich hätte abfedern müssen.

Hatte Sloopy, der fliegende Hirtenhund noch Glück im Unglück gehabt, weil sein Beiwagen gegen einen Begrenzungspfosten knallte und sich dabei mehrfach überschlagend irgendwann zum Liegen kam, hatte sein Herrchen derweil, wie wir wissen, weniger Glück, weil er durch den furchtbaren Aufprall nicht nur seine äußere Hülle verlor, sondern leider auch noch sein

Leben. So lief eine halbe Stunde später ein immer noch unter Schock stehender Hirtenhund mit Pilotenbrille zwischen seinen pelzigen Ohren in das Dorf ein, während man die sterblichen Überreste seines Herrchens schnell in eine große Kiste legte, weil niemand den Anblick des zerschmetterten Körpers ertragen konnte.

Wohl um diesen schrecklichen Tod seines über alles geliebten Rudelführers wissend, lief Sloopy ein allerletztes Mal zu dem tagsdrauf in der alten Kirche aufgebauten Sarg, jaulte noch einmal laut und vernehmlich auf und kratzte am Holz, gerade so, als wollte er sich einerseits über die ihm angediehene Behandlung beschweren und andererseits Abschied nehmen von ihm, dem er ein Leben lang treu gedient hatte und der jetzt nicht mehr unter den Lebenden weilte. Dann drehte er sich, vor den erstaunten diesen Vorgang beobachtenden Trauergästen, auf der Stelle um und lief hinaus in die weite Welt und ward nie wieder gesehen.

Nach unbestätigten Aussagen eines Schäfers aus dem Nachbardorf soll man ihn, Sloopy, immer noch mit seiner Brille auf dem Kopf, auf der offenen, zugigen Ladefläche eines in Richtung Meer fahrenden Pickups gesehen haben, wo er, wie die gleichfalls unbestätigte Nachricht erzählte, eine Familie gegründet haben soll. Wo er mit einer wunderschönen Hirtenhündin viele kleine süße, schlappohrige Nachkommen zeugte und glücklich und zufrieden lebte bis ans Ende seiner Tage. Wobei er sich allerdings schwor, sich nie wieder in ein dreirädriges, wie auch immer geartetes Gefährt zu setzen und schon gar nicht in eines, das auch noch von einem wagemutigen, halb verrückten Schäfer, wie sein Herrchen zweifelsohne einer war, gefahren wurde.

Dass er in Wirklichkeit nicht einmal zehn Meilen weit gekommen war, weil ihn ein unachtsamer Autofahrer aus der Stadt übersah, gerade in dem Moment, wo er mit seiner durch den Nebel, der hier oft und unvermutet auftrat, beschlagenen Brille über die Straße lief und nicht mehr erkannte als den schemenhaften Schatten, der zu seinem Schicksal werden sollte und ihn so überfuhr, mag nur für den unverständlich erscheinen, der nicht weiß, dass ein Hund ein Herrchen braucht und bei dessen Verlust leidet und kreuzunglücklich ist. Genauso wie jedes andere Lebewesen auch, sich herrenlos verloren fühlt in einer Welt, die nicht mehr die seine ist. Vielleicht zog er es so vor, seinem Leben ein Ende zu bereiten, als kläglich an den nicht enden wollenden Schmerzen in seinem kleinen Hundeherz zugrunde zu gehen.

Der Hund auf der Autobahn und sein letzter Gruß

Er führte wahrlich ein beschissenes Hundeleben, wenn er genau darüber nachdachte, eingepfercht in einen kleinen Käfig hinten im Kofferraum des Wagens und von einer Familie versorgt und betreut, die nicht einmal den Namen einer solchen tragen dürfte. War er doch für sie nichts weiter als ein willkommener Fußabtreter für all ihre aufgestauten Aggressionen und ungelösten Probleme.

So sehnte er sich schon kurz nachdem sie ihn bei sich aufgenommen hatten, wieder nach der Freiheit, die er nie gehabt hatte und doch in seinem Herzen trug und wusste instinktiv, dass er hart kämpfen musste, um diese zu erhalten. Er müsste listig sein, verteufelt schnell und den richtigen Moment abpassen, um ihnen zu entwischen, wenn sie wieder einmal beim Gassigehen auf irgendeiner Autobahnraststätte ihm nicht die nötige Aufmerksamkeit schenkten, die es brauchte, um dann zu fliehen.

So kam es, wie es kommen sollte als einer der berühmt berüchtigten Wochenendausflüge, bei dem es am Ende mehr Streit, Zank und Auseinandersetzungen gab als freundliche Worte, zu der von ihm herbeigesehnten Chance einer Fluchtmöglichkeit führte, die sich so für ihn nie wieder bieten würde. Der Wagen stoppte für ihn auf irgendeinem x-beliebigen Rastplatz an einer Autobahn, die Heckklappe wurde geöffnet, man entnahm seinen kleinen Käfig, öffnete das Gitter und ließ ihn, nachdem man ihn an eine lange Leine gelegt hatte, auf den naheliegenden Grünflächen herumlaufen, damit er sein Geschäft erledigen konnte. Sie stritten wieder wie die Kesselflicker und es war unerträglich, dies mit anzuhören. Die Kinder warfen kleine Steine nach ihm, die Erwachsenen beschimpften, kreischten und befehdeten sich und er konnte es nicht mehr aushalten, diese endlosen Streitereien und Disharmonien zwischen jenen, zu denen er doch einmal stolz aufgeblickt hatte.

Ein kurzer Moment der Unachtsamkeit und er riss sich mit einem Ruck von der nur lässig in der Hand gehaltenen Leine der kleinen Tochter der Familie los und lief mit fliegenden Ohren so schnell er konnte und so schnell es ging über den Rastplatz in Richtung der anderen Seite der vierspurigen Autobahn. Für einen kleinen Augenblick sah es so aus, als würde er der von allen guten Geistern verlassen scheinende kleine Hund, es schaffen, über die wahrlich viel befahrene gefährliche Fahrbahn zu gelangen, als ein riesiger Schatten ihn, den fliehenden, kleinen Hund, der um sein Leben lief, einholte und ihn mitnahm in jene Welt, nach der er sich so sehr sehnte und die doch so ganz anders war, als er sie sich vorgestellt hatte.

Der Tod war schnell und schmerzlos. Es war ein gewaltiger Ruck, der durch seinen Körper ging und seine kleine Hundeseele freisetzte, die sich in Windeseile von jenem Ort entfernte, an dem er sein Leben ließ, unter den riesigen Zwillingsreifen eines Betonmischers, der nicht einmal mehr die Chance hatte, zu bremsen, weil alles so rasend schnell ging, im wahrsten Sinne des Wortes. So lag sein kleiner zerquetschter Körper mitten auf der Fahrbahn und wurde noch mehrfach von anderen nachfolgenden Fahrzeugen überfahren. So dass letztendlich nur eine breiige, schwarz rote Masse Körper und ein Hundeelend übri blieb, aus dem die Gedärme hervorquollen, aus der das Blut bei jeder weiteren Überfahrt herausspritzte. Nur sein Kopf und sein zierliches Gesicht waren nicht überfahren worden und so lag er mit offenen und traurig dreinblickenden Augen am Straßenrand jener großen Autobahn, die ihn in die so sehr herbei gesehnte Freiheit führte.

Betroffen stand seine Familie auf der anderen Seite und konnte von hier aus das schreckliche Geschehen beobachten, das sich tief in ihre Seele einbrennen würde, als ein für sie unvergesslich bleibendes Ereignis, das sie bis an ihr Lebensende nicht mehr loslassen sollte. Führte es ihnen doch vor Augen, dass sie einen großartigen Freund und Mitstreiter ihrer Familie verloren hatten, an dem sie mehr hingen, als es ihnen zu seinen Lebzeiten bewusst gewesen war. Wie als würde er spüren, dass sie ihn beobachteten, voller Sorge, ob er noch leben würde, schien er sie noch einmal zu grüßen, so wie er es früher zu tun pflegte, indem er seinen kleinen Kopf ein Stück hob, ihn schüttelte, was die Ohren hin und her fliegen ließ.

Und so sah es aus, als ob er ihnen noch einmal zuwinken würde mit seinen kleinen, lustigen Schlappohren, die auf und abgingen. Und für einen kurzen Augenblick entstand noch einmal die wahrlich trügerische Hoffnung, dass er diesen furchtbaren Unfall überlebt haben könnte, bis sie sahen, dass nicht er seinen Kopf bewegte und die Ohren, sondern nur der Fahrtwind der an ihm vorbeirasenden Fahrzeuge sie ein um das andere Mal in die Luft wirbelten und den Zurückgebliebenen das Gefühl vermittelten, er würde sie noch einmal, ein letztes, allerletztes Mal grüßen.

Mit Tränen in den Augen wandten sie sich von dem grausigen Bild ab und schworen sich bei dem Tod ihres kleinen Pudels, sich nie wieder zu streiten und einander böse zu sein für Belanglosigkeiten, die niemanden interessierten und die sie doch zu ihrem Lebensmittelpunkt erklärt hatten. Ein den vielen Autos folgender großer LKW überfuhr mit seinen großen Reifen ein letztes Mal den an den Straßenrand geschleuderten Körper und zerfetzte ihn so, dass nichts mehr von ihm übrig blieb, das wenigstens noch für eine Beerdigung ausgereicht hätte.

So fand er hier an der Autobahn seine letzte Ruhestätte und hinterließ eine zutiefst erschütterte, traurige Familie, die sich wortlos abwendend und hilflos zugleich, ob dieses sie erleidenden Schicksalsschlags zum Wagen ging und, ohne noch ein Wort darüber zu verlieren, nach Hause fuhr.

Doch der von ihnen abgelegte Schwur hielt nur bis zur nächsten Raststätte, wo sie sich schon wieder über all jene Belanglosigkeiten des Tages stritten, die ihnen gerade so in den Sinn kamen und machte es ihnen auf diesem Wege leicht, den furchtbaren Tod und das Sterben des ihnen noch einmal zuwinkenden kleinen Hundes zu vergessen. Er, der ihnen immer treu zur Seite gestanden hatte in guten wie in schlechten Zeiten und sich nie beschwert hatte über das, was sie ihm antaten, noch wie sie mit ihm umgingen. War er doch der beste Hundefreund gewesen, den man sich vorstellen kann! Einen, den man nicht ein zweites Mal im Leben bekommt. Doch leider hatten sie das erst erkannt, als es zu spät war und er überfahren auf der Autobahn ihnen ein letztes Mal zuwinkte mit seinen traurigen, schlappigen Ohren, gerade so, als wollte er noch sagen: „Es ist schon in Ordnung liebe Freunde, mir geht es gut und ich wünsche euch dasselbe! Herzlichst Euer gelittener und dennoch im Herzen mit euch verbundener Freund Bello, der ich immer für Euch bleib, auch ohne meinen bei Euch gebliebenen, zerschmetternden und breit gefahrenen Leib. Denn die Seele ist es, die uns verbindet und alles Leid und alle Grenzen und Gegensätzlichkeiten der Welt überwindet“

Das Morgengebet

Jeden Morgen pünktlich um neun Uhr zerriss ein greller Blitz die Stille und Dunkelheit ihres wohlverdienten Schlafes, wenn urplötzlich aus dem Nichts ein weiß strahlendes Licht auf sie hernieder fuhr und eine Unzahl von Stimmen in ihrem Innern gleichzeitig auf sie einzureden schien, so dass an ein Weiterschlafen nicht zu denken war. Obwohl sie erst zwei Stunden ihres wohlverdienten Schlafes, nach Beendigung ihrer Nachtschicht, hatte genießen können.

Das ging nun schon seit Monaten so, sodass sie sich sogar dazu entschlossen hatte, eine umfangreiche Diagnostik in einem Schlaflabor vornehmen zulassen. Dort stellte man zu ihrem großen Erstaunen die gleiche, unselige und ihr längst schon bekannte Diagnose, dass sie exakt um neun Uhr durch einen nicht näher zu benennenden Umstand schlagartig wach wurde, weil ihre Gehirnaktivität sich zu diesem Zeitpunkt um einhundert Prozent verstärkte. Selbst stärkste Schlafmittel brachten nur eine vorübergehende Linderung des unerklärlich bleibenden Phänomens. Sie ging sogar so weit, darüber nachzudenken, ihren Job in der Nachtschicht aufzugeben, um lieber arbeitslos, aber wenigstens glücklich ausschlafend, den Anforderungen ihres nicht immer einfachen Lebens gerecht zu werden. War sie doch mit ihren fünfzig Jahren auch nicht mehr die Jüngste im Verbunde derer, die sich durch schweißtriefende Arbeit am Fließband ihren Lebensunterhalt verdienen mussten.

Mit ihrer Kraft am Ende saß sie verzweifelt und allein in ihrer kleinen, bescheidenen Wohnung, den Kopf in die Hände gestützt, als das Telefon klingelte. Ihr jüngster Sohn teilte seiner vollkommen überraschten Mutter mit, dass er seit Beginn seiner Priesterseminarausbildung, sie allmorgendlich in sein Gebet mit einschloss, um ganz besonders ihr, seiner lieben Mutter, die besten Wünsche, nebst dem dazugehörigen Glauben, der Liebe, sowie der daraus resultierenden Kraft und Hoffnung für den bevorstehenden Tag zu geben.

Wie Schuppen fiel es ihr von den Augen und sie erkannte, dass ihr jüngster Filius es war, der sie mit seinen gottverdammten Morgengebeten um ihren wahrlich wohlverdienten Schlaf brachte, die zwar gut gemeint waren, aber leider zur falschen Zeit kamen: Nämlich genau dann, wenn sie schlafen musste, um sich von der schweren Nachtschicht zu erholen. Denn er vergaß leider bei aller guten Absicht, dass sie zu Bett ging, wenn er aufstand.

Nachdem man dieses ungewöhnliche Missverständnis aus der Welt geräumt hatte, vereinbarten Mutter und Sohn, dass er sie fortan nur in sein Abendgebet einschließen würde, um ihr für die folgende Nachtschicht die Kraft zu geben, die sie brauchte, um diese durchzuhalten.

Ende gut, alles gut?

Ich glaube ja, und so sollte jeder, der unter unerklärlichen Schlafproblemen leidet, sich einmal die Frage stellen, ob er nicht auch jemanden in seinem näheren Umfeld kennt, der permanent und intensiv an ihn denkt und damit seinen Lebensrhythmus stört. Sei es nun, wie in unserem Fall, positiv oder aber auch negativ. Denn wer sagt uns denn nicht, dass da vielleicht noch jemand eine Rechnung mit uns offen hat, die er dadurch zu begleichen gedenkt, dass er permanent in seinem Frust an uns, den so „Beglückten" denkt.

Gottes Weckruf

Immer dann, wenn er überhaupt keine Lust hatte aufzustehen, ertönte Gottes Weckruf in Form einer geradezu Krach machenden Maschine, eines aufheulenden Motors oder einer gegen die Zimmerwand schlagenden Nachbarin. Denn, so schien es ihm, war es Gottes Wille, dass er aufstand, um den Tag zu beginnen, etwas Gutes zu tun und nicht wie sonst bis zum späten Nachmittag im Bett zu liegen und seinen Depressionen zu frönen.

Nur der, der diese Hinweise als Aufforderung des Lebens versteht, sich den ihn gebotenen Herausforderungen zu stellen, wird diese Weckrufe Gottes nicht als Provokation und lästiges Übel empfinden. Er wird es dankbar als Hilfe annehmen, ist es doch das Leben selbst, das ihm auf diesem Wege zeigt, wie wichtig er für diese seine, unsere Welt ist und die in ihr lebenden Menschen und warum es von erkennbarer Bedeutung ist, seine vom Schicksal gestellten Aufgabe zu bewältigen und zu lösen. Ist doch jeder Mensch ein Teil des Ganzen und das Ganze ein Teil von ihm. Und wenn nur ein kleines Rädchen im großen System des Räderwerks des Lebens ausfällt, so kann unter Umständen das Ganze in Gefahr geraten und Schaden nehmen.

Darum vertraue auf den Weckruf Gottes, wenn er dich zur Arbeit ruft, denn es ist ein Kompliment des Lebens selbst, das da sagt: „Ich brauche dich und nur dich, weil ansonsten alles ins Stocken gerät!“

Vielleicht hilft uns diese Erkenntnis, uns nicht so überflüssig und unbedeutsam zu fühlen, wie wir uns oft fühlen wenn wir morgens wieder einmal aufstehen, ohne zu wissen warum. Denn, so sagen die, die es schon für sich erfuhren, auch ein arbeitsloser, kranker und depressiver Mensch erhellt, selbst wenn es paradox klingen mag, die Welt mit seinen tristen Gefühlen. Gäbe es doch ohne ihn nicht all die, die sich um ihn bemühen müssten und ansonsten, wie wir uns denken können, nichts mit sich anzufangen wüssten!

So sprach der arbeitslose Karl B.,
Denn manchmal tut auch solch eine Wahrheit weh,
Insbesondere, wenn man selbst davon betroffen ist
Und die Welt der Arbeit auf schmerzvolle Weise vermisst.
Weil man als depressiver Mensch durch unsere Welt wohl geht,
Und nicht allzu viel vom Leben und Gottes Weckruf versteht!

Fünfzigster Geburtstag

Zu seinem fünfzigsten Geburtstag bekam er von seiner Frau eines dieser unsäglich blöden Geburtstagsgeschenke, die sich kein Mensch auf dieser Welt und schon gar nicht, wenn er als Mann geboren wurde, wünscht. Es gehörte unter die Rubrik SOS, was für „Socken, Oberhemden, Schlipse" steht und der unvergleichlich stupiden, geradezu langweiligen Vorstellungswelt all jener entspricht, denen es nicht in den Kopf will, dass ein Mann auch noch andere Dinge schön findet, als die sogenannten SOS-Accessoires.

So kam auch unser leidgeprüftes Geburtstagskind zu einem dieser eher seltenen Fundstücke aus der Serie „seidene Einstecktücher für den Gentleman", der er zweifelsohne nicht war; zu plump, zu direkt sein Auftreten und Benehmen, das gerade einmal für den Dorfball taugte, aber nicht für ein Stelldichein der gehobeneren Klasse.

Das teure, aus Sicht seiner Frau schöne Geburtstagsgeschenk verschwand achtlos in der Tasche, bis es sehr zur Überraschung seines Trägers urplötzlich wieder aus selbiger hervorgeholt werden musste, weil ihn ein furchtbarer Niesanfall dazu reizte, in das noch nagelneue, gute Stück hinein zu schnäuzen, um es somit für alle Zeit zu versauen!

Woran man wieder einmal sieht, was mit uns geschieht,
Wenn die Welt uns manipuliert
Und man nur das Bedürfnis spürt
Ihr unmissverständlich zu zeigen:
Ich kann Dich leider nun mal nicht leiden!

Linksverkehr

Ihren viele Jahre lang vorbereiteten Urlaub zur Silberhochzeit wollten sie, das in Ehren ergraute Ehepaar, ganz im Stil der 70er, als sie zu ihren Flitterwochen auf die Insel ihrer Träume, auf der Linksverkehr herrschte, fuhren, auf eben genau dieser verbringen. Ganz im nostalgischen Gedenken an jene schöne Zeit, in der ihre Liebe einst für einander aufblühte. Dass sie allerdings jetzt um Jahre gealtert waren, der Verkehr entsprechend zugenommen hatte und ihre Kenntnisse und Fahrpraxis in den letzten 25 Jahren nicht unbedingt besser geworden waren, sie zudem etwas verkalkter und längst nicht mehr so flexibel waren, wie sie es sich wünschten, stand auf einem anderen Blatt. Eines, das sich für sie auf ungewöhnliche, ja geradezu dramatische Weise wenden sollte in einer Begebenheit, die verrückter nicht hätte sein können.

An einem wunderschönen Sommermorgen, den Gott extra für sie geschaffen zu haben schien, setzten sie mit der alten Fähre über den Kanal und konnten es kaum erwarten, auf ihre über alles geliebte Insel zu kommen. Dort, wo sie sich einst kennen und lieben gelernt hatten. Doch das Schicksal hatte etwas anderes mit ihnen vor und so kam es, dass sie wohl schon nach wenigen Kilometern oder besser gesagt: Meilen, den ersten Crash gebaut hätten, wenn der ihnen entgegen kommende Fahrer nicht im letzten Moment ausgewichen wäre. Hielten sie sich doch nicht konsequent an das Linksfahrgebot, sondern fuhren so, wie sie es von zu Hause her gewohnt waren, auf der rechten Seite. Das war aber auf der Insel ihrer Träume die genau entgegengesetzte Richtung zu dem, wie der gesamte Verkehr lief, und der Schrecken saß ihnen noch tief in den Knochen, als sie beschlossen, in die nächste größere Ortschaft einzufahren, um sich dort in einem Pub von diesem zu erholen. Ein verhängnisvoller Entschluss, wie sich noch herausstellen sollte, denn das sich jetzt abspielende Verkehrsdrama suchte in dieser Konstellation seines gleichen, obwohl es noch mehr als einmal an diesem Tage bei anderen Verkehrsteilnehmern vorkommen sollte, dass sich ein ähnliches Ereignis abspielte, allerdings nicht mit den Folgen, die sich aus dem Missverständnis, das jetzt passierte, ergab.

Sie fuhren also in die kleine Stadt hinein, um dort auf der Suche nach einem geeigneten Parkplatz in ein Parkhaus einzubiegen, das schlecht beleuchtet war und für ihre Verhältnisse katastrophal eng und unübersichtlich. So kam es, dass sie wieder einmal auf der falschen Seite fahrend sich Stockwerk um Stockwerk hocharbeiteten, was zur Folge hatte, dass unendlich viele entgegenkommende Fahrer ihnen nur noch im letzten Moment ausweichen konnten und sie, je höher sie kamen, desto mehr die Kontrolle über sich und ihr Fahrzeug verloren. Das war wohl auch der Grund dafür, dass sie immer noch, trotz aller Versuche anderer Autofahrer, sie zu warnen, auf der falschen Seite fahrend, fast mit einem ihnen entgegenkommenden Fahrzeug kollidiert wären.

Wie der Zufall es so wollte, war ihr Kontrahent ein stark sehbehinderter, älterer Fahrer gleichen Semesters wie sie, der, ob nun aus Eitelkeit oder Vergesslichkeit, seine Brille nicht aufgesetzt hatte und nur schemenhaft das ihm entgegenkommende Fahrzeug ausmachte. Zudem hatte das falsch fahrende Auto auch noch sein Fernlicht angeschaltet, was ihn vollends blendete und er so nur einen ihm entgegenkommenden, ihn blendenden und den Weg versperrenden Autofahrer mit Beifahrer ausmachte.

Bei der plötzlichen Vollbremsung war der ganze Korb mit Lebensmitteln, die er zuvor im Supermarkt gekauft hatte, vom Sitz auf den Boden gerutscht, so dass eine riesengroße Schweinerei sich dort auszubreiten drohte, weil einige Milchflaschen kaputt gegangen waren und diese jetzt zu einer großen weißen Pfütze im Fußraum ausliefen. Er griff zu seiner auf dem Armaturenbrett liegenden Brille, setzte sie auf und erkannte jetzt deutlicher, trotz des ihn blendenden Gegenlichtes, eine Frau als Fahrer und einen danebensitzenden Mann. Das war aber auch schon alles. Er wollte sich gerade umdrehen, um entsprechend dem mittlerweile eingesetzten Hupkonzert zu reagieren, als das Unheil seinen verhängnisvollen Lauf nahm.

Der sich mit seinem Fahrzeug auf der falschen Seite befindliche Fahrer versuchte irgendwie, das Gefährt aus der Gefahrenzone herauszubringen und auf die gegenüberliegende Seite zu kommen, war aber seinerseits jetzt so eingekeilt, dass er irritiert und geradezu verzweifelt wild gestikulierend seinem Beifahrer (der ja eigentlich der Fahrer war) Druck zu machen schien, den Weg zu räumen. Die Stimmung im engen Parkhaus heizte sich immer mehr auf, da jetzt ein Riesenstau entstanden war, teils durch die Gaffer, die an ihnen vorbeizogen, teils durch die hinter ihnen jetzt immer mehr Druck machenden anderen Fahrer und ein Höllenlärm erfüllte das kleine Parkgebäude.

Dann jedoch geschah das Unvorstellbare, die Fahrerin des Wagens, die das Chaos verursacht hatte, verschränkte auf einmal die Hände vor der Brust und rührte sich kein Stück mehr!

„Das kann doch nicht wahr sein!“, brüllte der sich immer mehr aufregende ältere Herr mit der jetzt aufgesetzten Brille. „Wie kann man denn nur so stur und eigenwillig sein als Frau!“

Und er fing an, wild gestikulierend zu ihr hinüber zu brüllen, obwohl sie das, was er sagte, nicht verstand. Die Stimmung war kurz vor dem Siedepunkt und sie machte keine Anstalten, das Fahrzeug in welche Richtung auch immer zu bewegen, ganz im Gegenteil. Sie saß immer noch mit verschränkten Armen da wie eine Sphinx, geheimnisvoll und abweisend zugleich und doch irgendwie, er wusste auch nicht wie, ihn über alle Maßen provozierend.

Und so kam es, dass ein vollkommen erboster Fahrer die Nerven verlor, seinen Wagen nach rechts herüberzog, um dem scheinbar unausweichlichen Hindernis doch noch irgendwie auszuweichen und dabei den Scheinwerfer des Kontrahenten erwischte. Es gab einen lauten Knall, das Glas zersplitterte, doch die Fahrerin des Wagens blieb vollkommen ungerührt. Sie saß immer noch mit verschränkten Armen da, während, wie von Geisterhand, sich der Wagen jetzt plötzlich ein Stück nach hinten bewegte. Das erboste ihn umso mehr, als dass er nun durch diese dumme Gans einen Unfall gebaut hatte und in seiner Kaskoversicherung um einige Punkte nach oben gestuft werden würde. Bei dem Versuch, wutentbrannt zurückzusetzen, um endlich frei zu kommen, stieß er noch ein weiteres Mal mit voller Wucht gegen den Kühlergrill des immer noch vor ihm stehenden Fahrzeugs und rastete nun vollkommen aus. Denn mit solcher Impertinenz hatte er nicht gerechnet: Eine Person, die mit verschränkten Armen dort im Auto sitzend ihn die ganze Zeit böse anstarrte und nicht daran dachte, sich zu bewegen, während er für sie, um ihr auszuweichen, diesen wahrlich als blöd zu bezeichnenden Unfall baute!

Als er dann aus dem Wagen sprang, um auf sie zuzulaufen, kam er nicht weiter als es die Faust desjenigen zuließ, der bisher teilnahmslos als Beifahrer scheinbar stumm neben ihr gesessen hatte, was zur Folge hatte, dass nicht nur ein blaues Auge, sondern auch eine Massenkeilerei, die ihresgleichen gesucht hätte, stattfand, als andere Autofahrer ihm, dem so Malträtierten, zu Hilfe kamen. Erst als einige Minuten später die Polizei eintraf, konnte das ganze schreckliche Manöver und Missverständnis aufgeklärt werden:

Es handelte sich, wie man unschwer erkennen konnte, um ein Fahrzeug mit Linkssteuerung und somit war die vermeintlich provozierende, den Unfall auslösende Fahrerin gar nicht die Ursache für das eigentliche Desaster, war doch nicht sie gefahren, sondern der neben ihr sitzende Mann und vermeintliche Beifahrer!

Es folgten eine Reihe von peinlichen Entschuldigungen, der Fall wurde als großes Missverständnis in die Polizeiakten eingetragen, das blaue Auge großzügig übersehen und der entstandene Schaden auf dem Kulanzwege geregelt. Unserem Silber ergrauten Hochzeitspaar in den zweiten Flitterwochen aber war der Spaß und die Laune an der Reise über ihre Trauminsel vergangen und sie zogen noch am gleichen Tag wie geprügelte Hunde von dannen, denn sie hatten mit allem auf ihrer über alles geliebten Insel der Herzen gerechnet, nur nicht damit, Opfer einer selten dämlichen Parkhausaffäre zu werden.

So kann sich aus einem kleinen Missverständnis eine große Katastrophe aufbauen, wenn die sich gegenüberstehenden Kontrahenten nicht auf eine Linie einigen können und jeder der Meinung ist, der andere wäre das eigentliche Übel in der Sache und müsste diese als solche bereinigen. Obwohl, wenn jeder sich die Zeit genommen hätte, den Fall etwas ruhiger und gelassener anzugehen, es zu diesem peinlichen Missgeschick und Verständigungsstreit zwischen den Völkern und ihren Fahrweisen sicherlich nicht gekommen wäre.

Nur Gott kann uns stoppen

So schrieb er eines Tages auf seinen wunderschönen, großen, die Landstraßen seines Landes befahrenden Truck die Losung, die sein ganzes Leben bestimmte: „Only God can stop us – nur Gott kann uns stoppen“. Und so fuhr er mehr verwegen als gottesfürchtig seinen 38 Tonner durch die Lande, bis eines Tages nicht Gott ihn stoppte, sondern die Obrigkeit in Form eines Polizisten, der ihn wegen zu schnellen Fahrens anhielt und ihm für viele Monate den Führerschein entzog, weil das eigentliche Delikt nicht in der Überschreitung der Geschwindigkeit lag, sondern in dem viel zu hohen Alkoholkonsum, der ihn, den letzten fahrenden Cowboy der Landstraße, wie er sich selbst nannte, letztendlich den Führerschein und somit seinen über alles geliebten Job kostete.

Nur Gott kann uns stoppen? Nein, leider auch die Polizei!

Drum merke: Nur der, der reinen Herzens und Gewissens ist, wird nicht gestoppt, nicht von Gott, nicht von der Obrigkeit und nicht durch sich selbst. Denn er befolgt die Regeln und die Regeln folgen ihm, geben ihm Kraft, schützen ihn und binden ihn ein in die große Gemeinschaft all derer, die gleichfalls reinen Herzens und Gewissens sich durch diese unsere Welt bewegen, mit oder ohne fahrbaren Untersatz!

Das verlorene Zuhause

Wer in sich selber nicht zu Hause ist, ist nirgendwo zu Hause." Diese durchaus schmerzhafte Erfahrung musste er am eigenen Leibe erleben, als er wieder einmal sturzbetrunken und nicht mehr im Vollbesitz seiner geistigen Kräfte vor seinem eigenen Haus stand und den Schlüssel nicht fand.

So war er ausgesperrt aus jenem Refugium, das er doch als sein eigenes Reich ansah und somit getrennt von einer Familie, die ihn schon lange nicht mehr ertragen konnte. Selbst der Hund machte einen großen Bogen um ihn herum, stank er doch derart nach Alkohol, Erbrochenem und Urin, dass selbst diesem Tier, das es zweifelsohne war, obwohl es im Verhalten zu ihm manchmal menschlicher wirkte als so mancher Mensch, der zum Tier mutierte, allein schon von seinem Geruch her, kotzübel wurde.

Wer in sich selber nicht zu Hause ist, ist nirgendwo zu Haus, wurde, wenn er sich wieder einmal sturzbetrunken selbst einnässte, ihm auf schmerzlichste Weise bewusst, als er feststellte, dass trotz mehrfachen Klopfens und Brüllens niemand aufmachte und man ihn sogar wissentlich seinem wahrlich ungewissen Schicksal überließ. So schlief er die Nacht im Garten bei eisiger Kälte und es kam wie es kommen musste, er erfror bei lebendigem Leibe im Vorgarten seines eigenen Hauses, welches wohlig warm und gemütlich von den in ihm herrschenden Temperaturen zu erzählen schien, während er hier draußen eingenässt und vollgemacht, bekotzt und sturzbetrunken, vor Kälte bibbernd, seinem frühen Ende entgegenzitterte, bis er irgendwann im frühen Morgengrauen endgültig einschlief und erfror.

Und die Moral von der Geschicht?
Die gibt es und sie gibt es auch wieder nicht.
Denn eins ist in diesem Fall wohl klar,
Das, was er leider viel zu spät wohl sah:
Das der, der in sich selber nicht zu Hause ist
Und dann auch noch den Schlüssel vergisst
Ist selbst schuld an seinem Tod,
Starb er doch ohne erkennbare Not
Sturzbetrunken
In seinem Elend versunken
Vor der Haustür derselben
Auf der stand in schönen Lettern, jenen gelben:

Wer in sich selber nicht zu Hause ist
Der wird von niemandem vermisst.
Denn nur wer selber in sich zu Hause ist,
Ist der, der weder sich noch die Welt um sich herum vergisst!

Behinderung

„Die Behinderung ist eine starke Waffe, man muss sie nur richtig einzusetzen wissen“, sprach da der kranke, beinamputierte, am Straßenrand sitzende und um etwas Geld bittende und bettelnde Vagabund zum neben ihm auf dem kalten Boden hockenden, jungen Mann, der bisher vergeblich versuchte, ein paar Cent für eine warme Mahlzeit zu ergattern.

„Mitleid, Mitleid musst du erregen, wenn du in dieser Welt etwas erreichen willst. Setz deine Behinderung immer so ein, dass sie mitleiderregend und nicht abstoßend wirkt, dann hast du auch Erfolg!“

Sich diesen Rat des vagabundierenden Krüppels zu Herzen nehmend, versuchte der junge Mann schon an der nächsten Straßenecke sein Glück, indem er einen geistig behinderten, zurückgebliebenen Menschen imitierte. Das schien auch eine ganze Weile gut zu gehen, allerdings nur so lange, bis es wohl dem lieben Gott zu viel wurde mit dieser erbärmlich vorgetragenen Laienschauspielerei, nahm der junge Mann doch auf diesem Wege den wirklich geistig Behinderten ihren wohlverdienten Platz in der unendlichen Reihe all der gescheiterten, bedauernswerten Kreaturen weg, die so noch weniger bekamen als zuvor von den ohnehin nicht gerade Spenden freudigen Wegschauenden des sich ihnen so präsentierenden Elends am Wegesrand.

So ließ Gott dem noch vollkommen Verdutzten einen mordsmäßig schweren Dachziegel direkt auf seinen Kopf fallen als Belehrung und Strafe dafür, dass er sich geradezu schändlich über die behinderten Kreaturen dieser Welt nicht nur lustig gemacht, sondern zu allem Überfluss auch noch sie um ihre wenigen Almosen gebracht hatte. Fortan saß er, der so von Gott Gescholtene und Bestrafte, mit einem tatsächlichen Dachschaden, den er von diesem Dachziegelsturz davon getragen hatte, am Straßenrand und bat um ein kleines Almosen. Jetzt war er es, der als Behindertster in der Reihe vieler anderer Behinderter hintenan stand und von dem Mitleid derer abhängig war, denen er zuvor das weggenommen hatte, was sie ihm jetzt freundlicherweise gaben, ihm, der noch mehr Mitleid bei ihnen auslöste als der behindertste unter ihnen.

Was lernen wir daraus?

Spiele nie, auch nicht nur einmal zum Spaß, das, was du dir für dich selber am wenigsten wünschst und mach dich nie lustig über jene erbarmungswürdigen Kreaturen Gottes, die alles verloren, sogar ihre Hoffnung einmal gerettet zu werden, verdienen sie doch unser aller Mitgefühl und nicht unseren Hohn, weil du dir ansonsten den direkten Zorn des alten Herrn zuziehst. Denn ER kann es nun einmal nicht leiden, wenn jemand eine seiner gezeichneten Kreaturen zusätzlich noch quält, nimmt er sich doch, ohne es vielleicht zu wissen, das Recht heraus, Ihm, dem Allmächtigen, ins heilige Handwerk zu pfuschen. Und das, so wissen wir nun, kann ER nun einmal auf den Tod nicht ausstehen.

Gigantomanie

Er war der umstrittenste Architekt seiner Zeit und gehörte zu jenen Stararchitekten, die im Leben immer höher hinaus wollten. Einige munkelten, dass er aufgrund seiner geringen Körpergröße und der damit verbundenen Miniaturisierung seines Geschlechtsteils zu dieser Gigantomanie neige. Wie manch anderer, so versuchte auch unser Architekt das Größte und Unmöglichste zu schaffen, um sich so groß zu fühlen, damit andere zu ihm aufschauen und ihn bewundern mussten.

So baute er Hochhäuser in den Himmel hinein, die höher waren als alles, was andere bisher gebaut hatten. Er entwarf Gebäude, die mächtiger nicht hätten sein können und oft wie Gottes Kathedralen wirkten. Selbstverständlich fuhr unser Architekt die größten Autos und hatte die schönsten und größten Frauen. Nach eigenen Bekunden hatte er „den Kleinsten", den man sich denken könne und war darüber zutiefst frustriert. Dennoch wäre ihm nie der Gedanke gekommen, dass die Gigantomanie seiner Bauprojekte im direkten Zusammenhang mit seinem außergewöhnlichen „Geschlechtsteilchen" – wie es eine ehemalige Freundin von ihm nannte – stehen könnte. Doch das sollte sich an dem Tag der Einweihungsfeier seines neuen grandiosen Penthauses im 143. Stock ändern. Sein schweifender Blick in die Ferne wurde von einem kleinen, zwergwüchsigen Jungen jäh unterbrochen. Denn dieser schaute zu ihm auf und sagte: „Weißt du, für mich bist du der Größte!"

Der Architekt schaute ihn verwundert an und konnte für einen kurzen Augenblick in seine eigene Seele blicken, denn die Seele des Jungen war ein Spiegel seiner eigenen. Er spürte und erinnerte in diesem Moment das erfahrene Leid seiner Kindheit, die Schmach, Demütigungen und Hänseleien, die er schon so oft wegen seiner geringen Körpergröße und seines zu klein geratenen Geschlechtsteils erfahren hatte. Plötzlich erkannte er den Zusammenhang zwischen der Gigantomanie seiner Gebäude und seinem sich daraus ergebenen Bestreben, immer der Größte sein zu müssen auf der ewigen Suche nach Anerkennung und Bestätigung für das, was er selbst nicht hatte: Sein Bewusstsein für seine innerer Größe und Stärke. Daher hatte er bisher stets versucht, über seine Werke die Größe zu erlangen, die ihm niemand geben konnte. Ist doch der Mensch nur das, was er selbst von sich hält!

So saß er noch lange nachdenklich auf der großen Außenterrasse und schaute auf die von ihm kreierten Bauwerke, die sein Hochhaus umgaben, wischte sich verstohlen eine Träne aus dem Augenwinkel und spürte, dass es Zeit für einen Wandel war.

Nach diesem bedeutungsvollen Satz des kleinen Jungen und dem Erkennen seiner eigenen Seele, änderten sich grundlegend seine Einstellung zur Architektur und zu den Dingen des Lebens. Schon bald entwarf er ökologische Projekte, trat für den Umweltschutz ein, schwor der Gigantomanie von Gebäuden ab und suchte das einfache, natürliche Leben. Er hatte verstanden, dass er diesen Wahnsinn eines Stararchitekten nichtlänger brauchte, um sich selbst zu bestätigen und die eigenen Minderwertigkeitsgefühle über seinen so viele Jahre gelittenen, oft gehänselten Körper auszugleichen.

Er erkannte, dass, auch ohne die bisherigen Oberflächigkeiten in ihm ein großer Geist und eine einzigartige Seele wohnten,

Das war wohl auch der Grund dafür, dass er der alternativste Architekt der Welt mit den ausgefallensten Ideen wurde und dazu noch ein glücklicher Mensch, der kurze Zeit später in einer Architektin die Frau seines Lebens fand. Eine Frau, die wie er, in ihrem Leben sehr, sehr gelitten hatte und die daher die Welt, in der er gelebt hatte, verstand, denn auch sie war von geringer Körpergröße. Sie gab ihm die Liebe und Gefühle der Anerkennung und Bestätigung,, die er immer gesucht hatte. Vor allem aber bestärkte sie ihn in seiner Gewissheit, dass es nicht darauf ankommt, wie groß man ist, sondern vielmehr, dass man zu sich selbst stehen kann und einen Menschen findet, der so denkt und fühlt wie man selbst. Denn geteiltes Leid ist bekanntlich halbes Leid und geteilte Freude doppelte Freude.

So zogen beide als die wohl kreativsten Architekten ihrer Zunft durchs Leben und veränderten, obwohl sie beide klein winzig schienen, diesen großen, unendlich weiten Planeten mit ihren genialen und überaus revolutionären Ideen, die vielleicht nur Menschen, die so leiden mussten wie sie, entwickeln können.

Die falschen Zauberer

„Wir sind die“, sprach da der Zirkusdirektor zu seinem staunenden Publikum, „die die schönste Frau der Welt haben und den stärksten Mann dazu! Und sollte das mal nicht so sein,“ “, fuhr er mit einem Augenzwinkern fort, „dann kaufen wir uns eben diese Titel!“

So war es nun einmal in seiner Welt, in der Welt der Zauberer. Alles, was er nicht besaß, kaufte er sich: Titel, Orden und Auszeichnungen. So war er ausgestattet mit dem Besten, das die Zauberwelt zu bieten hat und konnte jedem stauenden Gaffer eine große Liste seiner Triumphe und Erfolge vorweisen. gekauft zwischen hier und dort, von windigen und noch verhexteren Magiern dieser Welt, die in der Lage waren, alles herbeizuzaubern, was auch immer das Herz begehrte.

Doch: Sind wir nicht alle Zauberer in unseren Herzen, wenn es darum geht, uns all die Wünsche zu erfüllen, die uns das Leben verwehrt? Sind wir nicht wie dieser Zirkusdirektor, der sich wünschte, der größte, hellste und klügste Kopf der Welt zu sein, umgeben von den schönsten Frauen und begabtesten Männern aller Zeiten?

Sind wir nicht ein klein wenig genauso wie dieser Mann, mit dem Sand der Illusion und Phantasterei in den Augen geboren, und wünschen uns, eines Tages auch etwas zu schaffen, das über die Maßen groß und grandios ist, etwas, das die Menschheit nie wieder vergisst? Sind wir nicht auch alle zugleich ein bisschen geltungsbedürftig und größenwahnsinnig? Oder sind wir einfach nur so, weil wir Angst haben, dass uns die Welt schneller vergisst, als wir ihr gezeigt haben, wie groß wir in Wirklichkeit sind?

Oder sind unsere Wünsche nur aus dem tiefen Minderwertigkeitskomplex heraus entstanden, den schon unsere Eltern und deren Eltern usw. in sich trugen, die letztendlich das Versager-Gen geerbt zu haben schienen und es auf uns übertrugen, sodass wir alles daran setzten - und sei es nur, auf hochstaplerische Weise - das auszugleichen, was uns das Leben verwehrte?

Sind wir nicht alle kleine und große Hochstapler in unserem Herzen, ebenso Zauberer und Hoffende, die versuchen, unser Leben etwas erträglicher zu machen in dem Grau und Einerlei eines Ameisenstaates, in dem der Einzelne nicht viel zählt, es sei denn er wird eine große, starke Ameise, die stärker und bedeutsamer und eindrucksvoller als alle anderen ist?

Doch es gibt eine Hoffnung, auch ohne Zaubertricks und Augenwischerei zum Ziel zu kommen: Das ist der Weg zu sich selbst, zu seiner eigenen, inneren Wahrhaftigkeit und Größe, und zu dem Gefühl, sein eigenes Leben gefunden zu haben, ohne ein Zauberkünstler oder Hochstapler sein zu müssen. Einfach nur ein Mensch, der die Menschen liebt und das Leben genießt in der Freude an dem, was uns das Schicksal schenkt, ohne der Größte, der Beste und Stärkste sein zu müssen. Denn in der Welt des schönen Scheins glänzt man nur so lange, bis man verlischt, denn Sternschnuppen verglühen schneller am Himmelszelt des Lebens und Erfolges, als sie sich im Bewusstsein der Welt festsetzen. Das Innere aber, die Liebe zu sich selbst und zu den Menschen, die eigene tief empfundene Kraft und Stärke, das Leben auf seine eigene, ureigenste Art zu leben ist das, was uns lebendig erhält und letztendlich unsterblich macht vor der Kulisse all derer, die nach wie vor einem Glück hinterher jagen, das es so nicht gibt. All jene, die einem Ideal hinterherlaufen, das nicht einzuholen ist, sitzen damit einer Hoffnung und Illusion auf, die schneller zerplatzt als eine Seifenblase im Sturm des Lebens.

Die Wahrhaftigkeit des gelebten Augenblicks aber bleibt erhalten und damit jene Gefühle, die wir die kleinen und großen Momente der Glückseligkeit nennen, wenn wir uns wieder einmal in einem dieser wiederfinden konnten. Gemeinsam mit all jenen Menschen, die wir lieben und jetzt besser verstehen und die uns so lassen können, wie wir sind: Einfache, liebenswerte, aber auch zerbrechliche, nach dem Licht des Lebens strebende, um sich selbst bemühte Wesen, die auf dem langen Weg zu sich selbst in dem Tunnel der gefühlten Einsamkeit irgendwann einmal sich selbst zu finden hoffen. Und somit auch das zu finden, was sie sich wünschen an Glückseligkeit, innerer Stärke und Freude, ohne sich den Illusionen hingeben zu müssen, nur als Gaukler, Hochstapler und Zauberer wider Willen überleben zu können.

Herzlichst, Ihr einstmals selbst hochstapelnder, sich und den anderen etwas vorgaukelnder Zauberer wider Willen, der bekehrt und einem besseren Menschen belehrt wurde. Heute ist er ein Mensch, der voller Demut und Einsicht anderen hilft, ihr verloren geglaubtes Leben wieder zu finden. Er möchte andere aus dem tiefen Tal ihrer Hoffnungslosigkeit herausführen und ihnen aufzeigen, dass es doch noch ein lebenswertes Leben jenseits der Hochstapler, Gaukler und Zauberer gibt.

Träume sind Schäume, der zerrissene Brief

Urlaub an einem fast leeren Campingplatz irgendwo an der See. Genau das hatten sich beide gewünscht. Heute nun stand er mit seinem Fahrrad am Deich, der das Land vor den Sturmfluten schützte. Er blickte in die Ferne und während er noch über die Weite des Meeressinnierte, überkam ihn ein Gefühl der Einsamkeit und des Versagens. Er empfand eine tiefe Traurigkeit darüber, dass er in seinem Leben bisher nicht das erreichen konnte, was er sich einst gewünscht und vorgenommen hatte. So weinte er über sich selbst und sein Schicksal und wäre hier sicher noch eine längere Zeit gedanken- und seelenverloren geblieben. Doch als eine Gruppe junger Leute sich dem Deich näherte, zog er sich zurück, denn er hätte sich den Fremden gegenüber seiner Tränen geschämt. Er radelte den langen Weg zu seinem Zeltplatz zurück, immer noch unter dem Eindruck seiner soeben aufgebrochenen Gefühle.

Als er am Campingplatz zurückkehrte, erwartete ihn schon seine Frau. Sie hatten schon seit langem Probleme in ihrer Beziehung. Daher hatte sie ihm einen Brief geschrieben, den sie ihm jetzt, als er am Tisch saß, schweigend übergab. Er riss ihn auf und dabei die auf Luftpostpapier geschriebenen Seiten entzwei. Beide Hälften zusammen haltend versuchte er, die Zeilen zu lesen. Seine Frau, die mit den Essensvobereitungen begonnen hatte, schälte weiterhin die Kartoffeln. Sie versuchte ihm damit in ihrer abweisenden, distanzierten, kühlen Art und Weise klar zu machen, dass für sie die Beziehung beendet war. Er spürte die Traurigkeit und den Schmerz über die Trennung in sich aufsteigen.

Wieder fühlte er die Einsamkeit und Verlassenheit wie zuvor am Deich. Es schien ihm, als würde die Welt um ihn zusammenbrechen. Doch im nächsten Moment vernahm er eine innere Stimme, die ihm mit tröstenden, leisen Worten riet, sich fortan selbst die Liebe zu geben, die ihm so sehr fehlte. Noch vollkommen über diese Botschaft überrascht, versuchte er, sein aufkommendes Gefühl der spontanen inneren Stärke und Hoffnung vor seiner Frau zu verbergen. Daher merkte sie nichts von seinem inneren Wandel und hoffnungsvoll gefühlten Neubeginn. Sie schnitt weiter das Gemüse mit dem Gefühl weiblicher Überlegenheit über jenen Mann, den sie stets dominiert hatte. Er hingegen brauchte sie jetzt nicht mehr, denn er hatte einen Weg gefunden, sich zukünftig selbst zu helfen.

Träume sind Schäume, sagen die Menschen, die es so erfuhren oder erfahren werden. Irgendwann einmal werden unsere Träume Wirklichkeit und führen uns in eine bessere und schönere Welt. Denn solange man sich selbst hat und treu bleibt, lässt sich auch die größte Enttäuschung, das furchtbarste Leid und die stärkste Einsamkeit ertragen, weil man doch am Ende frei ist, um seine wahren Träume zu verwirklichen und den sich daraus ergebenen einzigartigen Weg durch ein selbstbestimmtes Leben zu gehen!

Trockene Tücher

„Es wird noch einige Zeit in Anspruch nehmen, viel Arbeit machen und noch mehr Schweiß kosten, bis wir unser Projekt Peacemaker, in trockenen Tüchern haben, denn bisher ist unsere Arbeit nicht mehr wert, als die voll gepissten Windeln, in denen unser Baby ruht!“, sprach Joe, der Boss, zu seinen Männern, bevor sie daran gingen, die zwei Zentner schwere Bombe aus dem zweiten Weltkrieg mit dem Kran anzuheben, um besser an den Zünder heran zu kommen.

Was sie zu diesem Zeitpunkt nicht wussten war, dass ihnen dieses Monsterteil gleich um die Ohren fliegen würde, weil Joes Bruder, Kranführer aus Leidenschaft, leider etwas zu hastig den Aufwärtshebel betätigte. Diese Unvorsichtigkeit führte dazu, dass ihnen ihr kleines Riesenbombenbaby aus den Schlaufen rutschte wie ein glitschiger, öliger Aal aus der Reuse und laut krachend direkt auf seinen Zünder in die Grube fiel, in der die Bombe schon über 40 Jahre gelegen hatte, bis jemand durch Zufall bei Baggerarbeiten sie fand.

„Shit“ war das letzte, was Joe von sich selbst hörte, bevor die Bombe ihn und seine Kumpel zerriss und für immer dorthin transportierte, wo extra ein Spezialort für alle erfolglosen Bombenentschärfer dieser Welt von den himmlischen Heerscharen geschaffen worden war, weil aus Platzmangel und Ehrerbietung vor ihren Leistungen diese Lösung Petrus, dem Himmelstürsteher, am besten gefiel.

So saßen sie oft noch spät des Nachts, wenn die Sterne schon hoch oben am Himmel standen, bei einem imaginären Glas guten Wein an ihrem Stammplatz im „Paradies der traurigen Helden“ und schauten wehmütig auf die gute alte Erde hinab, die sie unfreiwillig schon so früh verlassen mussten. Als einer von ihnen sagte „Hey, macht euch keine Sorgen, wir werden das Kind schon schaukeln, bevor wir es in trockene Tücher legen“, mussten sie alle laut lachen, während ihnen gleichzeitig die Tränen über ihre Wangen kullerten und sie todtraurig über ihren vermasselten Bombenentschärfungsauftrag sich wieder ihrem Glas Rotwein zuwandten. Der war genauso rot wie das Blut, das man tagelang nach der Explosion noch von den Wänden der um Leben Gekommenen hatte kratzen und waschen müssen.

Aber wie man es auch immer sehen will, der Auftraggeber dieser jetzt im Himmel verweilenden Bömbchenentschärfertruppe war trotz alledem hoch zufrieden, denn der Termin für den Bau der großen Mehrzweckhalle konnte eingehalten werden, war doch der Störenfried jetzt endlich weg, so oder so.

Ja so ist nun mal des Schicksals Gang,
Wird dir auch dabei Angst und Bang,
Wie kalt und herzlos alles scheint,
Wenn man die Tapferen nicht einmal mehr beweint,
Sondern schnell zur Tagesordnung übergeht
Und auch wenn es so mancher nicht versteht.
So ist nun mal der Weltenlauf
Einen Toten nimmt man da schon in Kauf,
Wenn dadurch das andere fließt
Und der Mensch sein Dasein still genießt!
Wo an den Orten des Schreckens eine Waschanlage entstand
Und Joe, nebst Truppe, den Tod wohl fand!

Mitte des Lebens

„Du bist jetzt genau in der Mitte deines Lebens!“, sagte er und schaute sie dabei so seltsam melancholisch und traurig zugleich an, geradeso als wäre es schon ein Abschied für immer, als er noch einmal die Stimme erhob, um ihr noch einige tröstlichen Worte zu sagen. Er spürte wohl instinktiv, dass sie ihn wahrscheinlich wörtlich genommen hatte, aber nicht davon ausging, dass sie tatsächlich 106 Jahre alt werden könnte.

Ob sie diese von ihm nachgeschobenen Worte als tröstlich empfunden hat oder nicht, ist leider nicht überliefert worden, nur die Tatsache, dass sie nur einen Monat danach die Scheidung einreichte. Dies allerdings lässt uns tief in die Abgründe einer verletzten Frauenseele hineinschauen. So hatte die, zumindest aus ihrer Sicht, böswillige und sarkastisch verletzende Aussage ihres nun Ex-Ehemanns im positiven Sinne zur Folge, dass die gebeutelte, über viele Jahre gelittene Frau, auf Grund dieses schweren, tiefgehenden verbalen Dolchstoßes, der Gott sei Dank nicht sie, sondern nur die Beziehung traf, den Weg in die Freiheit fand.

Ob sie nun wirklich in der Mitte und somit Blüte ihres Lebens stand, wie ihr trotteliger, jetzt vereinsamter Gatte und Solomann vom Dienst, sagte, wissen wir genauso wenig wie etwas über den Umstand, ob sie tatsächlich jemals 106 Jahre alt geworden ist. Aber eines wissen wir, dank dieser kleinen Geschichte: Sprich niemals eine Wahrheit aus, deren letztendliche Konsequenz du nicht überschauen kannst. Denn die Tiefe der inneren Betroffenheit und Verletzung des anderen, den sie betrifft, kannst du nie richtig einschätzen.

So halten wir es in Zukunft mit der weisen Aussage eines griechischen Philosophen, der da meinte, dass derjenige, der schweigt, durchaus ein großer Philosoph werden kann, wenn, ja wenn er nicht letztendlich ... aber den Rest der Geschichte kennen wir ja schon.

Buddhafalten

Sie hatte trotz ihres noch recht jugendlichen Aussehens, denn sie zählte gerade einmal zweiundzwanzig Lenze, drei niedliche, wie ihr Freund zu sagen pflegte, Buddhafalten am Bauch, ausgelöst durch das Einknicken und Vorbeugen des Körpers, wobei die Haut auf natürliche Weise drei kleine, faltenförmige Erhebungen ausbildete. Dieses aber missfiel ihr dermaßen, denn sie sah dadurch ihr fremdgesteuertes Schönheitsideal von sich selbst und einem perfekten Körper verletzt. So ging sie eines Tages spontan, ohne einen weiteren Gedanken daran zu verschwenden, geschweige denn ein Wort darüber zu verlieren, zum nächst besten Schönheitschirurgen in der Stadt, einem gewissen Dr. Schnippel (der Name wurde vom Autor verändert, um jegliche Ähnlichkeit mit noch lebenden Personen und dem Betroffenen selbst zu vermeiden) und ließ sich für sage und schreibe drei Monatsgehälter ihres nicht gerade schmalen Einkommens als Bankkauffrau die lästigen fettpolsterhaften Erhebungen ihres ansonsten niedlich sich nach vorne wölbenden Bauches entfernen.

Heute noch, viele Jahre später, klagt sie gegen den Arzt und Schönheitschirurgen. Dieser hatte nicht nur ihren schönen Körper verstümmelt, sondern auch leider vergessen, ihr zu sagen, dass jeder chirurgische Eingriff, und sei er auch noch so winzig und einfach, ein gewisses Risiko berge. Denn selbst bei modernster Technik, Desinfektion und Sterilisation aller Gerätschaften sind postoperative Infektion und somit Komplikation nie auszuschließen.

Unsere sich selbst als fett bezeichnende Schönheitsfee, die sogar einmal den Titel „Miss Undercover“, den sie auf dem Ball für berentete Polizeibeamte errang, bei dem sie für eine ausgefallene Freundin einsprang, trug, wurde Opfer ihres eigenen Schönheitswahns und eines gestressten, vollkommen überforderten Provinzarztes. Dieser besaß nicht einmal ausreichende Kenntnisse auf dem Gebiet der Schönheitschirurgie und des Fettabsaugens, sondern hatte - zur Aufbesserung eines seiner Meinung nach zu schmalen Arztgehaltes - diese Verfahrenstechniken lediglich in sein Repertoire mit aufgenommen, ohne die notwendigen Praxiserfahrungen aufweisen zu können. Sehr zum Leid und Verdruss all jener Patienten und späteren Opfer, die in jahrelangen, nicht enden wollenden Prozessen um ihr Recht kämpften und auf Wiedergutmachung des erlittenen Schadens hofften.

„Miss Undercover“ trug jetzt als sichtbares, nie mehr zu beseitigenden Zeichen ihres Schönheitswahns eine geradezu als furchtbar zu bezeichnende, die gesamte Bauchhaut überziehende Narbe, auf der sich nach wie vor, wie ihr später einmal ein ärztlicher Gutachter bestätigte, physiologische, d.h. zum Körper dazugehörende Falten zeigten, die sich immer automatisch dann bilden, wenn man sich nach vorne beugt, da die sich gleichfalls nach vorne wölbenden inneren Organe ihren entsprechenden Bewegungsfreiraum brauchen. Diese Erkenntnis aber kam leider für unsere so furchtbar gelittene und in ihrem Aussehen fortan stark beschädigte Schönheitskönigin genauso zu spät. Man sollte all jenen, die Gleiches vorhaben, folgenden Rat geben: Störe dich nicht an den kleinen, anatomischen Besonderheiten deines Körpers, denn nichts auf dieser Welt ist perfekt, nicht einmal das Werk des lieben Gottes selbst. Auch wenn er uns nach seinem Ebenbild schuf, müssen wir hin und wieder mal mit kleinen Schönheitsfehlern rechnen.

Alte Weltenbummler

„Wir fahren um die ganze Welt und zwar solange bis wir tot sind!“, sprach die alte, aber noch rüstige Dame zu ihrer nicht minder betagten Freundin, nachdem sie ihr sauer verdientes und somit erspartes Geld von der Bank abgehoben hatten, um gemeinsam loszuziehen und die Freiheit einer Welt, die so lange auf sich hatte warten lassen, zu erobern.

Doch sie sollten nur bis zum Autobahnkreuz „Kleine Freiheit“, keine hundert Kilometer von ihrem Heimatort entfernt, kommen. Ein LKW nahm ihnen die Vorfahrt und die beiden Freundinnen saßen verletzt und eingeklemmt in ihrem Wagen. Weil die Zigarettenkippe irgendeines Trottels in die Bezinlache des Unglückswagens landete, fing alles sofort Feuer und die beiden Damen verbrannten. Dieses Ereignis mag nur denjenigen traurig und betroffen machen, der nicht die tiefere, weitsichtige und feinschichtige Wahrheit dahinter erkennt. Denn bis zum Zeitpunkt des Unfalls meinte es das Schicksal doch gut mit den beiden alten Damen: Wenigstens einmal, wenn auch nur für kurze Zeit, gab es für die beiden die Hoffnung, frei zu sein von den ewigen Zwängen ihres verpfuschten, von ihnen selbst an die Wand gefahrenen Lebens. Denn als sie einst ihr Leben und ihre Freiheit hätten finden können, zogen sie es vor, im Schutze ihrer Familien jegliche Form von Abenteuer und Freiheit zu vermeiden. Erst nachdem alle auf ihre Weise gegangen, weil gestorben waren, suchten sie ihr, ihnen längst abhanden gekommenes Glück noch einmal in der Welt, die ihnen verloren gegangen war, zu finden.

Kommt es da noch darauf an, ob man seine Idee, die Welt zu erobern, realisiert oder nicht? Oder reicht es schon aus, mit dem Gefühl im Herzen zu sterben, wenigstens noch einmal losgefahren zu sein, um das zu verwirklichen, wovon sie immer geträumt hatten? Nämlich ein Leben in Freiheit zu leben, jenseits der Alltagszwänge und einengenden, verpflichtenden Aufgaben jener Familie, die ihnen diese Lebensweise und Zwänge aufoktroyiert hatte.

Hugo auf Reisen

Neulich im Urlaub, wissen Sie, da ist mir etwas ganz Merkwürdiges passiert. Ich war gerade dabei, meine Klamotten im Schrank des Hotels aufzuhängen, als lautes Geschrei den Flur erfüllte und man eiligst nach einem Doktore rief. Ein älterer Herr hatte anscheinend die Strapazen der Anreise zu unserem Urlaubsort nicht verkraftet und lag jetzt wie ein gestrandeter, übergewichtiger Wal genau im Eingang des Aufzuges und versperrte somit allen, die diesen benutzen wollten, den Weg. Auch ich war schon etwas ungehalten darüber, denn das ganze Spektakel spielte sich ausgerechnet vor meiner Tür ab.

Heilfroh darüber, dass das Problem irgendwann, auf welchem Wege und wie auch immer, gelöst worden war, ging ich zur Tagesordnung über. Nur dass der Platz am Tisch, wo der alte Herr sitzen sollte, leer blieb, wunderte mich doch schon sehr, war ich doch der Meinung, ihn hätte nur ein kleiner Schwächeanfall von den Beinen geholt. Wie ich aber zu meinem großen Bedauern hören musste, hatte er eine ernste, geradezu lebensbedrohliche Herzattacke erlitten, aber weder über seinen Verbleib noch über seinen genauen Gesundheitszustand erfuhr man etwas. Erst einen Tag vor unserem Abflug hörte ich das erste Mal wieder etwas über ihn, als eine Bedienstete zur Reiseleiterin sagte, dass „Hugo" die Rückreise termingerecht antreten würde.

Ich nahm an, dass „Hugo" sein, Vorname sei, wobei es mich doch schon sehr wunderte, dass man für diesen älteren, gesetzten Herrn nicht den Nachnamen, sondern scheinbar lediglich den Vornamen wählte

Erleichtert nahm ich diese Nachricht, die ja eigentlich nicht für mich gedacht war, auf und verbreitete sie in Windeseile im ganzen Hotel. Alle freuten sich wie die kleinen braun gebrutzelten Sonnenkönige, dass es ihm wieder besser zu gehen schien und er sogar die Heimreise mit uns antreten konnte, da wir schon dachten, dass er das Zeitliche gesegnet hätte, ob seiner langen Abwesenheit, der Neubelegung seines Zimmers und dem beharrlichen Schweigen der Reiseleitung und der Rezeptionistin des drittklassigen Zwei-Sterne-Hotels an der Costa Brava, die, wie ich später erfuhr, gar nicht die „brave Küste" hieß, sondern die „wilde". Nicht mein einziger Gedankenfehler in dieser Zeit.

Der Tag der Abreise war also gekommen. Man brachte uns mit einem weinenden und einem lachenden Auge per Bustransfer zum Flughafen. Wir waren alle in freudiger Erwartung, denn wir glaubten, dass Hugo zu uns stoßen würde. Im Übrigen hatten wir erfahren, dass Hugo mit Nachnamen Müller heißen musste, da dies auf den Koffern stand, die mit uns reisen sollten. Doch zu unserer aller Überraschung fand sich ein Herr Müller nicht am Airport ein, dennoch wurde sein Name an dem Abfertigungsschalter unseres Ferienfliegers ausgerufen. Das war schon etwas seltsam und mysteriös. Wir suchten nach einer plausiblen Erklärung und nahmen daher an, dass Hugo wohl direkt zum Flugzeug gefahren werden würde, vielleicht weil er noch etwas schwach war.

Wir saßen schon brav angeschnallt in unseren Sitzen, doch zu unser aller Bedauern war weit und breit nichts von unserem frühzeitig abhanden gekommenen Feriengast zu sehen. Endlich kam eine Durchsage des Flugkapitäns, der die Verspätung des Starts damit entschuldigte, dass noch ein wichtiges Paket zum Mitflug nach Deutschland erwartet werden würde. Wir warteten gespannt darauf, was für ein Paket es wohl sein würde. Plötzlich ging ein Raunen durch die rechte Seite des Flugzeugs. Denn dort wurde eine ca. 2 m lange Kiste, die mit Transportpappe ummantelt war, angeliefert, die geschickt von zwei Hilfskräften, wie ich anhand ihrer Arbeitskleidung annahm, vom schwarzen Transporter auf das Transportband gewuchtet wurde, bevor sie dann im Bauch unserer Maschine verschwand und mit ihm der Gedanke an Hugo Müller aus Düsseldorf, der jetzt bestimmt noch in seinem Krankenzimmer mit Blick auf den See den so für ihn verlängerten Urlaub mit Pflegegarantie im Zentralkrankenhaus genoss. Vielleicht ging es ihm ja schon wieder so gut, dass er sich an den hübschen Krankenschwestern erfreuen konnte, während wir uns auf dem Rückflug befanden, zurück ins triste Arbeits- und Alltagsleben.

Nach einer butterweichen Landung, einem wie immer frenetischen Beifall und Jubel der glücklichen Urlaubsheimkehrer, stand leider zum Abschluss eines gelungenen Urlaubs und Fluges noch Ärger ins Haus. Irgendetwas stimmte mit der Technik unseres hochmodern aufgerüsteten Passagiertransportfingersystems nicht, denn wie man am hektischen Hin- und Hertreiben der Stewardessen erkennen konnte, fehlten sage und schreibe 10 cm zu unserem Aussteigeglück und gefahrlosen Übersteigen ins erlösende Gate.

So mussten wir gezwungenermaßen auf unseren Ausstieg warten und wieder ging ein Raunen durch das Flugzeug, als unter uns der Gepäckraum der Maschine geöffnet wurde und als erstes die zuletzt verstaute Kiste ausgeladen wurde. Aber das, was uns alle unter unserer sonnengebräunten Haut erblassen ließ, war die Tatsache, dass die sonderbare Kiste von einem

Leichenwagen abgeholt und sofort nach dem Abladen vom Förderband dezent von zwei schwergewichtigen, ganz in schwarz gekleideten Männern mit dunklen Brillen in ihrem ebenso schwarzen Kombi, fachmännisch und pietätvoll, wie es sich für einen Leichentransport gehört, verstaut wurde.

Uns verschlug es die Sprache. Einige aus unserer Reisegruppe bekreuzigten sich spontan, andere murmelten ein Vaterunser und ich hing gleichfalls geschockt meinen mich traurig stimmenden Gedanken nach. Da waren wir, ohne es zu wissen, mit Hugo Müller in die Heimat zurückgeflogen, die er nicht mehr wieder sehen sollte. Ich saß wie alle anderen die ganze Zeit, ohne es zu ahnen, oben auf ihm drauf, laut lachend und schnatternd die letzten Urlaubserfahrungen austauschend, dabei gutes Essen und Trinken genießend, während unter uns im Frachtraum der traurige Rest eines einstmals glücklichen, nun leider verloschenen Lebens mit uns nach Hause flog.

Es dauerte noch lange, bis ich diesen Schock verdaut hatte. Die Tatsache aber, dass man einen Toten, der per Luftfracht transportiert wird, weil er unvorhergesehener Weise verstorben war, am Urlaubsort „Hugo“ nannte, wie ich später noch erfahren sollte, regte mich dennoch auf, so dass ich unbedingt diesen Artikel schreiben musste, um meiner Empörung über diesen Umstand Ausdruck zu verleihen. Ob es etwas nützt, weiß ich nicht. Aber mir geht es jetzt schon viel, viel besser, wo ich mir meinen Frust über den Tod und den, wie ich fand, unwürdigen Transport von Herrn Müller von der Seele schreiben konnte uns so auf diesem Wege darauf aufmerksam zu machen, dass ich es mehr als Menschen- oder besser gesagt Toten verachtend finde gegenüber den Angehörigen, ihren Verblichenen als „Hugo“ bezeichnen zu lassen, auch wenn dieses im Fachjargon nichts anderes heißt als *„Heute Unverhofft Gestorbenes Objekt.“*

La cajíta de fósforos (Die kleine Streichholzschachtel)

Ihr Haus war nicht größer als eine „cajíta de fósforos", eine kleine Streichholzschachtel, in der sie sich aber mehr als wohl fühlte auch wenn – und das sollte man nicht vergessen – sie in einer höchst explosiven Umgebung lebte. Eine, die ihr eines Tages leider auch zum Verhängnis werden sollte, als sie unbeabsichtigter Weise durch eine ungeschickte Bewegung mit ihrem rauen Chininpanzer, eine der sich selbst entzündenden Streichhölzer zum Entflammen brachte. Was daraus folgt, ist die durchaus erhellende, wenn auch zugegebener Maßen traurige Erkenntnis, dass der, der im Glashaus sitzt, nicht mit Steinen werfen und der, der in einer Streichholzschachtel sitzt, nicht mit Zündhölzern spielen sollte.

Das war der Grund dafür, warum ihr schönes, kleines Häuschen abbrannte und la cucarachita, die kleine mexikanische Küchenschabe aus dem Haus von Don Pedro und Doña Maria, elendig verbrannte.

Und die Moral von der Geschicht:

Spiel du mit den Streichhölzern nicht,
Wenn du in der Zündholzschachtel sitzt
Und vor Angst dir dein Hemd verschwitzt
Denn man wird nicht auch noch dafür belohnt,
Dass man so hoch explosiv wohnt!

Das erwachsene Kind und der Schuldschein

Joey war ein kleiner Unglücksrabe, der mit seinen neun Jahren schon tausendmal größer und erwachsener wirkte, als sein ihn um Längen und Jahre voraus liegender Vater, den er über alles fürchtete, weil dieser sehr jähzornig und autoritär war. Heute jedoch nahm Joey all seinen Mut zusammen, trat vor seinen Vater und sagte mit der Ernsthaftigkeit und Entschlossenheit eines Kindes, das schon frühzeitig hatte lernen müssen, erwachsen zu sein, weil die Familien internen Umstände derart katastrophal waren, dass ihm praktisch nichts anderes übrig blieb, als früh heran zu reifen und die Verantwortung für sein Handeln zu übernehmen: „Papa, ich habe dein Lieblingsbild kaputt gemacht, bitte ziehe es mir von meinem Taschengeld ab."

Dieses aber so angesprochene Bild war ein Geschenk von seinem Großvater an seinen Vater, das das Portrait eines großen, alten Kriegers, dem Urgroßvater und ehemaligen Familienoberhaupt selbst, darstellte, das bei dem Versuch, die alte Kommode, die schon seit Urzeiten wackelte, mit einem kleinen Holzkeil in ihrer Position zu befestigen, herunter gefallen war.

„Die Sache wird dich teuer zu stehen kommen!", antwortete, verärgert über diesen misslichen Vorfall in seinem Haus, der Vater seines, wie es ihm vorkam, Rabenvogels von einem Sohn. „Da reicht dein Taschengeld nicht aus, da kommt für dich noch Weihnachten, Geburtstag und Ostern dazu!"

Bevor er aber noch zu seiner oftmals bewährten ellen- und somit stundenlangen Strafpredigt ansetzen konnte mit an- und abschließender körperlicher Züchtigung zur Vertiefung und Verdeutlichung seines Anliegens, kam dem Vater sein kleiner Sprössling zuvor. Im Brustton der Überzeugung, der selbst bei dem autoritär geschulten, weil schon seit vielen Jahren praktizierenden Vater und Erzieher keinen Einwand zuließ, gab der Sprössling zum Besten: „Bitte, dann schreib mir doch einen Schuldschein aus, den ich begleichen werde, wenn ich einmal groß bin und mein eigenes Geld verdiene."

Der total perplexe Vater, der immer noch nicht glauben konnte, was er da von seinem aus seiner Sicht missratenen Sohn zu hören bekam, fasste einen erstaunlich schnellen und geradezu für ihn, der für seine drakonischen Strafen bekannt war, salomonisch wirkenden Entschluss. Einen, der vorsah, dass das für ihn weitaus wertvollere Andenken an seine getreuen Vorfahren den Jungen mehr kosten müsste als es der tatsächliche Wert darstellte, nämlich ein Vielfaches dessen, was man für einen neuen Bilderrahmen im Laden und eine Reparatur des zersprungenen Glases desselbigen zu bezahlen hätte. Sein von ihm ausgesprochenes Urteil und verhängtes Strafmaß sollte ein für alle Mal den renitenten und für ihn vorlauten Jungen zur Raison bringen. So schien es ihm geboten, eine harte Strafe auszusprechen, die diesen noch lange Zeit nach seinem Missgeschick daran erinnern sollte, wie man mit einem Andenken aus dem Familienerbe umzugehen hatte.

So nahm er das Angebot des immer noch stocksteif vor ihm stehenden, erwachsen wirkenden Zwerges in der Gestalt seines von ihm nur leidlich geliebten, weil aus der Art schlagenden Kindes, das ihm mehr Unbehagen und Ärger als Freude und schöne Stunden bereitete und der mehr Angst, als Vaterlandsliebe vor dem gestrengen Vater hatte, an. Gleichzeitig wurde er verdonnert, einen Wiedergutmachungsobolus zu zahlen, der nicht nur die drastische Kürzung seines Taschengeldes vorsah, sondern auch den Verzicht auf die kommenden Geburtstags-, Weihnachts- und Ostergeschenke.

Um jedoch seinen ihm scheinbar immer noch Paroli bieten wollenden, aufmüpfigen und vorlauten Stammhalter vollends in die Knie zu zwingen, ließ sich der Vater die Vereinbarung noch schriftlich in Form eines Schuldscheines von diesem bestätigen.

20 Jahre später traf bei dem alten John, dem einarmigen Geldeintreiber und nachweislich größten Banditen im Bezirk, ein Schuldschein ein über eine Summe von sage und schreibe 65 müden Kröten plus Zinsen und Zinseszinsen über einen im Grunde schon Zeit seines Lebens wertlosen Bilderrahmen, bei dem man den Wert künstlich hochgeschraubt hatte. Der Auftraggeber selbst lebte schon lange nicht mehr, aber auf geradezu mysteriösen dunklen Wegen war dieser Schuldschein immer weiter gegeben worden und schließlich und letztendlich bei ihm, dem einarmigen Eintreiber und Menschenauftreiber, eingetroffen.

Ungläubig starrte er lange sinnierend auf diesen alten, vergilbten, seiner Zeit schon lange hinterherhinkenden, weil im Grunde genommen überholten Schuldschein mit der Schuldeinverständniserklärung eines bereits genauso lange zurückliegenden Ereignisses, an das er sich nur noch schwach und dunkel beim Lesen des Namens des Schuldigers erinnern konnte. Es war die tragische Geschichte des kleinen Joey, der im zarten Knabenalter von 13 Jahren seinem ihn mit der Peitsche züchtigenden Vater aus unendlicher Angst und Panik im Affekt und Notwehr, wie man sagte, die alte rostige Mistforke in die Brust gerammt hatte und ihn so auf diesem zugegebenermaßen nicht alltäglichen Wege dorthin beförderte, wo er, nachdem, was er seinem Sohn angetan hatte, auch hinzugehören schien: In die Hölle der auf ihn, den grausamen Vater und Tyrannen erwartenden ewigen Verdammnis. Denn niemand, so sagte man, hat das Recht, ein hilfloses, unschuldiges, heranwachsendes Leben und somit zu schützenden Kind zu quälen, zu malträtieren und körperlich zu züchtigen, wie er es tat.

Dass der Junge danach zuerst in einem Jugendgefängnis, dann in einer Besserungsanstalt und später in einem Heim für schwererziehbare Kinder landete, hatte er wirklich nicht verdient, genauso wenig wie die daran anschließende Verurteilung für ein Verbrechen, dessen Opfer er als scheinbarer Täter im Grunde genommen selbst geworden war. Aber da war es auch schon egal, denn sein hoffnungsvolles, junges Leben war zerstört worden und somit unwiderruflich unter dem Druck der Ereignisse zerbrochen, bevor es hatte beginnen können.

Voller Wehmut über das traurige, unabwendbar scheinende Schicksal des Jungen und der gleichzeitig aufkommenden Wut-, Hass- und Aggressionsgefühlen gegenüber dem ihn in eine solche Lage bringenden Vater, zerriss er den vor ihm liegenden Schuldschein und warf ihn voller Verachtung in den Papierkorb, hatte er doch selbst einen Sohn, dem er auch vieles von dem angetan hatte, was er nun dem Vater von Joey vorwarf.

So fasste der alte John in einem Alter, wo andere sich Gedanken über ihren Ruhestand machen, einen Entschluss, der sein bisheriges Leben vollkommen auf den Kopf stellte. Er wollte sich, entgegen seiner bisherigen Geschäftsgebaren, zukünftig nicht mehr ausschließlich um Schuldeneintreibungen und Kautionsstellungen für straffällig gewordene Menschen kümmern, sondern für die ihm verbleibende Zeit seine ganze Kraft und Aufmerksamkeit all jenen widmen, die wie Joey und sein eigener Sohn auf die schiefe Bahn geraten waren. Er wollte sich um die kümmern, die doch augenscheinlich für den, der es auch so sehen wollte und konnte, Opfer eines überaus gestrengen und zum Teil ungerechten Erziehungssystems der Väter wurden. Von Söhnen und Töchtern wurde zeit ihres Lebens Aufrichtigkeit, Ehrlichkeit und Tugendhaftigkeit verlangt. Doch die Wahrheit war, dass diese Erziehung eine Welt der Täter mit Lügen, Gewalt und ungesühnter Verbrechen war.

So machte sich der alte, weise gewordene John Hangkok auf den langen, mühsamen Weg zurück zu dem Menschen, der er einmal gewesen war, als er selbst noch unschuldig und ein von seinem Peiniger gezüchtigtes und misshandeltes Kind war. Er erinnerte sich wieder daran wie er selbst durch seinen Vater von seinem rechten Weg abgebracht worden war und letztendlich dies genauso auf seinen Sohn übertrug, um so auch diesen zu einem hilflosen Opfer seiner willkürlichen Erziehungs- und Bestrafungsaktion zu machen.

Es gelang ihm, dem alten, einarmigen, hemdsärmeligen, in seinem Herzen aber immer noch verletzlich und sensibel gebliebenen Haudegen, dass das Verfahren für den Jungen Joey wieder aufgenommen wurde und konnte mit Hilfe eines guten Anwaltes und neuer Zeugen ihn sogar aus der Hölle jenes Knastes befreien, in dem dieser immer noch einsaß. Nur seinem eigenen Sohn konnte er nicht mehr helfen, denn dieser nahm sich kurz bevor er dessen Verfahren wieder aufrollen konnte, das Leben. Zu sehr hatte seine noch junge und instabile Psyche unter den ihm widerfahrenen Erniedrigungen, Gemeinheiten und Härten des Lebens und all der Menschen, die ihn, solange er denken konnte, gequält hatten, gelitten und keinen anderen Ausweg mehr gesehen, als den vorzeitigen Austritt aus diesem seinem, ihm nicht mehr lebenswert scheinenden Dasein.

Kurze Zeit später verstarb auch der alte John, der erst so spät durch den ihn erreichenden Schuldschein aus einer anderen Zeit, wie es ihm schien, seine Menschlichkeit wieder erweckte, an seinem schon seit vielen Jahren bestehenden Herzleiden. Oft noch besuchte der von ihm befreite Joey, der sich fortan vornahm, ein neues, glücklicheres Leben weitab von den schicksalhaften Orten seiner Kindheit zu beginnen, das Grab seines Lebensretters und dessen Sohn, der nicht so viel Glück gehabt hatte wie er und war dankbar, einen unerwarteten Neuanfang in seinem harten und beschissenen Leben zu erhalten; einem Leben, in dem man, wie er wusste, wahrlich nichts geschenkt bekommt.

Hier verliert sich die Spur von Joey, der sich schwor, nie so zu werden wie sein Vater mit dem Schuldschein, der ihn sein halbes Leben lang verfolgte und der letztendlich dann doch seine Rettung war.

Die Bärentatze

Es war einmal ein kleiner Junge indianischer Abstammung, dem schenkte sein Großvater auf dem Sterbebett eine alte befellte Bärentatze mit den Worten „Verwahre sie gut, denn sie ist das Erbe unseres Volkes und das Letzte, was an uns erinnern wird, wenn auch der letzte von uns gegangen ist und es uns nicht mehr gibt."

Viele Jahre waren ins Land gegangen und die alte in die Jahre gekommene Bärentatze lag unberührt im Schrank in einem alten Schuhkarton, als der Junge, der in der Zwischenzeit zu einem Mann heran gewachsen war, eines Tages beim Aufräumen wieder auf sie stieß, sie auspackte und die merkwürdige, unheimliche von ihr ausgehende Kraft spürte. Eine geradezu mystische Kraft, die ihn zu beflügeln schien und ihm war, als würden die alten Geister seiner Vorfahren wieder auferstehen und ihre Gebräuche und Riten in ihn einfließen und zu neuem Leben erwachen.

So begann er in einem mühevollen Studium die Kultur, Sitten und Gebräuche seiner Vorfahren zu erlernen und erkannte in ihnen die tiefe Wahrheit über das Leben, den tieferen Sinn des Daseins und den Weg, den er selbst zu gehen hatte. Und so wurde er eines Tages einer der größten Verfechter der indianischen Kultur, die schon lange vergangen war und nur durch die Erinnerung und Überbleibsel, wie die der alten Bärentatze der längst verstorbenen Urahnen weiterlebte.

Tragen wir nicht alle in uns das Erbe unserer Vorfahren und haben wir nicht alle irgendwo ein Andenken, ein Stück Tradition in uns, das sich lohnt, wieder belebt zu werden, um das, was sie uns auf unseren Wegen mitgibt, fortzusetzen und zu erkennen, dass wir uns in jedem unserer Urahnen wiedererkennen? Ist doch jeder von ihnen ein Teil unserer Erfahrung, die wir heute für uns in dieser unserer Welt umsetzen können?

Wer einmal versteht, dass es in jeder Familie einen Stammbaum gibt, der weit, weit zurückreicht, vielleicht sogar bis zu den Spuren von Adam und Eva, der wird verstehen, wie grandios und einzigartig unser Leben ist und wie wir alle von den Bausteinen und Erfahrungen unserer Vorfahren profitieren, die unsere Welt prägten und zu dem machten, was sie heute ist. Ein Ort voller Geheimnisse und Abenteuer, voller Rätsel und noch zu lösender Probleme, für die es eine Lösung geben muss. So übergaben uns unsere Vorfahren das wahrlich schwere Erbe, in dieser ihrer und letztendlich unserer Tradition weiterzuleben, um nach bestem Wissen, Gewissen und Können diese unsere

Welt wieder aufzubauen, zu beleben, zu pflegen und zu erhalten zum Wohle all derer, die nach uns kommen werden.

Denn eines Tages vielleicht, in einer nicht mehr allzu fernen Zukunft, wird ein alter, müde des Lebens gewordener Mann eine alte, schon fast vergessene Bärentatze, von der nur noch die Krallen übrig blieben, an einen kleinen Jungen weitergeben mit der Bitte, diese für die Nachwelt zu bewahren. Liegt doch in ihr die ganze Wahrheit und Weisheit eines Volkes, das es schon so lange nicht mehr gibt. Und vielleicht, ja, vielleicht wird auch dieser kleine Junge nicht verstehen, was es mit diesen Krallen eines Bären auf sich hat, sie aber verwahren und eines Tages ans Tageslicht holen, um das alte längst vergessene Erbe und somit die Tradition seiner Vorfahren wieder zu beleben, auf dass es eine neue, wenn auch veränderte Welt all jener gibt, die vor langer Zeit verstarben und doch in uns weiterleben bis ans Ende aller Tage und vielleicht sogar darüber hinaus!

Wer weiß das schon, mein lieber Enkelsohn.

Das orakelnde „Arschloch“

„Meister, Meister“, rief der kleine Auszubildende Bob Darling, wie er immer liebevoll von seiner Mutter genannt wurde, wenn er wieder einmal etwas besonders erwähnenswertes zustande gebracht hatte, seinem schon überaus genervten Herrn und Meister, seines Zeichens Ausbildungsleiter in dem von seinem Vater für ihn ausgesuchten Ausbildungsbetrieb, zu: „Bis heute hatten wir noch nicht ein einziges Mal einen Produktionsausfall wegen einer stehen gebliebenen Maschine!“

Kaum hatte er den Satz beendet, stand auch schon jene Maschine still, die für die Hauptproduktion der in der ganzen Provinz dringend benötigten Unterlegscheiben verantwortlich war.

Anstatt sich aber nun über die geradezu weissagerischen Fähigkeiten seines jungen, noch feucht hinter den Ohren daher kommenden Azubis (Auszubildenden) zu freuen, raunzte der Meister diesen in einem barschen, den kleinen schmächtigen Jungen von den Socken holenden Ton an, der die ganze Gereiztheit und Verärgerung über den jetzt mehr als kostspielig werdenden Produktionsausfall widerspiegelte, was übrigens nach Aussagen von unfreiwilligen Hörzeugen dieses nun noch nachfolgenden Anschisses so überliefert wurde: „Du gottverdammtes, „hirngerisseltes“, orakelndes Arschloch Musst du mir mit deiner stets und ständigen Besserwisserei alle Pechteufel der Welt an den Hals reden und mich auf diesem Wege auch noch in den Ruin treiben?! Kannst du nicht wenigstens ein einziges Mal deine hellseherischen Fähigkeiten in den Dienst einer höheren Sache stellen und anstatt das Unglück herbei zu reden, es auf diesem gleichen Wege, wie du es anzuziehen scheinst, von uns fernhalten?“

Nach diesem höchst unfreundlichen, recht eindrucks- und wirkungsvollen Rundumglobalanschiss traten tatsächlich keine ähnlichen gelagerten Produktionsausfälle mehr auf, es auch nicht mehr dazu kommen konnte. Denn noch in derselben Woche erlag der seinen kleinen Schützling so derart zusammenstauchende, weil von allen guten Geistern geplagte Meister und Inhaber dieses kleinen, aber feinen metallverarbeitenden Betriebes einem für viele schon seit langer Zeit absehbaren Herzinfarktes. Hatte er sich doch stets die Produktionsausfälle auf eine ungesunde, ja geradezu cholerische Art und Weise so zu Herzen genommen, dass er schon seit vielen Jahren an dem selbigem kränkelte. Man hätte es durchaus auch als Ironie des Schicksals bezeichnen können, dass der kleine, aber äußerst begabte, weil hellseherisch begabte Bobby „das dritte Auge“, wie ihn seine Kollegen respektvoll nannten, auch dieses vorher gesehen hatte, sich aber nicht trauend, diese äußerst betrübliche und schreckliche Weissagung den anderen mitzuteilen, sich schon in weiser Voraussicht bei anderen Firmen beworben hatte, bevor es die anderen tun konnten.

Manchmal, ja manchmal, so sagt man, kann eine solche Begabung Fluch und Segen zugleich sein, je nachdem, wie man diese zu deuten und für sich zu nutzen weiß. Unser kleiner Bobby machte später unter dem Künstlernamen „the magic eye who sees everything it wants, if it wants“ (das magische Auge, das alles sieht was es will, wenn es will) eine beispiellose Karriere auf den Showbühnen dieser Welt.

Die Ironie des Schicksals wollte es aber, dass er alles für jeden, der zu ihm kam und es wissen wollte, voraussah, nur nicht seinen eigenen, mehr als grotesk anmutenden, geradezu makabren Tod. Dieser ereilte ihn an einem ruhigen schönen Novembermorgen, als er mit seinem niegelnagelneuen Thunderbird - Sie wissen schon, der mit mehr PS unter der Haube, als andere Guthaben auf dem Bankkonto haben - auf einer viel befahrenen Kreuzung in einen ihm die Vorfahrt nehmenden LKW Marke „älter als uralt“ krachte. Und da er nicht angeschnallt war, wurde er durch die eigene Windschutzscheibe katapultiert, um dann gegen eine Hauswand fliegend sein kurzes aber erfolgreiches Leben aushauchte. Wenn er gewusst hätte, dass der ihm die Vorfahrt nehmende LKW ein ehemaliges Gefährt der Firma seines alten Herrn und Meister war, er wäre wohl an diesem Tag nicht in seinen „Donner“ gestiegen und in sein unabwendbar scheinendes Schicksal gefahren.

So schloss sich der Kreis und ironischer Weise tötete jener letzte, aus dem Nachlass des Verstorbenen übrig gebliebene LKW jenen jungen talentierten, Bob Darling, der einst seinen Meister so oft mit seinen orakelnden, hellseherischen Fähigkeiten zur Weißglut gebracht hatte, verschwieg jedoch stets die Ursachen der Schäden und Unfälle, die zu Produktionsausfällen geführt hatten. War es da nicht gerecht vom Leben, ihn am Ende seines selbigen mit der traurigen Wahrheit zu konfrontieren, dass er viel Unglück und Leid für alle hätte verhindern können, wenn er sein Wissen an den um sein Leben und Lebenswerk kämpfenden alten Meister weiter gegeben hätte?

Aber hätte nicht auch der so um seine Firma bangende alte Mann und maroder Herr aller Maschinen einen anderen, besseren Weg finden müssen zu seinem oft und viel gescholtenen orakelnden Azubi?

Nun, oft bleibt uns am Ende solcher wahrlich merkwürdigen Geschichten, die sich ohnehin nicht mehr verändern lassen, nur noch das traurige Resümee, dass man es hätte anders machen müssen, wenn man nur gewusst hätte, wie. Denn das Schwierigste in dieser unserer Welt ist es nicht, ein Problem zu lösen, sondern vielmehr über den Schatten zu springen, durch den dieses Problem erst möglich wurde. Hätte der alte Meister wenigstens mit seinem ihn anvertrauten Zögling gesprochen, sich mit ihm ausgetauscht, anstatt nur mit ihm herum zu schimpfen, hätte sich dieser wahrscheinlich weitaus kooperativer verhalten und vieles wäre anders gekommen und die Geschichte vom orakelnden Arschloch namens Bob Darling anders, vielleicht sogar besser verlaufen. Das ist aber nur eine mögliche Deutung in einer fiktiven und zugleich traurig stimmenden Geschichte eines weissagenden, mit hellseherischen Fähigkeiten ausgestatteten Lehrlings und seines unbelehrbaren Meisters auf Zeit.

Reinkarnation oder die Frage: Warum habe gerade ich so einen entstellten Körper?

„...und das nächste Mal, ja das nächste Mal, wenn Sie wieder inkarnieren werden, dann antworten Sie bitte nicht noch einmal mit der gleichen lässig, geradezu vorgetragenen und zugleich ignoranten Art und Weise auf die Frage, welchen Körper Sie haben möchten, mit dieser ist-mir-doch-scheißegal-welchen-Körper-ich-in-diesem-Leben-bekomme-Haltung, weil ansonsten unsere qualifizierten Mitarbeiter auf irgendeine x-beliebige Körperhülle zurückgreifen, die sich gerade auf Lager befindet und sich nicht die Mühe machen, einen individuell auf Sie zugeschnittenen, für Ihre Zwecke brauchbaren Fortbewegungsunterbau und –untersatz zu finden!", sprach da der sichtlich genervte, über die Beschwerden seines Gegenübers ungehaltene Abteilungsleiter für körperorientierte Ausstellungsmerkmale reinkarnierender Menschenseelen, als ein erboster, unzufriedener Kunde mit einem vollkommen demoliert wirkenden, wahrlich derangierten, schon als uralt und überholt scheinenden Auslaufmodell Marke „Neandertaler", sich bei ihm über den geradezu deformierten, für seine Zwecke als Casanova und Liebling der Frauen unbrauchbaren Körper beschwerte, den man ihm für sein irdisches Dasein mitgegeben hatte.

Doch leider ist ein Umtausch solcher, wenn auch zugegebenermaßen wenig formschöner und nett anzuschauender Körper nicht möglich, da sie, einmal bestellt und abgeholt, nicht wieder zurückgegeben werden können und somit definitiv vom Umtausch ausgeschlossen sind. So musste unser leidgeprüfter Casanova seiner Aufgabe, viele Frauen zu beglücken, mit einem Körpermodell der Marke „uralt, verschlissen und zudem noch primitiv" nachkommen. Das einzige, was ihn über diesen wahrlich traurig anzuschauenden Unterbau hinwegtröstete, war die außergewöhnlich stark hervortretende Anatomie seines immerhin dreißig Zentimeter langen Anhangs und unüberschaubaren, sich in seinen Beinkleidern abzeichnenden Gepränges, das aber leider einen kleinen, wenn auch unfeinen Fehler aufwies: Es war nämlich behaart bis zur vorderen Spitze und so war er, der unglückliche Träger, mehr mit dem Rasieren seines besten Stücks beschäftigt als dem Beglücken seiner ihm am Herzen gelegenen Damenwelt.

Dass er in einem anderen, zukünftigen Leben seinen Wunsch nach einem entsprechenden Körper präziser formulieren würde, stand außer Frage, denn: Wer einmal in die Grube fällt, ist erhellt für den Rest seiner Zeit und des Menschen verbleibenden Ewigkeit!

Hühneralarm
oder das UH.C.-Syndrom

„Took, tok, tok, tok, took!", machte es den ganzen Tag auf dem Bauernhof nahe einer viel befahrenen Autobahn. Lustig anzuschauen pickte eine kleine, weißbraun gefiederte Hühnerschar die auf der Erde verteilten Körner auf, um sich dann emsig und geradezu genüsslich den kleinen grünen Pflänzchen zu widmen, die hier zuhauf den Boden bewuchsen, um zu guter Letzt die tief in der Erde sitzenden Regenwürmer und Engerlinge, die sie mit ihren scharfen Krallen aus dem Boden scharrten und mit ihren spitzen Schnäbeln zerteilend und zerstückelnd, aufzufressen.

Doch bei all ihrer „Freilandluftpickerei" auf dem Biobauernhof, kurz BBH genannt, waren sie doch nur Gefangene des Bauern Piepenbrink. Ein durchaus gebräuchlicher Name in dieser Gegend, der wohl noch daher rührte, dass vor langer, langer Zeit die Familie Piepe mit der Familie Brink sich durch Heirat immer wieder zusammenschlossen und fortan den Namen Piepenbrink trugen. Und das schon - zum Stolz - aller in vierzehnter Generation. Dass daher unter Umständen Blutsverwandte überkreuz und letztendlich auch überquer geheiratet hatten, konnte man unschwer daran erkennen, dass eine gehäufte Klumpfuss-Hasenscharten-Rotlaufdeformation bestand, die die ansonsten gradlinig und hochgewachsenen Piepenbrinks entstellte und sie - wie man im Dorf hinter vorgehaltener Hand munkelte - etwas dämlich aussehen ließ, wohl auch aufgrund der etwas zu groß ausgefallenen, deformierten Quadratschädel.

Nichts desto trotz aber waren sie, die inzestuösen, verbeulten Dickschädel, erfolgreiche und tüchtige Geschäftsleute, die schon lange, bevor man den Begriff Biobauernhof prägte, ihr Vieh frei herumlaufen ließen, um so mit dem Gütesiegel „Fleischprodukte von freilaufenden, glücklichen Tieren" zu werben. Als dann aber vor einigen Jahren eine rätselhafte Krankheit, wie sich später herausstellte, Brucellose einen Großteil ihrer Viehbestände dahin raffte, kam man auf die Idee, anstelle des sehr zeitaufwendigen und unendlich viel Mist produzierenden Großviehs, auf die viel weniger arbeitsintensive und gleichfalls lukrative Kleinviehhaltung zurück zu greifen.

So wurden die alten Kuhställe umgebaut für riesige Legebatterien, in denen gut und gerne bis zu 10.000 Hühner hätten Platz finden können, wenn, ja wenn sie nur einen gefunden hätten, der ihnen ihre Unmengen an Eiern und stets und ständig nachlieferbares Frischfleisch abgenommen hätte. So umfasste ihre Legebatterie tatsächlich nur einige hundert legekräftige, bereitwillige, freudig immer neue Eier produzierende Hühner, die durchaus den Beinamen H.C. auf ihren Hintern tätowiert bekommen hätten können, wobei H.C. in diesem Fall für Happy Chicken gestanden hätte. Piepenbrinks glückliche Hühner waren weit über die Grenzen des kleinen Dorfes bekannt und viele Restaurants und Hotels in der näheren Umgebung ließen sich ausschließlich von diesem, nur glückliche Hühner haltenden Biobauernhof beliefern.

Man hätte durchaus diese Geschichte als eine der glücklicheren in das Gesamtwerk der Geschichten, die das Leben schrieb, aufnehmen können. Wäre da nicht ein kleiner, unheimlicher Schatten, nicht größer als der Flügelschlag eines einfachen Huhns gewesen mit dem Namenskürzel UH.C.S. Der eingefleischte Fachmann und Kenner der Hühnchen- und Eierproduktionsstätten wusste um diese oft auftretende Problematik, nämlich das „Unhappy-Chicken-Syndrom“: Es bestand aus schweren Legedepressionen, mit verminderter Eiabgabe sowie nachfolgender Leistungsschwäche bis hin zur totalen bis zur völligen Entkräftigung, nebst totaler Erschöpfung und letztendlich dem vollkommenen Zusammenbruch des Organismus und dem Verrecken der Hühner. Wird in solchen Fällen nicht zu Zwangsernährungsmaßnahmen gegriffen, kommt es unweigerlich zum Eintritt des Todes.

Dieses Unhappy-Chicken-Syndrom wurde oft auch auf andere Hühner übertragen und wurde so zu einem mächtigen Problem. Konnte es doch durchaus den Verlust des gesamten Bestandes bedeuten, wenn die Ursache des UH.C.-Syndroms nicht in kürzester Zeit gefunden wurde. Fieberhaft suchte man also nach den möglichen Gründen und beauftragte sogar einen Tierpsychologen aus der fernen Unitierklinik. Doch auch der wusste keinen Rat.

So griff die Krankheit, die letztendlich keine war, zumindest nicht im herkömmlichen Sinne, weil es keine erkennbaren Krankheitserreger gab, um sich und niemand wusste Rat. Letztendlich wandte man sich an den umstrittenen Tierdoktor des Dorfes, auch wenn man sich von ihm erzählte, dass er wahrscheinlich sogar noch mit seinen eigenen Tieren schlief, was auf den Straftatbestand der Sodomie hinausgelaufen wäre, sich so aber nicht nachweisen ließ, weil Tiere bekanntlich nicht reden können. Wie dem auch sei, jedenfalls gab dieser Dorf-Tierarzt den entscheidenden Hinweis, was sich hinter dem mysteriösen UH.C.-Syndrom verbergen könnte: Nämlich das

Fehlen eines simplen Glücklichmachers in Form eines M.Hs. Mehr jedoch als dieses mysteriöse Kürzel, war nicht aus dem Vviehdoktor herauszuholen, zu angespannt und gelitten war ihre Beziehung nach dem letzten, von allen peinlich verdrängten Vorfällen gewesen. Sie wissen schon, die Sache mit den Tieren und ihrem ungewöhnlichen Verehrer!

So grübelten unsere wie schon gesagt von Natur aus ansonsten plietschen, sprich schlauen Geschäftsleute, ihres Zeichens clevere und Biobauern, lange über das sie vollkommen stutzig machende Kürzel „M.H." nach. War es vielleicht eine Spezialdiät oder ein geheimer Futtermittelzusatz, sozusagen ein Hühnerdoping für Ausgeschlafene oder lediglich eine Tierhaltungsstrategie, die sich irgendein schlauer Tierprofessor in seinem kleinen, nach Hühnermist stinkenden Laboratorium ohne Licht und Luft, ausgedacht hatte?

Erst ihr Nachbar, „Hein Schnack", wie man ihn etwas abfällig nannte, weil er gerne mit den Leuten über dies und jenes schnackte, was so viel wie reden bedeutete, also über einen Haufen Unsinn, gab ihnen den Hinweis auf das ihnen mittlerweile unlösbar scheinende Problem.

„Das, was eure Hühner brauchen", sagte er schlicht und ergreifend, ohne seine ansonsten ausschweifende blumige Art „ist etwas, was auch ihr ollen Töffel euch von Herzen wünscht!"

Vollkommen überrascht und auch ein wenig verärgert über das ihnen auferlegte Rätsel, gerieten sie fast noch mit ihrem sie rettenden, einfallsreichen Schnacker „Hein Schnack" in die Wolle, hielt dieser sie doch, wie es schien, genüsslich an der Nase herumführend hin, sein Mehrwissen über die doofen Piepenbrinks geradezu genüsslich auskostend. Wäre, ja wäre da nicht die kleine Lucia gewesen, die, das Gespräch verfolgend, kurz, trocken und bündig ihr Wissen zum Besten gab und das aussprach, worauf keiner der Beteiligten außer „Herrn Schnack" natürlich, gekommen wäre: die Tatsache, dass jeder Mensch und jedes Tier zum Glücklichsein auch einen Partner braucht. Auf gut deutsch also, einen ausgewachsenen M.H., was in der Fachsprache der Experten soviel bedeutet wie „Machohahn" oder „männliches Huhn", sie wären wohl nie hinter dieses Rätsel gekommen.

Den Männern vom Biobauernhof „zur glücklichen Henne" fiel ein Stein vom Herzen und in ihrer überschwänglichen Freude versprachen sie „Hein Schnack", ihn ein Jahr lang mit frisch gelegten Eiern ihrer wieder geretteten Freilufthühner zu versorgen und der kleinen Lucia, die das Rätsel löste, ein neues Fahrrad zu kaufen, mit dem sie jetzt ihre Freundin vom Nachbarhof besuchen konnte.

So kam es, dass eine schon zum Massensuizid bereite Hühnerschar eines schönes Morgens bei Tagesanbruch das erste Mal in ihrem Leben einen ausgewachsenen, stolzen M.H. vor sich sah, einen Machohahn, wie er im Buche stand. Stolz erhobenen Hauptes, den Kamm höher tragend als jedes ihnen ansonsten bekannte Huhn, schritt er stolz und sichtlich vergnügt über eine so große, unbefriedigte Hühnerschar durch die Reihen derer, die es zu beglücken galt. Etwas abseits stand Familie Piepenbrink mit Hein Schnack und der kleinen Lucia und rieben sich die Hände wegen ihres Erfolges bei der Beseitigung des Unhappy-Chicken-Syndroms. So wie es schien, war das Problem gelöst und alle zufrieden. Außer einem kleinen, unscheinbaren, braunen Huhn namens Gudrun, das diese ihm hier dargebotene Show als einen persönlichen Affront gegen sich empfand, weil sie nun einmal alles ertrug, nur nicht einen um sie herum gockelnden Hahn Marke „Machogockel auf hohem Sockel".

Schneller noch als Familie Piepenbrink „verfluchter Hühnermist" aussprechen konnte, kam es auf dem kleinen Biobauernhof zu einer bemerkenswerten Umkehr des UH.C.-Syndroms, wobei aus den bisher depressiven, also traurig verstimmten Hühnern aggressive, laut gackernde, sich gegenseitig anpickende und attackierende Rivalinnen wurden, wollte sich doch nun jede von dem Neuen per Hahnentritt beglücken lassen. Das allerdings hatte Familie Piepenbrink leider übersehen, als sie aus Kosten- und somit Ersparnisgründen, andere würden sagen Geiz, sich lediglich einen Hahn zulegten für sage und schreibe dreihundert unglückliche und unbefriedigte Hühner.

Noch bis zum frühen Abend hatte sich ihr kleiner, ansonsten vorbildlich geordneter und geführter Biobauernhof in einen Saubauernhof verwandelt, weil die selbige hier nun los war, wollte doch jede Henne zuerst vom stolzen M.H. beglückt werden. Doch so sehr sich auch der neue, stolze Gockel abmühte, es gelang ihm nicht, alle seine „Kundinnen" zufrieden zu stellen. So brach letztendlich ein entsetzliches Gemetzel unter den frustrierten Hennen aus, die sich gegenseitig die Federn ausrupften. Am Ende des Tages sah die Bilanz folgendermaßen aus:

Ein total erschöpfter, dem Sterben näher als dem Leben sich befindender Hahn, einhundert mehr oder weniger beglückte und zweihundert total zerrupfte Hühner, die splitterfeder- oder besser gesagt fasernackt durch das Freilandgehege gackerten, immer noch auf der Suche nach dem ultimativen Hahnentritt. Selbst die Idee von „Hein Schnack", die noch nicht zum Zuge gekommenen Hühner mittels künstlichem Hahnentritt, also per Hand zu ihrem Glück zu verhelfen, schlug fehl, weil niemand sich bereit erklären wollte, zangenartig in den Hinterleib der unbefriedigten Hühner zu greifen.

Das Ende vom Lied war, dass die immer noch nicht abebbende Palastrevolution auf dem kleinen Biobauernhof in einem nun vollends die Kontrolle verlierenden Massaker endete, bei dem sich die Hühner gegenseitig besprangen und wie in einem geradezu hysterischen Anfall aus dauererregter Lust sich gegenseitig mit den Schnäbeln tot hackten. So kam es, dass, um dem tierischen, geradezu unmenschlichen Gemetzel ein humanes Ende zu bereiten, die kleine Lucia das Tor zum Außengehege öffnete, damit die wie verrückt am Zaun auf und nieder flatternden, armen Kreaturen den Platz zum Ausweichen hatten, den sie brauchten, um sich aus diesem von ihrem Herrn und Meister, sprich Biobaueridioten angezettelten Wahnsinn und Chaos zu befreien. Eine an und für sich gute Idee, wenn, ja wenn nicht nebenan die große, sechsspurige Autobahn verlaufen wäre, auf die nun die kopflose, halbnackte Hühnerschar mit ihrer Restbefederung, wenn sie denn überhaupt noch vorhanden war, zuflatterte.

Das nun folgende Szenario war so unbeschreiblich, dass die, die Zeuge dieses ungeheuren Vorfalls waren, noch lange davon berichteten , um das Erlebte wieder loszuwerden Die Autofahrer, die noch rechtzeitig bremsen konnten, kamen „nur“ mit dem Schrecken davon, während alle anderen in eine, wie sie später zu Protokoll gaben, Hühnerschar von nackten, flugunfähigen Hühnern rasten und so direkt vor der Tür des BBHs von Familie Piepenbrink die größte Massenkarambolage aller Zeiten verursachten. Dabei musste der älteste Sohn der Piepenbrinks sein Leben lassen. Er hatte noch versucht, das verrückt gewordene Federvieh unter Einsatz seines Lebens aufzuhalten und geriet so unweigerlich unter die Räder eines heranrasenden Autos, das ihm nicht mehr ausweichen konnte.

Die Bilanz des Tages war: Eine in beide Richtungen voll gesperrte Autobahn mit unzähligen Verletzten und Schwerverletzten, über 150 überfahrene, zerquetschte, halbnackte Hühner und einen Toten in Gestalt des jungen Piepenbrinks. Dieser schreckliche Vorfall hatte Auswirkungen auf die ganze Familie und ihre Zukunft. Fortan widmete man sich nicht mehr der Hühnerzucht, sondern dem Anbau von Biogemüse, denn so entging man dem Risiko eines zweiten desaströsen UH.C.-Syndroms mit dem größten Gau in der Geschichte ihres kleinen, aber feinen BBHs.

P.S. Dass „Hein Schnack“ ein lebenslanges Haus- und Beratungsverbot erhielt und die kleine Lucia nicht ihr versprochenes Fahrrad bekam, mit dem sie ihre Freundin besuchen konnte, stand genauso außer Frage wie die Tatsache, dass es in den nächsten Tagen und Wochen in ihrer näheren Umgebung ein geradezu reichhaltiges Angebot an frisch geschlachteten, schon teils gerupften Hühnern gab, die alle noch einmal an die traurige, wenig lustige Geschichte der Piepenbrinks erinnern sollten, die fortan, so mag man wohl glauben, auf Hühnerfleisch auf ihren Tellern verzichteten.

Der emsige Maulwurf auf Abwegen

Er hatte den angespannten Gesichtsausdruck eines Kleingärtners, der beim Betreten seines Gartens feststellen muss, dass wieder einmal ein blinder und zudem noch ungebetener Gast seine Kleingartenidylle zerstört hatte, als er jetzt, kurz vor dem Durchbruch an die Oberfläche der Erde, voller Erwartung und doch gleichzeitiger Angst vor dem, was auf ihn zukommen würde, stand. Würde ihn vielleicht wieder die Schaufel eines übereifrigen Gärtners treffen oder er mit dem Kopf, so wie beim letzten Mal, gegen einen, am falschen Ort abgestellten Rasenmäher donnern oder, noch viel schlimmer, in eine Jauchegrube oder gar in einen Gartenteich fallen?

Alles war drin, alles war offen wie immer bei solch einer nervenaufreibenden Aktion, aber das war ja gerade das Spannende in seinem Leben,: Nichts zu sehen und doch überall hinzukommen, wo es aufregend war. Denn nichts hielt ihn auf, den kleinen bepelzten Graber und Buddler vor dem Herrn, der Kleingärtneranlage Nummer 7 mit den Parzellen 1040 bis 1140.

Dass er jedoch für die genervten Kleingärtner die schlimmste Plage auf Gottes Erdboden war, konnte er nicht verstehen, tat er doch das gleiche wie sie: Er kultivierte liebevoll die Erde, indem er sie durchwühlte und dabei auflockerte, Ungeziefer und Schädlinge fraß und ab und zu unbeabsichtigter Weise, weil er sie nicht einmal sehen konnte, noch es ahnte, eines ihrer Beete mit seinen Erdhäufchen verwüstete. Aber wo sollte er denn sonst mit der aufgewühlten Erde hin?

Nach unten ging es nicht, also nur noch nach oben ans Tageslicht!
Dass dabei der schöne Rasen zugrunde ging, sah er genauso wenig wie die Tatsache, dass er die mühevolle Arbeit der peniblen Kleingärtner systematisch zerstörte, wenn er wieder seine für ihn großen Kreise durch ihr kleines eingezäuntes Land zog und mit seinen kleinen, für sie mächtigen Erdhügel verunstaltete.

.So stellten sie ihm Fallen aller Art. bis er eines Tages in eine dieser geriet und elendig sein Leben aushauchte. Eines Tages geriet er mit dem Kopf in eine speziell für ihn gebauten Maulwurfsklemme. Bevor ihm langsam die Luft ausging und elendig sein Leben aushauchte, dachte noch, wie beschissen doch diese Welt war. Eine Welt, in der der eine nicht in Frieden mit dem anderen leben konnte und in der ein ewiglich scheinender Krieg herrschen musste zwischen denen, die das gleiche Territorium bewohnten und bearbeiteten. Wie gut hätte doch ihre Zusammenarbeit sein können: Er, der Agrikultor fürs Grobe und sie, die Kleingärtner vom Verein der „Roten Rübe“.

Triumphierend hingen die Kleingärtner später seinen kleinen, in der Sonne getrockneten Pelz, nachdem sie ihm diesen von seinem Körper abgezogen hatten, an die Aushängetafel ihres Kleingartenvereins, um zu demonstrieren, wie sie hier mit denen umgingen, die es wagten, ihre geradezu als künstlerisch anzusehende Arbeit zu zerstören. Dass sie dabei eines der nützlichsten Tiere, die es im Garten gibt, vernichteten, war ihnen nicht bewusst, genauso wenig wie die Tatsache, dass einige Monate später ihr Kleingartenverein für alle Zeiten dem Erdboden gleich gemacht wurde, weil dieser einer Wohnsiedlung weichen musste.

So folgt die Rache auf den Fuß, sprach der Herr, denn wer die Kleinsten meiner Kleinen nicht liebevoll behandelt, ist es nicht wert, sich Kleingärtner zu nennen in einer Idylle, die dann auch ihnen nicht mehr zusteht, den Mördern des kleinen pelzigen Maulwurfs, der einst emsig den Garten durchpflügte, leider zur falschen Zeit, am falschen Ort und bei den falschen Menschen.

Die Höschenspur

Immer, wenn sie mit ihrem Segelboot eine längere Tour unternommen hatten, pflegte sie ihre Unterwäsche zu waschen und diese an einer Leine aufzuhängen, die hoch vom Masttop bis an den Bug reichte und wieder zurück zum Heck. So war sie nun einmal, praktisch denkend, schnell ihre besten Ideen umsetzend und nie sich fragend, wie das wohl andere sehen könnten.

So kam es, dass sie wieder einmal spät abends in einen Hafen einliefen, bei fast völliger Dunkelheit, mit Müh und Not die Pier fanden, das Schiff vertäuten und normalerweise sofort tot müde in die Koje gefallen wären. Doch sie wollte wieder ihre aberwitzige Idee umsetzen. So wusch noch spät abends eine total übermüdete, kaum noch aus den Augen gucken könnende Skipperin ihre dezente Reizwäsche, um sie daraufhin an der langen Leine vom Masttop bis zum Bug reichend, zu befestigen.

Als die beiden am nächsten Tag erwachten, stellten sie mit Entsetzen fest, dass sie verschlafen hatten und kaum noch rechtzeitig den nächsten Schlag zu ihrem Ziel schaffen würden. Sie legten in aller Eile und Hektik ab, ohne dabei an die Wäsche, die immer noch im Masttop hing, zu denken. Kaum hatten sie die Taue gelöst und von der Pier abgelegt, kam ein kräftiger Wind auf. Doch war keine Zeit mehr, sich um die Wäsche zu kümmern, sondern es war alle seemännische Kunst gefragt, um das Boot heil aus dem Hafen zu bekommen. So kam es, dass der Wind die nur mit leichten Wäscheklammern an der Leine befestigte Wäsche Stück für Stück abriss, sie wie torkelnde Möwen durch die Luft flattern ließ, um sie anschließend im Hafenbecken bis zum offenen Meer zu verteilen.

Die sogenannte „Höschenspur" oder „Höschenroute" ging in die Geschichte des kleinen Hafenstädtchens, das sie besuchten ein und wird heute noch gern als Anekdote für all jene erzählt, die nach wie vor, ungeachtet der Gefahren wie unser Skipperpaar ihre Wäsche am Mast befestigen. Ob dies nun aus Unwissenheit, Dummheit oder aus rein unterhaltungstechnischen Gründen geschieht, bleibt jedem, der selbst einmal den Wunsch hat, seine Wäsche auf diese Art und Weise zu trocknen, selbst überlassen.

Noch heute hängen übrigens Teile der ausgeblichenen Unterwäsche der so Geschmähten und auf unfreiwilligem Wege ihre Souvenirs dem kleinen Hafenstädtchen Hinterlassenden an den Wänden der umliegenden

Hafenkneipen, als ewiges Andenken an diese belustigende Geschichte, die mit Nichten eine lustige ist, schon gar nicht, wenn Du die zur Belustigung Dienende bist.

Jollenschlampe

Wie der Vormann eines Seenotrettungskreuzers eine ihn morgens um sieben noch vor dem Frühstück begegnende Pseudoseglerin mit ihren viel zu blond gefärbten Haaren und der geliehenen Seglerjacke wirklich sieht, nachdem sie ihm freundlich grüßend zuwinkte, kann man sich nur denken. Dass er aber „Du blondierte elendige, verdammte Jollenschlampe, wahrscheinlich bist du die Nächste, die wir wieder aus dem Wasser fischen müssen!“ denkt, kann nur der verstehen und nachvollziehen, der weiß, wie hart es ist, noch bei einer Windstärke, bei der andere im Hafen Schutz suchen, auszulaufen, um solche zu retten, wie die, die er hier gerade als Jollenschlampe bezeichnend, ihn freundlich grüßend und grinsend an ihm vorbeifuhr.

Er schob den unangenehmen Gedanken an einen möglichen Einsatz beiseite und versuchte, das in ihm aufkommende Mitleid sofort zu verdrängen, hatte er doch Angst, sie könne sonst noch auf die Idee kommen, er hege irgendwelche Sympathien für sie und würde sich animiert fühlen, mit ihm über Wind und Wetter, See und Sturm und seine weiß Gott nicht einfache Arbeit zu sprechen.

Dass es ausgerechnet diese junge Seglerin sein sollte, die ihm eine Woche später, als er total besoffen mit dem Fahrrad auf die Schnauze gefallen und auf der einzigen Hauptverkehrsstraße der kleinen Insel weit draußen im Meer liegend das Leben durch einen beherzten Einsatz rettete, indem sie ihm unter Aufbietung all ihrer Kräfte mit einem gewaltigen Ruck aus dem Gefahrenbereich zog, kurz bevor ein heranrasendes Auto ihn wie eine Scholle auf dem Meeresgrund, platt gefahren hätte, mag nur den verwundern, der nicht versteht, dass auch ein Seenotrettungsmann nur ein Mensch ist mit all seinen Stärken und Schwächen, Vorzügen und Fehlern und der Zeit seines Lebens ganz nach dem Motto lebte: „Retten und gerettet werden“. Einer, der allerdings hier draußen in der Welt, in der die Seglerin als Notärztin tätig war, genauso fremd und hilflos war wie sie auf dem Meer, wo er sich zuhause fühlte.

Drum achte einer den anderen, denn du weißt nie, wann du ihn einmal brauchen wirst, in der stürmischen See des Lebens oder auf der viel befahrenen Straße einer kleinen, in der Weite des Ozeans liegenden Insel.

Schiffe versenken

Sein liebstes Spiel war es, Schiffe zu versenken, allerdings nicht die auf kariertem Papier in Kastenform aufgemalten, beim Spiel all derer, die zu viel Zeit hatten oder nichts zu tun, sondern die, die groß und mächtig im Hafen lagen. Dazu besorgte er sich alte, angeschlagene, längst aufgegebene „Seelenverkäufer", also dem Untergang geweihte Schiffe, auf denen die, die aus tiefer Not heraus auf ihnen anheuerten und nicht selten den Tod fanden, weil, wie es schien, sie ihre Seelen verkauften ohne es zu ahnen. Mit viel Farbe und noch mehr Geschick präparierte er diese schwimmenden Särge so, dass sie den Eindruck erweckten, noch funktionstüchtig zu sein. Dann organisierte er zusammen mit einem befreundeten zwielichtigen Gutachter die Schätzung der Schiffe, versicherte sie weit über Wert und fackelte sie irgendwo weit draußen auf dem Meer ab, dort, wo es am tiefsten war und ließ die traurigen Reste der alten Schiffe für immer in den Wellen versinken. Danach kassierte er zusammen mit seinem Komplizen die hohen Versicherungssummen und setzte das Spiel in allen nur erdenklichen Variationen fort.

Dass man ihm sehr schnell auf die Schliche kam, störte ihn weniger, es war eher die Tatsache, dass seine Versicherung nicht mehr zahlen wollte, so dass er dazu überging, die Versicherungen zu wechseln wie andere ihre Krawatten.

Doch eines Tages, sie hatten wieder einmal einen großen Coup geplant, ging etwas schief und die mitgeführten Benzinkanister zum Legen des Feuers explodierten noch während er an Bord war und mit ihnen herumhantierte. Wie eine lebende Fackel lief er über sein dem Tode geweihtes Schiff als ein selbst Todgeweihter und wurde erst im letzten Moment von einem seiner Männer gerettet, der mit einem Feuerlöscher die Flammen, die ihn wie den lodernden, nach Schwefel stinkenden Umhang des Leibhaftigen umhüllten, erstickte.

Schwer verbrannt kam er nach einem aufwendigen Einsatz der Seenotretter, die ihn per Hubschrauber abholten und ins nächste Krankenhaus transportierten, auf der Intensivstation an, die er allerdings nicht mehr verlassen sollte, weil er nur noch einige Tage überlebte, bis er, selig erfüllt von dem Gedanken, wieder neue Schiffe zu versenken, selbst versenkt wurde auf dem Planquadrat A2 und auf den Grund seiner Seele sank, zusammen mit den ihn in seinen Träumen verfolgenden Schiffskörpern und Seelen all derer, denen er das Leben genommen hatte, genauso wie ihm jetzt das Leben genommen wurde.

Und die Moral von der Geschicht?

Schiffe versenken lohnt sich nicht. Es sei denn, ja es sei denn es handelt sich um Planspiele auf einem karierten Stück Papier und nicht, wie er es im richtigen Leben mit Seelenverkäufern (Anmerkung: Seelenverkäufer sind nicht voll seetüchtige Schiffe) praktizierte.

Denn auch wenn es verrückt klingen mag, jedes Stück Materie ist auch ein Stück eines materialisierten Gefühls und Gedankens und somit die Idee eines Menschen und trägt so gesehen einen Teil seiner Seelenkraft in sich und niemand, wirklich niemand hat das Recht, auf betrügerische, gewaltsame Art und Weise diese sich materialisierende Idee eines anderen zu vernichten, sagt der, der an diese höhere Ordnung und Gesetzmäßigkeit der Dinge dieser Welt glaubt. Und sollte er es trotz besseren Wissens doch tun, so muss er die sich daraus ergebenen Konsequenzen tragen und läuft Gefahr, als Folge seiner negativen Verhaltensweisen selbst vernichtet zu werden, wie diese, wenn auch nur erdachte Geschichte, eindrucksvoll zeigt, wo ein abgrundtief böser und abgefeimter, Menschen und Material verachtender Mensch zu schrecklich grausamen Taten neigt und am Ende qualvoll dafür stirbt, weil er der Schöpfung die Freude am Kreieren ihrer wundersamen Ideenwelt verdirbt!

Die Komplimente-Hascher

Sie machten jeden Sommer an der gleichen Pier fest, die eine Direktverbindung zu dem einem Laufsteg ähnelnden Fußweg hatte, an dem jeder vorbei musste, der zur Strandpromenade wollte. So lagen sie dort mit ihrem wunderschönen Schiff. Es war ein alter klassischer Segler, der schon die sieben Weltmeere befahren zu haben schien. Die Lichter waren verlöscht, die Fenster offen, die Gardinen zugezogen. Für ihr liebevoll aufbereitetes Holzschiff erheischten sie so manches Kompliment. Es war ein Klassiker zweifelsohne, aber einer, der nicht unbedingt, aufgrund seines schon in die Jahre gekommen, von Gebrauchsspuren gezeichneten Äußeren, dazu getaugt hätte, Komplimente all derer einzuheimsen, die sich ein klein wenig mehr mit der Materie auskannten, als all die, die hier spazieren gingen. Und doch lagen sie da und saugten voller Inbrunst jedes Gespräch, jeden Kommentar über die Beschläge, das blitzblank geputzte Messing, das liebevoll aufgeschlossene Tauwerk und das mit viel Hingabe bearbeitete Holz auf. Ja, man konnte schon sagen, dass sie süchtig waren danach, denn in einer Stunde hörten sie mehr Komplimente über ihr schönes, altes, mühsam in Stand gehaltenes Schiff, als ansonsten zu Hause das Jahr über.

Und so genossen sie es im Stillen, die heimlichen Könige der Pier 14 zu sein, wo sie mindestens vier Wochen lagen, um sich für den Rest des Jahres voll zu saugen wie Gefühlsblutzecken mit den Komplimenten all derer, die vorbeigingen und bewundernd ihr in die Jahre gekommenes restauriertes Schiff anschauten.

Doch vielleicht, ja vielleicht hatten sie das Schicksal ein klein wenig zu sehr herausgefordert und einmal zu viel ein Kompliment erheischen wollen, als das es noch im Rahmen des Erlaubten gewesen wäre. Denn als sie im nächsten Jahr wieder zur Pier 14 fuhren und anlegten, geschah das Unvorstellbare. Die alte Maschine, die ihr Kleinod vorantrieb noch von anno dazumal, bockte und der ohnehin schon immer schwergängige Gashebel ließ sich nicht mehr zurückstellen, so dass der erfahrene Skipper mit Volldampf gegen die Pier krachte, dass einem schon vom Zuschauen Hören und Sehen verging und ihr schönes Boot mit einem Riesenloch im Rumpf direkt vor den Augen der ungläubig staunenden, schnell zusammengelaufenen Menschenmenge, versank.

„Das war es dann wohl mit dem alten Holzkahn!“, hörten sie noch einen sagen, den sie schon von vielen Besuchen kannten, bevor sie den rettenden

Sprung auf die Pier schafften, während der alte, liebevoll von ihnen in Stand gesetzte und so die Zeit überstehende nun dem Tod geweihten Seelenverkäufer(Anmerkung: Seelenverkäufer ist ein nicht seetaugliches Schiff) unter ihren Füßen weg sackte.

„Ja endlich“, warf noch ein anderer diese gespenstische Szenerie verfolgender Zuschauer ein, „wurde auch Zeit, dass er mal wegkam, dieser olle Kahn. Der lag hier schon viel zu lange und versperrte anderen den Platz!“, als sie hinter sich das glucksende Geräusch des absaufenden Bootes, wie einer als letzten Gruß von diesem in ihren Ohren vernahmen.

Es dauerte viele Monate, eine ihnen wie Jahre vorkommende Zeit, bis sie sich entschlossen, noch einmal den Sprung nach vorne zu wagen mit einem neuen Schiff, nicht ganz so alt, nicht ganz so schön, aber dafür praktikabler als das alte, abgesoffene. Doch nun lagen sie nicht mehr an der Pier 14, um hinter verschlossenen Gardinen, die Komplimente all derer zu erheischen, die hier an ihnen einst vorbeizogen oder sollte man treffender sagen flanierten, sondern ganz normal wie alle anderen auch an der Bootssteganlage des großen Yachthafens um die Ecke und waren aufgrund des sie zutiefst schockierenden Vorfalls in sich gekehrt und nachdenklich geworden, nachdem ihr Schmuckstück, das sie so oft für die Aufwertung ihres angeschlagenen Selbstwertgefühls missbraucht hatten, abgesoffen war. Das hatte sie letztendlich aufwachen und fortan einen anderen Weg einschlagen lassen, bei dem weniger die Komplimentheischerei im Vordergrund stand, sondern das fachmännische Gespräch mit Gleichgesinnten über Bootsinterna, so wie es alle in den Yachtclubs dieser Welt zu tun pflegen.

So muss wohl manchmal leider etwas sehr Trauriges und vielleicht sogar Schlimmes passieren, um eine Umkehr in den sich vom eigenen Geltungsdrang leiten lassenden Menschen zu bewirken und sei es nur um, wie in diesem geradezu exemplarischen Fall, diese beiden älteren Herrschaften davon abzubringen, über ihren Kahn ihr ansonsten tristes Leben zu kompensieren. Das sind dann jene grausam scheinenden Zäsuren des Lebens, jene oft tiefen Einschnitte und Eingriffe des Schicksals, die uns wieder vor Augen führen, dass wir nicht der Materie und ihrer Zurschaustellung wegen unsere persönlichen und somit besonderen Eigenschaften in den Schatten stellen sollten.

So gilt es, sich erst selbst zu finden, um die uns umgebende Materie frei genießen zu können, um sie nicht zu missbrauchen, die Komplimente zu erheischen, die wir uns selbst geben sollten. Wir, die ewig Suchenden nach

Anerkennung und Liebe, wir, die Kinder von einst, die wir noch nicht erwachsen wurden, obwohl wir doch schon so unendlich alt, wenn auch nicht immer erfahren scheinen!

Die Kamikaze Combo

„Keine Angst vor steilen Kurven“ war das Motto der kleinen aber feinen Fluggesellschaft mit ihren todesmutig scheinenden, in Wirklichkeit aber extrem gelangweilten Piloten, die man wegen ihrer extremen Flugmanöver, Flugexperten würden vielleicht sogar von Flugkünsten sprechen, auch das Todesfliegerschwadron oder die Kamikazepiloten vom Dienst nannte, wenn diese sie todesmutig geradezu im extremen Steilflug ihrem kleinen Flughafen am Rande der Stadt näherten, um dann im wirklich allerletzten Moment, kurz bevor sie sich in die staubige Landepiste gebohrt hätten, die fliegende Kiste, pardon Maschine wieder hochrissen, um sie dann letztendlich doch immer wieder glücklich und heil nach unten zu bringen. Sie wirkten bei ihren akrobatisch zu bezeichnenden Flugmanövern wie kleine, zornige Hornissen, die sich auf einen nicht wirklich vorhandenen und somit imaginären Feind zu stürzen, der nur in ihren Köpfen zu existieren schien.

Wohl schon an die tausend Mal oder mehr, die genaue Anzahl der Landungen die für sie wie ein kontrollierter Absturz war, hatten sie auf diesem Wege ihre kleinen, wendigen Flieger zu Boden gebracht, als an einem schönen, klaren Sommertag das Unvermeidliche passierte, eine Tragödie biblischen Ausmaßes, wie es den Zuschauern des Vorfalls vorkam. Einer dieser todesmutigen, von vielen auch schon als wahnsinnig bezeichneten, hornissengleichen, aggressiven Kamikazepiloten verriss bei einem seiner unzähligen Sturzflüge, denn für sie galt, wie wir nun wissen, das Motto: „jede Landung ist ein kontrollierter Absturz und jeder Start eine erneute Versuchung und Herausforderung, diesem zu entgehen“, den Steuerknüppel und knallte mit der Wucht eines mit 260 Stundenkilometer fliegenden Kleinlasters in das benachbarte Flughafengebäude, worauf hier auf schreckliche und geradezu tragische Weise über einhundert Gäste und Flughafenangestellte zum Teil schwerste Verletzungen, insbesondere durch das explodierende, heiße Flugzeugbenzin, sprich Kerosin erlitten. Die Zahl der Toten stieg im Laufe der nächsten Tage und Wochen noch auf über dreißig an, weil viele der Brandopfer ihren schweren Verbrennungen erlagen. Eine Welle der Empörung ging durch die Bevölkerung und die Schlagzeilen der Presse, es wurde kein gutes Haar an ihnen gelassen und doch, man glaubt es kaum, hat sich bis heute an ihrer tollkühnen Art, ihre Flugmanöver zu fliegen, nichts, aber auch gar nichts geändert.

Sollte man denken, dass die Menschen aus Schaden klug werden, insbesondere wenn es solch große Auswirkungen hat wie dieser wahrlich tragische, aber zweifelsohne vermeidbare Flugzeugabsturz, dann sieht man sich leider, wie so oft, getäuscht, ist doch die Ignoranz und Verdrängung solch unbeschreiblicher Unglücke Teil unseres alltäglich gelebten Wahnsinns ist, wo Menschen andere Menschen leichtsinnig in Gefahr bringen und sogar, wie in diesem Fall töten. Das Untersuchungsergebnis und somit der Abschlussbericht der Unfallkommission kam übrigens zu dem Schluss, dass kein Pilotenfehler vorlag, sondern ein technischer Defekt, der zur größten Katastrophe aller Zeiten auf ihrem kleinen Provinzflughafen am Rande der uns bekannten Welt, dort wo sich Fuchs und Gans gute Nacht sagen, geführt hatte.

Noch heute kann jeder einen kleinen, todesmutigen Ritt mit den „Kamikazepiloten des Todes" wagen, wenn er den Mut dazu findet, auf dem Flughafen am Rande der Zivilisation, dort wo noch die Unvernunft und die Verdrängung aller Gefahren lebt. Allen anderen wie auch immer gearteten Zeitgenossen und somit Neugierigen oder vielleicht sogar Lebensmüden sei empfohlen, einmal von der nun wieder aufgebauten Flughafenterrasse aus den kühnen und zugleich waghalsigen, geradezu todesmutigen Flugmanövern der Kamikaze-Combo zuzuschauen, denn mehr über die Leichtsinnigkeit, Ignoranz und Verdrängung von bevorstehenden Beinahkatastrophen kann man an einem Nachmittag bei Kaffee und Kuchen und guter Aussicht auf das Geschehen, sozusagen in erster Reihe, nicht erfahren. Aber, so hoffen wir immer noch, in sicherer Entfernung zum Geschehen und somit möglichen Absturzort eines der todesschwadronigen Idiotenflieger ohne Hirn und Verstand, aber mit dem Mut der Verzweiflung eines jeden um sein Überleben kämpfenden Piloten und einer gehörigen Portion Selbstüberschätzung. Eine Selbstüberschätzung, die uns allen zu jeder Zeit und in jeder Lebenslage zu eigen sein kann, wenn wir wieder einmal an Bord unseres vierrädrigen Untersatzes namens Auto, wenn auch nicht fliegende, aber dennoch Todespiloten ohne Herz, Hirn und Verstand werden!

Warum mag mich keiner?

„Du, Papa, warum mag mich eigentlich keiner?“, fragte die kleine, siebenjährige Tochter ihren perplex dreinschauenden Vater, der daraufhin langsam die Zeitung senkte, den Blick hob, um sie über die Brillengläser hinweg anschauend nachdenklich zu betrachten.

Lange Zeit blickte er scheinbar wie innerlich abwesend in die Leere des Raumes und fast hatte sie schon die Hoffnung aufgegeben, eine Antwort auf ihre Frage zu erhalten, als er plötzlich und unerwartet ihr doch noch antwortete: „Weißt du meine Kleine, deinen Papa, den mögen sie auch nicht, die anderen, die da draußen.“

„Warum nicht?“, wollte sie noch wissen, doch er zog schnell die Zeitung wie einen Schutz vor einer unbequemen, ihn quälenden Antwort, vor sein Gesicht und schwieg, wie es ihr schien, betroffen.

Erst viele Jahre später sollte es ihr schlagartig bewusst werden, warum sie niemand mochte, als man ihr eines schönen Tages – sie war zu einer schönen jungen Frau herangereift – vor dem Supermarkt ohne erkennbaren Grund einen Einkaufswagen derart stark in die Hacken knallte, dass sie einen Fersenbeinbruch davon trug. Noch vollkommen perplex über den gegen sie gefahrenen Angriff schaute sie auf dem Boden liegend und sich vor Schmerzen windend hoch und hörte noch einen der glatzköpfigen, am Hals hakenkreuztätowierten Jugendlichen ihr zurufen: „Verdammtes Ausländerpack, verpisst euch bloß, geht dahin zurück woher ihr kommt bevor wir euch alle wie Briketts verheizen!“

Das war das erste Mal, dass sie bewusst zur Kenntnis nahm, dass es so etwas wie Rassismus und offen gelebte Ausländerfeindlichkeit gab, auch wenn sie es nicht verstand, denn sie war in diesem Land geboren und groß geworden, hatte eine hier geborene Mutter und einen, wenn auch von einem anderen fernen Kontinent stammenden farbigen Vater und war somit zweifelsohne hier zu Hause. Wie Schuppen fiel es ihr in diesem für sie bittersten aller bitteren Momente, da von den Augen, was ihr Vater gemeint hatte, als er danach sagte, sie seien anders, obwohl sich doch ihre Hautfarbe nur unwesentlich von der derjenigen unterschied, die sie aus lauter Hass und Wut auf Ausländer – was sie ja nicht einmal, weil sie in diesem Land geboren und groß geworden war – verletzten.

Von diesem Moment an war sie nicht mehr die gleiche junge Frau, die ihr Land und die Menschen darin so akzeptieren und lieben konnte, wie einst, bevor dieser ihr Leben und alles verändernde Vorfall passierte, war sie doch von einem Moment auf den anderen eine jener „Aussätzigen" geworden, auf die die Parole zutraf „Ausländer raus", auch wenn sie in ihrem Denken, Handeln und tiefsten Gefühlen keinen anderen Ort auf dieser Welt mehr ihr Herz geschenkt hatte wie diesem, den sie mit ihrer ganzen Seele liebte und den sie als ihre Heimat empfand.

Entwurzelt, zutiefst verletzt und enttäuscht über die Intoleranz einiger weniger Menschen zog sie sich wie einst ihr Vater aus dem öffentlichen Leben zurück, lebte zurückgezogen ihr Leben in einer Gesellschaft, die ihr, wie es ihr schien, nicht mehr die ihre war, bis zu dem Tag wo sie heiratete und Kinder bekam. Bis zu dem Tag wo sie ganz unvermutet von einem kleinen, siebenjährigen Mädchen, die ihre Tochter war, gefragt wurde: „Du, Mama, sag mal, warum mag mich eigentlich keiner?"

Dies öffnete erneut ihre alte, längst verschlossen geglaubte Seelenwunde. Sie, die immer noch keine Antwort auf diese Frage gefunden hatte. Genauso wenig wie ihr Vater und all die anderen Seelen verlorenen Opfer jenes Rassismus, der leider, ja leider in uns allen ruht!

Obwohl wir doch an jedem anderen Ort der Welt auch nur Ausländer und Fremdartige sind, trotz innerer Liebe zu denen, die in uns das Andersartige, was wir letztendlich selbst sind und immer bleiben.

Fremde in einem fremden Land

Und so zogen sie von dem Flughafen, an dem sie eines schönen, unschönen Tages, wie es ihnen vorkam, ankamen, an einem ihnen fremden unbekannten Ort, weit jenseits ihrer schlimmsten Vorstellungen, mit einem ihnen überlassenen alten klapprigen Trolley und ihren wenigen Habseligkeiten, durch ein ihnen bedrohlich scheinendes, feindlich gesonnenes, unbekanntes Land auf der Suche nach einem Stück Heimat, nach einem Stück Zuhause, nach einem Stück Geborgenheit in einer Fremde, die sie geradezu erschlug. Aber das einzige, was sie in dieser ihnen fremden Welt in dieser sie bedrückenden fremdartig scheinenden Stadt fanden, waren Menschen, die ihnen nicht gut gesonnen waren und ihnen noch die letzten Habseligkeiten nahmen, bis jemand zu guter Letzt aus lauter Hass über die fremden, in merkwürdigen Gewändern gekleideten, dunkelhäutigen Menschen, die in ihren Lebensraum eindrangen, einem von ihnen ein Messer in den Rücken rammte und ihn blutend auf dem Gehsteig liegen ließ. Erst dann gaben sie Ruhe, zogen ab und ließen die kleine Familie, bestehend aus Vater, Mutter und zwei kleinen Kindern weinend um ihr sterbendes Familienoberhaupt allein. Die legten ihn auf den alten Trolley und zogen mit ihm weiter, weg von dem Ort, den sie nicht kannten und fortan nur den Hort des Bösen nannten, den Ort des Todes, der sie heimsuchte. Jenen Ort des Schreckens, den man fortan verfluchte, weil hier ihre Hoffnung auf Rettung starb auf dem von bösen Menschen geschaffenen Seelengrab.

So waren sie geflüchtet aus einem Land fern des unseren, um hier die Sicherheit zu finden, die es in dem ihren nicht mehr gab. Um Asyl wollten sie bitten, Schutz finden bei denen, denen sie vertrauten und waren doch hineingeraten in eine Welt, die noch schlimmer war als die ihre, die sie schweren Herzens hinter sich gelassen hatten, wohlgemerkt immer in der Hoffnung, auf Menschen zu treffen, die ihnen helfen und für sie offen sein würden. Doch das einzige, was sie fanden, war eine Eiseskälte, kälter noch als die, die sie bereits kannten und so endete ihr Abenteuer eines „neuen Lebens“ schon, bevor es begann.

Danach saß diese junge Familie in irgendeinem Auffanglager und wartete auf ihre Abschiebung, denn ihr Asylantrag wurde abgelehnt. So waren sie allein gelassen von Gott und der Welt, doch noch immer auf ein Wunder hoffend, das nicht kommen sollte.

Eines schönen, für alle traurigen Morgens nahm sich die Frau das Leben, indem sie sich an ihrem langen Gewand aufknüpfte und beendete so einen zutiefst traurigen, sinnlos scheinenden Weg, den sie einmal beschritten hatte in der Hoffnung, eine bessere Welt zu finden.

Ihre beiden kleinen Kinder aber kamen zu einer Pflegefamilie und wurden später von dieser adoptiert und führten ein angenehmes und schönes Leben, vielleicht als Ausgleich dafür, dass ihre Eltern so leiden mussten.

Denn manchmal muss erst eine Katastrophe geschehen, damit ein Wunder passiert und aus einer menschlichen Tragödie noch eine schöne, für uns wohlklingende Geschichte wird, die unsere Herzen berührt und unsere aufgewühlten Gemüter beruhigt.

Ganz nach dem Motto: „Was so schrecklich begann, darf nicht so enden, schon gar nicht für alle, die sich bei solch einer Geschichte mit Grauen abwenden. Denn was wäre, wenn wir die Betroffenen wären, denen die Mächte des Schicksals das Leben auf diesem Wege erschweren? Denkt man und schließt vor dieser unbequemen Erkenntnis die Augen, die zum Schauen der Wahrheit, zumindest dieser, nicht taugen!

Spanischstunde (hablas español?)

„Du sprichst ein serr serr gutis spanniesch!“, sprach da der Fleisch gewordene Don Juan der freien Liebe und unergründlichen menschlichen Lüste und Triebe, zu der kleinen, zahnspangenbewährten Provinzschnecke, die das erste Mal die weite Reise in ein ihr fernes Land angetreten hatte, nachdem sie an der heimatlichen Volkshochschule einen Grund- und Aufbaukursus in Spanisch belegt hatte, um hier im sonnigen Süden Land und Leute besser kennenzulernen und vielleicht sogar ihrem Traummann zu begegnen, der auf ihre geradezu zarten, wenn auch arg unbeholfenen Annäherungsversuche hin gleich sein ganzes Casanova Herz öffnete und sie dazu veranlasste, ihm in fast perfektem Spanisch mit Ruhrpott–Akzent zu antworten:

„Du aber auch!“, worauf der so gebauchtätschelte Spanier entgegnete „naturalmente, soy español! – natürlich, ich bin ja auch Spanier!“ Ob dieser Peinlichkeit kam die gerade eingeleitete, etwas mühsam aufgebaute Konversation für immer zum Erliegen und endete nur noch mit einer etwas irritierenden Abschlussfloskel seinerseits: „Buenos días, señorita“, „äh, ja, guten Tag auch, der Herr!“

Vielleicht blieb ihr auf diesem Wege großes Unheil erspart. Denn dieser vermeintliche Ehrenmann in Form dieses glutäugigen Spaniers und Don Juan, der stets die willfährigen Frauenherzen im Nu eroberte, war in Wirklichkeit ein hier schon lange lebender Nordmann, der nur mit seiner angenommenen Umgangssprache, Mentalität und den gefärbten Haaren den ihn anschmachtenden Damen und Frauen vorgab, einer zu sein, der er in Wirklichkeit gar nicht war. Dass er zudem noch drogenabhängig und an Aids erkrankt war, machte die Sache noch schlimmer. An unserer kleinen Provinzschnecke aus dem fernen Ruhrgebiet ging so der Kelch noch einmal vorüber, an dessen feinem Faden ihr weiteres Leben hing.

Oh wie gut der nicht vergisst, wie Scheiße eine Urlaubsbekanntschaft ist. Die dir den Kopf verdreht, weil man nun einmal auf eben diese Typen im Urlaub steht!

180 Seelenangstbomben

Sage und schreibe 180 Seelenangstbomben flogen über ihn hinweg, er der am Strand seiner über alles geliebten Ferieninsel im Süden versuchte, sich die Sonne auf den Pelz brennen zu lassen, als ihn urplötzlich das beklemmende Gefühl befiel an der Absperrung einer Achterbahn zu stehen, um über sich in schwindelerregender Höhe all die Leute wahrzunehmen, die gleich juchzend und schreiend zum Teil freiwillig, zum Teil gezwungen durch die, die freiwillig hierher wollten, sich in jene Tiefe zu stürzen, die ihnen den wohlverdienten Kick brachte; jenen Adrenalinstoß also, der dann im Nachhinein, wenn alles überstanden war, all jene glückselig machte, die diese Fahrt angetreten hatten, um so das teure, wenn auch zweifelhafte Vergnügen zu rechtfertigen, einmal einen solch kontrollierten Absturz, mit so doch hoffentlich glücklichem Ausgang am eigenen Leib erfahren zu haben.

Genauso empfand er jetzt den mit 180 Seelen besetzten, mit über 280 km/h schnellen, über ihm zur Landung ansetzenden Ferienflieger, in dem im Grunde nur einer wirklich daran glaubt, dass das Ding heil herunter kommen würde – nämlich, der, der ihn gerade flog - während alle anderen, den Copiloten einschließlich, gerade noch einmal das Unglücksszenario eines zerschellenden Urlaubsjets auf der sonnendurchfluteten Insel des großen und kleinen Glücks durchspielten und erst dann wieder aus ihren alptraumhaften Tagträumen gerissen wurden, wenn der Vogel mit seinen großen, gummibewährten Patschefüßchen den Touchdown, sprich die Grundberührung vollzog, die Hochzeit also zwischen Flieger und Erde und somit sicher landete.

Die gute, alte Erde hatte sie wieder, laute Rufe und Geklatsche gellten durch den Flugzeugrumpf und alle waren wieder mit sich und der Welt versöhnt, bis ja bis zum Rückflug in drei Wochen, aber dann würde er doch hoffentlich, auch wieder heil bei sich zu Hause angekommen sein, davon träumend, bald wieder weit weg zu fliegen, dorthin, wo die gelebten Tagträume des Lebens einem den alptraumhaften Flug und den möglichen Absturz versüßen.

Was sind schon zwei Mal vier Stunden Todesangst im Ferienflieger für drei Wochen Glück? Das rechnet sich doch auf alle Fälle, denn lieber so, als ein Leben lang Sterbens Langeweile haben und daran zugrundegehen!

Sagen sich all die, die das Risiko eines Absturzes auf sich nehmen, in der stillen Hoffnung, dass es sie wohl nicht erwischen wird, bei so vielen wagemutigen Reisenden, die allesamt beten, wenn es in die Lüfte geht und einem das Herz in die Hose rutscht.

Kerosin –
der Duft der großen, weiten Welt

Immer wenn er in die Nähe des Flughafens kam und diesen eigenartigen Kerosingeruch in der Luft wahrnahm, öffnete sich sein Herz und die Sehnsucht nach der großen, weiten Welt ließ sein Herz höher schlagen. Doch dann fuhr er traurig, voller Sehnsucht und Fernweh, am Flughafen vorbei wieder nach Hause. Sein kleines Zwei-Zimmer-Apartment war gespickt mit den Landkarten dieser Welt und den dort hinführenden und von ihm eigenhändig eingezeichneten Flugrouten. Dort träumte er dann den nie verwirklichten Traum eines Fluges rund um die Welt, zu dem ihm nicht nur das Geld fehlte, sondern auch der Mut. Denn er fühlte sich eingebunden in die kleine, enge Welt seiner Familie, die ihn niemals würde gehen lassen. Nicht einmal zum Flughafen, wo die silberglänzenden Riesenvögel in der gleißenden Sonne dieses schönen Sommertages standen, darauf wartend loszufliegen.

So blieb der Traum vom Fliegen stets nur ein Wunschtraum, eines einsamen, in seiner kleinen Welt gefangenen Menschen, und nicht Teil eines real gelebten glücklichen Lebens.

Drum flieg Baby flieg! Denn so hat schon so mancher seine Angst vor der Welt und der Enge seines Lebens besiegt!

Go, Baby, go!

„Go baby, go!“ war seine Formel zur Überwindung seiner Angst, wenn er wieder einmal ein Flugzeug am Himmel aufsteigen sah, das in einem großen Bogen an ihm in luftiger, unerreichbarer Höhe vorbeizog und ihn daran erinnerte, dass er selbst fast einmal abgestürzt wäre, einst vor langer, langer Zeit. Allerdings nicht mit einem Flugzeug, sondern als Kind auf einer Schaukel, wenn sein Großvater ihn nicht im letzten Moment aufgefangen hätte. „Go baby, go!“ gab ihm das Gefühl, wenn er schon nichts für die Leute im Flugzeug tun konnte, so doch etwas für ihr Schicksal, mit dem er sich seit seinem Fastabsturz auf wundersame Weise verbunden fühlte, indem er im positivsten Sinne ihnen die Energie gab, die sie brauchten, um heil in die Luft zu kommen. Sah er hingegen ein landendes Flugzeug, gab er ihm den formelhaften Satz „Happy landing, baby!“ mit auf den Weg, was, wie die Praxis zeigte, wunderbar funktionierte.

Als er jedoch eines Tages ganz in seiner Nähe ein nieder schwebendes Flugzeug sah, war er derart in Gedanken, dass er ganz vergaß, ihm eine glückliche Landung zu wünschen und das schrecklichste aller schrecklichen Szenarien die er sich hätte vorstellen können, passierte: Das riesige Flugzeug, einem fliegenden Ungeheuer gleich, raste über ihn hinweg und zerschellte direkt vor ihm auf einem großen Blumen bewachsenen Feld!

Noch heute, so viele Jahre danach, saß ihm immer noch der Schock in den Gliedern und er litt unter den starken Schuldgefühlen, hatte er es doch damals versäumt, dem sinkenden Flugzeug alles Gute für seine Landung zu wünschen, auch wenn es nur ein Modellflugzeug gewesen war, ferngesteuert von einem Jungen, der in einem kurzen Moment unachtsam sein ca. zwei Meter langes Fluggerät mit der Nase voran auf das Feld aufschlagen ließ, wo es in tausend Stücke zerbarst.

„Happy landing, baby!“ und „Go baby, go!“ waren danach für ihn ein für alle Mal passé, denn er erkannte, dass es nicht innerhalb seiner ihm vom Leben gegebenen Möglichkeiten lag, allen Flugzeugen ein sicheres Geleit zu geben und dafür zu sorgen, dass sie heil in die Luft kamen oder landeten, sondern weitaus größere Mächte, die er nicht zu bewegen, noch zu beeinflussen im Stande war, für das Wohl und Wehe der fliegenden Maschinen und ihrer menschlichen Fracht verantwortlich waren.

So hatte dieser Crash und der daraus resultierende Schock wenigstens ein Gutes, nämlich dass er von nun an nicht mehr jedem startenden und landenden Flugzeug seine Formeln und somit guten Wünsche mit auf den Weg geben musste und fortan als ein freierer Mensch sich anderen Neurosen widmen konnte, wie denen, jedem ein- und auslaufenden Schiff im Hafen eine gute Reise und eine gute Ankunft zu wünschen oder den an ihm vorbei fahrenden Autos, die es ja zu Hauf in seiner näheren Umgebung gab.

Welch wundersame Wandlung, denkt sich der Leser und schweigt betroffen. Da kann man selbst nur noch beten und hoffen, weniger neurotisch zu sein, als dieser arme, von seinen Neurosen geplagtes Menschelein.

Der (geträumte) Flugzeugabsturz

Er flog wie immer erster Klasse, ganz Business-Class, ganz nonchalant, ganz auf Wellnessfeeling eingestellt und streckte seinen ca. 1,90 m langen, wohlgenährten, wenn auch nur mäßig trainierten Körper, genüsslich auf seiner Schlafliege aus, während in der „Holzklasse“ hinter ihm die Menschen sich die Glieder verrenkten, weil sie keinen Platz fanden, sich vernünftig zu bewegen. Selbstzufrieden schloss er die Augen und flog in Gedanken schon die restlichen zehntausend Kilometer in Richtung seines Zielflughafens.

Plötzlich nahm er ein furchtbares Geräusch und eine starke Vibration wahr. Seine Komfortliege der Marke „Sleep well – „Schlaf gut und träum süß“ wurde in eine Art wellenförmige Bewegung versetzt. Das Flugzeug schien von einer riesigen Hand durchgeschüttelt zu werden, so als sei es nur eines jener kleinen Modellflugzeuge, die man am Airport in den Duty-free-Läden für teures Geld kaufen konnte. Bei früheren Flügen wusste er, dass die Vibrationen durch ein Luftloch verursacht wurden. Also durch jene Turbulenzen in den oberen Luftschichten, wo eine Kalt- auf eine Warmfront gestoßen war.

Diesmal jedoch, dass erkannte er als versierter Vielflieger, war es anders. Ihn beschlich das ungute Gefühl, dass irgendetwas nicht stimmen konnte. Panik befiel ihn, die sich durch die enormen Angsteinflößenden Geräusche und die ungewöhnliche Vibration seiner Liege noch verstärkte. Wie gelähmt lag er in seiner Firstclass-Liege und wie es ihm erschien jetzt die Marke „Fliegender Lehnstuhl“ war. Er hatte das Gefühl, Opfer eines schrecklichen Flugunfalls zu werden. Just in diesem Moment der übelsten sich selbsterfüllenden Prophezeiung, senkte die Maschine scheinbar ihre Nase nach vorne und ging in einem Steilflug nach unten, den er so schnell nicht vergessen sollte. Der Magen schoss ihm nach oben, Übelkeit stieg in ihm auf. Panik, Angst und Verzweiflung machten sich breit. So sehr er sich auch bemühte, er konnte sich nicht gegen die enormen Fliehkräfte, die sich wohl im Flugzeug aufgrund des nun einsetzenden Sturzfluges entwickelten, wehren.

Wie gelähmt starrte er seinem nahenden Ende entgegen. Gedanken schossen ihm durch den Kopf. Er erinnerte plötzlich all das, was er in seinem Leben falsch, was er richtig gemacht und wie er Menschen nicht immer nur gut und fair behandelt hatte. Ist das mein Schicksal? Hier in zehntausend Meter Höhe über irgendeinem fremden Land, das ich nicht einmal kenne, mein Leben zu verlieren? Er wollte noch ein Gebet sprechen, gewissermaßen ein allerletztes Stoßgebet zum Himmel schicken. Doch es gelang ihm nicht. Zu sehr war er damit beschäftigt, nicht das Bewusstsein durch die starken Fliehkräfte, die durch den Absturz entstanden, zu verlieren.

Immer schneller und schneller raste er weiter in Richtung Erde während gleichzeitig das Rütteln der abschmierenden Maschine unerträglich zunahm. Hilflos der Situation ausgeliefert, das nahe Ende vor Augen, ergab er sich seinem unausweichlichen Schicksal, hier und jetzt sein Leben, an dem er noch hing, zu verlieren. Der Alptraum schien kein Ende zu nehmen und als auch noch neben ihm ein Licht aufflackerte, das aussah wie ein brennendes Triebwerk, da zerplatzte seine allerletzte Hoffnung auf Rettung. Er sah sich schon tot zwischen den Trümmern der abgestürzten Maschine liegen. Seine letzte Stunde schien gekommen. Er spürte es, er ahnte, nein er wusste es. Es gab nichts mehr, das ihn noch hätte retten können. Er war auf dem direkten Weg in die Hölle. Plötzlich griff ihn eine Hand am Arm. „Sir, please, Sir! Wake up! Wachen Sie auf!

Aus einer kläglich hängenden Position schreckte er hoch und sah in das freundliche Gesicht der Stewardess. Diese erklärte ihm beruhigend, dass er im Schlaf wohl versehentlich an den automatischen Verstellknopf seines teuren Spezialbettes gekommen sein musste.

Für den Rest des Fluges blieb er hellwach und kerzengerade in seinem teuren Spezialflugbett Marke „Schlummertod“ sitzen und konnte kein Auge mehr zukriegen. Das Erlebnis hatte ihn mehr mitgenommen, als er es sich selbst eingestand. Doch obwohl er scheinbar dem Tod so nahe gewesen war, veränderte sich nichts an seiner Lebenseinstellung und seinem Verhalten. Er blieb der steife, arrogante, alle übervorteilende Businessmann, der er immer war.

Er nahm sein gewohntes Leben wieder auf und alles blieb beim Alten. Viele Wochen später befand er sich auf dem gleichen Flug, saß im gleichen Sessel als bei gleicher Flughöhe der damalige Albtraum wieder kam und ihn erfasste. Es rüttelte und schüttelte ihn wie einst. Doch als er dieses Mal krampfhaft die Augen aufschlug, um die vermeintlich bösen Flug- und Traumgeister zu vertreiben, die ihn da erneut piesackten, musste er entsetzt feststellen, dass es kein Traum war. Er sah in das schreckgeweitete Gesicht jener Stewardess. Dieses Mal hatte er nicht den Massageknopf seines XXL´s Schlaf- und Liegebettes namens „Ruhe in Frieden“ gedrückt. Dies hier war grausige Realität! „Technische Probleme! Nehmen Sie sofort die

Notsitzposition ein!“, so die knappe Anweisung der Stewardess. In ihren Augen las er sofort die Angst und drohende Gefahr.

Eine Stunde später verschwand das Flugzeug vom Radar und zerschellte in der Einöde eines fernen Landes, das er nie kennen lernen sollte. Mit ihm teilten 297 Passagiere und die gesamte Crew, das gleiche Todes-Schicksal.

Post scriptum: Das Merkwürdige, Unheimliche und zugleich Unerklärliche an diesem Fall war, dass seine Sekretärin, sei es nun aus Vergesslichkeit oder von einer höheren Macht geleitet, sich in der Uhrzeit geirrt hatte und er am Flughafen auf seinen Flug warten musste, der ein paar Stunden später ging als geplant. Er aber, ganz der alte Geschäftsmann, wollte seinen für ihn mehr als wichtigen Geschäftstermin nicht verschieben und hatte alles daran gesetzt, doch noch den vorgesehenen, ursprünglichen Flug zu bekommen-. Er hatte sogar seine guten Beziehungen spielen lassen, um noch einen Platz in dieser Unglücksmaschine zu ergattern.

Hätte er, wie es für ihn vorgesehen war, einen Flieger später genommen, wäre er diesem Unglück entkommen. Er aber entschied sich für diesen Weg,. aus welchen Gründen auch immer. Jeder, so scheint es, trifft selbst die Entscheidungen über sein Leben, auch wenn es das Schicksal, wie in diesem seinen Fall, einmal anders meint.

Fazit: Gottes Wege sind unergründlich und die der Menschen, die diesen beschreiten, nicht minder!

Der Haarpraktiker

„Wissen Sie, was neulich mein Haarpraktiker zu mir sagte, als er meine langen, wunderbar gepflegten Haare sah? Nun, er sagte: Wissen Sie was, Frau M., Ihre Haare sind zwar wunderschön, sehen auch gesund und kräftig aus, aber aufgrund der extremen Länge kommt es zu einer Reizung der Haarwurzeln. Es besteht die Gefahr, dass Sie diese überbelasten und Sie kurz über lang Ihr schönes langes Haar verlieren werden. Ich schlage Ihnen von daher einen zweckmäßigen modischen Kurzhaarschnitt vor, der ohnehin viel besser zu ihrem Typus und Ihrem Alter passt."

Wochen später, nachdem sie mit ihren super kurz geratenen Kurzhaarschnitt, an den sie sich noch immer nicht gewöhnt hatte, herum gelaufen war, hörte sie durch Zufall von einer Bekannten, dass die Ehefrau genau jenes Friseurmeisters, der ihr die Haare raspel kurz geschnitten hatte, ein ernstzunehmendes Eifersuchtsproblem mit ihrem Mann zu haben schien und ihn von daher anwies, seiner Lieblingskundin, die sie in diesem Fall war und zudem äußerst attraktiv und ganz im Gegensatz zu ihr mit wunderschönen langen Haare ausgestattet war, diese abzuschneiden, um die angedrohte Trennung zu verhindern.

Es fiel ihr wie Schuppen von den Augen, als sie die perfide Wahrheit hinter der auch ihr seltsam vorgekommenen Überredung ihres Meisterfigaros und Hairstylisten par excellence erkannte, sie, die sich ansonsten auch gerne einmal hinter den Lügengebäuden und Fassaden der sogenannten High Society versteckte, um nicht zu zeigen, wie klein, traurig und erbärmlich es ihr in Wirklichkeit hinter all dem Glitzerkram und fönigen Dauerwellen ging. Und doch wäre sie von allein nicht hinter diesen gemeinen Vorgang gekommen, der ihr ihre wahrlich als prächtig und mächtig zu bezeichnende Haarpracht genommen hatte.

Als Konsequenz auf diese sie zutiefst verstörenden Gerüchte, ging sie nie wieder zu einem Frisör und ließ ihre blondgefärbten Haare diesmal naturbelassen und „in den Farben der Saison" grauweiß wachsen, um so nicht noch einmal enttäuscht zu werden. Die Unmengen am gesparten Friseurgeld spendete sie fortan einer Stiftung für „Alopezia Haare für die Welt e.V.". So lebten sie und ihre Haare glücklich bis zum Ende und wenn sie nicht ausgefallen sind, so wehen sie noch heute im Wind.

P.S. Der so auf diesem Wege überführte und abgestrafte Maestro der Haarwelt, Meister-Friseur seines Zeichens Figaro, Figaro, Figaro, Fiiii-gaaa-rooo bekam nur kurze Zeit später eine schwere Atemwegsallergie aufgrund des stets und ständigen Umgangs mit den aggressiven Lösungen seiner Färbe- und Haarlackmittel, die ihn zur Aufgabe seines Berufes zwang. Eine vielleicht auch auf diesem Wege schicksalhafte Entscheidung des Lebens durch seine vielen zum Teil bewussten und zum Teil unbewussten mutwilligen Zerstörungsaktionen im Namen der Kunst bei all jenen Frauen, die den passionierten Frauenhasser und Männerliebenden zu sehr an das haarige Ebenbild seiner Mutter erinnerten. Denn sie war es gewesen, der er schon in frühen Zeiten, wohlgemerkt, man höre und staune, nicht nur die Kopfhaare frisieren und toupieren musste, sondern einiges mehr....

Die einzige Frau aber, die er wirklich von Herzen mochte, musste er auf Anordnung und Geheiß seines Lebens- und Geschlechtspartners aus niederen Beweggründen und Motiven der Eifersucht heraus derart verstümmeln und somit entstellen, dass sogar schon der Tatbestand der vorsätzlichen Körperverletzung zum Tragen gekommen wäre, wenn, ja wenn nicht Frau M. sich einsichtig gezeigt und dieses ihr Widerfahrene als Zeichen des Himmels gedeutet hätte, ihr dekadentes und aufgesetztes High-Society-Lifestyle-Wesen und Leben von Grund auf zu verändern.

So braucht es manchmal einen wie auch immer gearteten Zwischenfall, einen auslösenden Moment im Leben, der uns auf wundersame Weise wieder auf das zurückwirft, was wir immer waren, sind und sein werden: Kleine Erdenbürger und Menschen, die gefälligst mit beiden Beinen auf der Erde zu stehen haben, denn da gehören sie hin und sonst nirgendwo. Jeder wie auch immer geartete Höhenflug, wird irgendwann einmal jäh beendet, wenn einem die Luft oder der Treibstoff für die gelebten Idiotien des Lebens ausgeht und man, je höher man stieg, desto tiefer abstürzen und unsanfter landen wird.

Heute lebt unser Meister Figaro nach der Scheidung von seiner Frau, die, wie wir nun wissen, eine zu einem Mann umgebaute Frau war, die sich trotz seines Einlenkens nicht hatte erweichen lassen, von der Sozialhilfe, während sich Frau M. immer noch ihre naturbelassenen Haare im Wasseressigbad spült und den lieben Gott einen guten Mann sein lässt, genau wie ihr vormals überdrehtes und übersteigertes Leben, das letztendlich genauso gekünstelt und aufgesetzt war wie ihre Porzellankronen und auftoupierten Haare von einst.

Die alte Drehtür

Sie hatte alle und alles gesehen, die Armen, die Reichen, die Schönen, die Berühmten, die Berühmt-Berüchtigten, die, die vorgaben etwas zu haben und doch nichts hatten und die, die etwas hatten, ohne es zu zeigen. Sie drehte sich tagein, tagaus und ihr wurde schon bei dem Gedanken daran, wie oft sie sich gedreht hatte, schwindelig. Aber es war nun einmal ihre Aufgabe, die Welt zu trennen von Draußen und Innen, gewissermaßen die Spreu vom Weizen, denn sie war Teil einer Institution, die das selektierte, was getrennt und separiert werden musste, um den hohen Ansprüchen eines Fünf-Sterne-Hotels gerecht zu werden.

Durch sie hindurch schritten Päpste, Könige, Heilige, Adlige und ihre Abgesandten, Diktatoren und solche die es noch werden wollen, der Geldadel und die Möchtegerne, aber auch die Lügner, Betrüger, Hochstapler der Welt und solche, die das alles noch werden wollten, aber auch bedeutungslose Menschen des Fußvolkes, die bemüht waren, ihren Unsere gute bisher stets verlässliche Drehtür hatte sich schon an die hundert Jahre im Kreise der Zeit gedreht und stets einwandfrei ihre Dienste verrichtet. Doch eines Tages machten sich Schwächeerscheinungen bemerkbar. Ihre Gelenke, die zwar immer gut gewartet wurden, waren mit der Zeit doch alt und brüchig geworden. Das Hauptgelenk unserer alten Drehtür gab seinen Geist auf und zerbrach. Es gab einen furchtbaren Ruck, ein Knirschen und Knacken und das ansonsten äußerst belastungsfähige Drehgelenk steckte fest und nichts ging mehr.

So wurde für einen Tag diese Drehtür des weltberühmten Hotels zu einer Sperre für alle jene, die sonst stolz erhobenen Hauptes das Haus betreten wollten. Plötzlich war ihnen der Zugang zu einer Welt versperrt, in der sie, die vermeintlich Großen dieser Welt, nur deswegen einen Zutritt hatten, weil unsere Drehtür es ihnen erlaubte.

Nach diesem peinlichen Malheur wurde sie ausgebaut und durch eine neue Tür ersetzt, eine Flügeltür. Die Zeit der Drehtür war endgültig vorbei, abgelaufen. Niemand wollte sie mehr, diese Drehtür des Lebens und Schicksals zugleich, bei der man auf der einen Seite rein und auf der anderen Seite wieder raus ging. Die großen, an ihre Stelle eingesetzten Flügeltüren erlaubten ein leichtes Aufschwingen und wenn es sein musste, auch ein großes Aufklappen des gesamten Portals, so dass die Menschen hinein und hinaus strömen konnten, aber niemals mehr wurde so wie durch sie selektiert, die alte Drehtür, die zu entscheiden schien, wer es wert war und wer nicht, die heiligen Hallen des altehrwürdigen Hotels zu betreten.

Heute ist sie nur noch Nostalgie und Erinnerung auf alten Fotos. Sie, die so viele Jahre die Menschen voneinander trennt: Mächtig drinnen und Nichtmächtig außerhalb des Hotels, in Arm und Reich, Bedeutsam und Unbedeutsam, Wichtig und Unwichtig. Am Ende ihrer Tage musste sie letztendlich doch einer ganz normalen Flügeltür weichen, die auf eine nicht ganz unähnliche, wenn auch zugegebenermaßen wenig ausdrucksvollen Weise ihre Funktion übernahm.

So ist es nun einmal im Leben, wenn die lieb gewordenen Dinge nicht mehr ihren Zweck erfüllen können, weil sie alt und verbraucht sind und den neuen weichen müssen, die nicht immer besser sind, aber manchmal genauso funktionell daher kommen. Viele verglichen sie, die ihnen liebgewordene Drehtür des Schicksals, wie man sie in den Fachkreisen des erlauchten Klientels des Hotels nannte, auch mit dem Karussell des Lebens und mit jenem merkwürdigen Moment, bei dem die Menschen auf ein sich drehendes Karussell aufsteigen, um eine Zeit lang mitfahrend, wieder abspringen.

Ist das Leben nicht für uns alle wie ein Karussell und die Drehtür Sinnbild dieses sich drehenden Schicksalsrades, das vom Kommen und Gehen der Menschen berichtet, von ihren Erfolgen und Misserfolgen, von ihren Aufstiegen und Abstiegen, von ihren Stärken und Schwächen in einer Zeit, die schneller vergeht, als die Drehung einer in die Jahre gekommenen und ausgemusterten Drehtür des Schicksals, die uns alle betrifft?

Ich denke ja! Herzlichst ihr Portier der Drehtür des Lebens und Schicksals zugleich, der auch noch heute dort auf sie wartet, wo das Leben trennt und man den Drehmoment des Schicksalsrades spürt!

Sturm im Wasserglas

Für ihn, den „alten, erfahrenen Seemann", wie er sich selbst nannte, im Gegensatz zu den „segelnden Hobbykapitänen", war dieser Wind nichts weiter als ein Sturm im Wasserglas. Selbst als dieser noch zulegte und seine umgebaute Rettungsbootnussschale hin und her warf in den mittlerweile bis zu zwei Meter hohen Wellen, blieb er noch ganz ruhig - äußerlich zumindest. Denn als erfahrener Seebär wusste er durchaus um die Gefahren einer steilen, kappeligen See, wie sie dieser langsam zum Orkan aufbrausende Sturm erzeugte.

Seine Frau und seine Enkelin saßen wie zwei kleine, eingeschüchterte Landratten im hinteren Teil des stark in der See auf und abgehenden Bootes und schienen viel mehr als er die drohende Gefahr, die von diesen immer aggressiver werdenden Wellen ausging, zu spüren. Immer steiler, immer bedrohlicher liefen die Wassermassen auf das kleine Rettungsboot zu, ergriffen es mit einer ungeheuren Wucht, die man ihnen nicht zugetraut hätte und schlugen bedrohlich und gefährlich über dessen Bug zusammen, so als wollten sie es gleich mit sich in die aufgewühlten Fluten hinunterziehen. Langsam grauste es nun auch ihm, dem alten erfahrenen Skipper. Denn solch eine wilde, raue See hatte er mit einem so kleinen, eher einer Nussschale ähnelndem Boot, auch noch nicht erlebt. Einst hatte er die sieben Weltmeere befahren, zunächst als Matrose, später als zweiter und erster Offizier bis hin zum Kapitän. Er hatte auf vielen unterschiedlichen Schiffen, die ihre Ladung in aller Herren Länder brachten, hoch oben auf der Brücke der mächtigen Seeschiffe gestanden und sich gegen jedes Wetter Neptuns, dem Gott der Meere, zur Wehr setzen können. Doch noch nie zuvor war er der gewaltigen See so nahe gewesen wie jetzt.

Hatte er sich dieses Mal überschätzt, als er bei ihrem Sonntagsnachmittagsausflug an der Küste zu weit rausgefahren war?

Er hatte sich mit dem ablaufenden Wasser aufs Meer ziehen lassen und bei einer für sein Boot geradezu berauschenden Geschwindigkeit von mehr als acht Knoten sich schneller als gedacht von der Küste entfernt.. Dabei hatte er kaum bedacht, dass er den ganzen Weg mit dem immer noch, nun allerdings auf dem Rückweg, gegen ihn laufenden Wasser der Tide zurück musste. War sein ursprünglicher Plan der gewesen, sich mit dem ablaufenden Wasser rausziehen zu lassen und beim Kippen der Tide mit dem einlaufenden Wasser wieder zurück zu kommen, so musste er jetzt, als das drohende

Unheil in Form dieses furchtbaren Unwetters über sie hereingebrochen war, erkennen, dass sein vermeintlich genialer Plan auf einmal nichts mehr taugte. Denn die Macht des einsetzenden, starken Windes, der ausgerechnet noch die ablaufenden Wassermassen von vorne traf und diese somit auf eine geradezu unberechenbare Art und Weise aufbauten, machte eine sichere Rückfahrt in ihren kleinen schützenden Küstenhafen fast unmöglich. Obschon er die Gefahr erkannte, in die sie geraten waren, fand er nicht den Mut, um Hilfe zu rufen, schon gar nicht mit dem alten Funkgerät, das schon über dreißig Jahre seinen Dienst tat und das er weder angemeldet noch registriert hatte. Das war, wie sich noch herausstellen sollte, ein verhängnisvoller Fehler.

Schon beim Auslaufen hatte seine Frau ihn auf die dunklen, am fernen Horizont aufsteigenden Wolkenbänke aufmerksam gemacht, denen er aber genauso wenig Beachtung schenkte wie der Tatsache, dass an diesem Tag kein anderes Boot draußen war, was er aber damit begründete, dass am Saisonende niemand mehr Lust hatte, sich bei dem ungemütlichen Wetter hinauszuwagen. Er hingegen hatte keinerlei Bedenken, hatte er doch das sicherste Boot der Welt unter seinem Allerwertesten: Ein umgebautes Rettungsboot, das auch bei einer stürmischen See, die in ihren Breiten durchaus üblich war, seine Dienste leistete. So wähnte er sich in Sicherheit, bis er diese steil auf ihn zurollenden Wellenbrecher sah, die ihn schneller als er die Worte „verfluchte See“ aussprechen konnte, mit mehreren Brechern eindeckte.

Die jetzt immer wütendere und aufgewühltere See, die ihn, den Eindringling und todesmutigen Provokateur, zu vernichten schien. Die sich aufbäumenden Wassermasse nahm noch an Stärke und Gewalt zu, als die Sturmfront über das kleine Rettungsboot hinweg fegte. Die Angst saß ihm, seiner Frau und Enkelin im Nacken und kroch in ihre Glieder, machte sie alle bewegungsunfähig und stumm zugleich. Sie waren nichts weiter als kleine, ihrem Schicksal hilflos ausgelieferte Kreaturen, die jetzt nur noch darum beteten, das über sie hereinbrechende Inferno heil zu überstehen, zu überleben.

Unterdessen hatte man am fernen Strand sorgenvoll beobachtet, wie der alte Mann mit seiner Familie hinausfuhr, obwohl die drohende Katastrophe sich in Form der schwarzen Wolkenberge, die sich am Horizont auftürmten, ankündigte. Wie konnte er nur so töricht sein, jetzt noch hinaus zu fahren und dazu noch mit Kind und Kegel fragte sich so manch einer.

Einer von ihnen, ein erfahrener Seemann und Fischer, der das Meer genau so gut kannte, wie einst seine Bräute, die er in jedem Hafen hatte, wusste um die Gefahr auf See. Vorsorglich hatte er daher gemeinsam mit zwei seiner Kameraden ein Boot „sturmtauglich" vorbereitet, soweit dies möglich war. Es kam, wie es nicht hätte kommen müssen: Ein mit drei Mann besetztes, für solch schwere See nicht ausgelegtes Fischerboot, fuhr unter Motor und Sturmfock los, um die in Seenot Geratenen zu retten. Diese trieben hilflos in der wütend-schäumenen See, klammerten verzweifelt an ihrem Boot und litten Todesängste, zumal auch noch der altersschwache Motor ausgefallen war.

Die drei Männer wussten, dass sie die in Not geratene Familie bei diesem hohen Seegang nicht gefahrlos übernehmen (Anmerkung: an Bord nehmen), sondern lediglich bis in den sicheren Hafen abschleppen konnten. Doch selbst diese normalerweise recht einfache Aufgabe, schien jetzt unter den gegebenen Umständen eine besondere Herausforderung zu sein. Die Männer hatten sich schon bis auf wenige Meter an das hilflos in der steilen, von hohen Wellen und Sturm gepeitschten See treibende Rettungsboot heran gearbeitet, als eine besonders steile und gefährliche Welle, in der Fachsprache auch Kaventsmann genannt, das Fischerboot erfasste. So sanken 15m Stahl auf den Grund des Meeres, weil das Boot nur bedingt tauglich war, und die Naturkräfte Sieger blieben.

So waren von einem Moment auf den anderen die Retter selbst zu Schiffbrüchigen geworden. Alles war so schnell gegangen, dass die drei Seemänner nun ihrerseits Hilfe bedurften. Hilflos mit den Armen im Wasser rudernd kämpften sie gegen das gnadenlose Meer Doch die in ihrem kleinen Rettungsboot kauernde Familie, sah den im Wasser Treibenden hilflos zu, hatten sie doch zu große Angst und Panik, selbst über Bord gespült zu werden. So ertranken schon nach kurzer Zeit die im Wasser um ihr Leben kämpfenden Männer vor den Augen der entsetzten, am Ufer sie mit Ferngläsern beobachtenden und doch zur Untätigkeit verdammten Menschen, während das direkt neben den Toten treibende Rettungsboot sich immer noch tapfer, wenn auch mühsam gegen die Naturgewalten zu behaupten wusste.

Der in der Zwischenzeit verständigte Seenotrettungskreuzer konnte nur noch zwei der tot im Wasser treibenden, durch die Kälte erstarrten Männer retten, während der dritte für immer in den Tiefen der See verschwand. Das hilflos ohne Motor treibende Rettungsboot aber wurde nach mehreren

Versuchen von der Besatzung des Rettungskreuzers auf den Haken genommen und in den sicheren Hafen geschleppt.

So endete der leichtsinnige Ausflug eines sich selbst überschätzenden Seebären, der es besser hätte wissen müssen, kannte er doch die See und ihre Gefahren. Dass drei Menschen ihr Leben für einen leichtsinnigen „Salzwassermatrosen" lassen mussten, der die Gefahr des vor der Küste lauernden Unwetters als „Sturm im Wasserglas" abtat, wird nur der verstehen, der sich auf eine andere Betrachtungsebene begibt. Denn wie kann derjenige, der der Verursacher dieser Katastrophe ist, mit dem Leben davon kommen, während drei andere, die ihm zu Hilfe eilen, dafür untergehen? Aber war es nicht auch Leichtsinn der mutigen Helfer, selbst hinaus zu fahren, anstatt die dafür ausgebildeten und weitaus besser ausgerüsteten Seenotretter zu benachrichtigen?

Nun ja, eine Antwort darauf wird es, wie so oft, nicht geben, denn das Leben schweigt und überlässt uns die Entscheidung.

So ließen drei Menschen im guten Glauben, das Richtige getan zu haben, ihr Leben und taten doch genau das Falscheste, das sie hätten tun können, indem sie ihr eigenes Leben für einen anderen opferten, der vielleicht schon des Lebens müde und überdrüssig geworden war und vielleicht sogar schon den Tod im nassen Seemannsgrab gesucht hatte.

Die Inselgucker

Da standen sie nun mit spähendem Auge am weiten Strand und schauten über das Meer hinaus zum Horizont auf der Suche nach ihrer über alles geliebten Insel, die sie so lange nicht mehr besuchen konnten, weil ihnen das Geld für die Überfahrt fehlte. So waren sie aus dem hohen Norden herunter getrampt, hatten dabei all ihre Überredungskünste benötigte, damit die wenigen bereitwilligen Autofahrer si ein Stück ihres langen Weges gen Süden mitnahmen. Nun standen sie hier an der Küste der weit voraus gelagerten Insel ihrer Sehnsüchte und blickten ihren Träumen entgegen.

Doch so sehr sie sich auch anstrengten, sie konnten die kleine Insel mit ihren Bergen in der unendlichen Weite und Einsamkeit jenes Ozeans, der sie zu verschlucken schien, nicht erblicken. So wanderten ihre Blicke bis zum Horizont und doch ins Leere, dort wo sich die weißen Wolkenwände auftürmten und einen Wetterwechsel ankündigten. Die Sonne ging schon im Meer unter und färbte golden rot den Abendhimmel, als sie sich traurig und enttäuscht von diesem farbenprächtigen Szenario, das ihnen eher wie ein Weltuntergang, als eine erfüllende Welt ihrer Träume und Sehnsüchte vorkam, abwandten, weil sie die Insel ihrer unerfüllten Wünsche nicht gesehen hatten. Mit Tränen in den Augen entschlossen sie sich, in ihre alte traurig sie erwartende Welt der verloren gegangenen Gefühle im Binnenland in einer Stadt zurückzukehren, die ihnen, nachdem sie einmal im Paradies gewesen waren, fremd geworden war. Zurückkehren in ein Leben jenseits des gelebten Glücks, dort wo Menschen lebten, die sie und ihre Sehnsucht nach Freiheit nicht verstanden, weil sie schon lange aufgegeben hatten, danach zu suche und stattdessen in einer Welt voller Tristesse und Hoffnungslosigkeit weiterlebten.

Doch genau in dem Moment, als sie sich umdrehen und enttäuscht den Rückweg antreten wollten, erschien am fernen Horizont für einen kurzen Augenblick die Silhouette ihrer über alles geliebten Insel, die sich gleich einer Fata Morgana in der untergehenden Sonne widerzuspiegeln schien, um ihnen zu zeigen, dass es doch möglich war, sie zu erblicken, die Schöne und somit Perle ihrer geträumten Hoffnung von Glück und Freiheit in der blauen unendlichen See, wenn, ja wenn sie doch nur etwas mehr Geduld gehabt und einen kleinen Augenblick länger gewartet hätten auf diesen einmaligen, nie wiederkehrenden Moment ihres Lebens.

Was können wir daraus lernen? Wir können daraus lernen, nie zu früh aufzugeben und immer bis zum allerletzten möglichen Moment zu warten. Denn oft geschieht auch noch dann etwas, wenn wir es schon nicht mehr für möglich halten. Geben wir dann zu früh auf, verpassen wir gerade das, worauf wir uns so sehr freuten und was wir vielleicht nie mehr zu Gesicht bekommen werden. So wie diesen magischen Augenblick, als die Insel der Freiheit im Schein der letzten Strahlen der untergehenden Sonne versank. und mit ihr die Hoffnung sie noch einmal zu erblicken.

Überholmanöver

„Hey du da!“, schien der kleine, rote Sportwagen zum dicken, schwarzen Brummi zu sagen, „Hey du da, mach gefälligst Platz und lass mich rein!“, als er sich auch schon anschickte, auf der relativ kurzen Beschleunigungsspur der Autobahn sich in den dicht fließenden Verkehr einzuordnen, während ihn ein dicker, fetter LKW-Brummi daran hinderte, dieses angestrebte Manöver erfolgreich zu Ende zu bringen. Genervt hupte der jetzt zornesrote, der Farbe seines Autos gleichende Kraftfahrer, wobei es ihm in diesem Moment eher vorkam, als wäre er ein Schwachfahrer, oder um es noch zu steigern, ein fahrender Schwachmat, der nicht in der Lage war, sein hochkarätiges, mit modernster Technik ausgerüstetes, perfekt gestyltes, rennwagenmäßig daherkommendes, feuerrotes, breitreifenbespicktes Spielmobil der Extraklasse oder auch Rennauto für Möchtegernfortgeschrittene so zu beherrschen, dass er Manns genug gewesen wäre, in diese zwar enge und schwierige, aber dennoch mögliche Lücke zwischen Brummi 1 und Brummi 2 hinein zu finden.

Jedoch machte ein kleiner Moment der Unachtsamkeit diese Chance unwiderruflich zunichte und so fuhr er jetzt schon einen halben Kilometer fluchend und wild gestikulierend auf dem Standstreifen neben dem unbelehrbar und sturköpfig scheinenden LKW her, ohne dass dieser ihm eine Chance gab, auf die doch allen gehörende Autobahn gen Süden zu kommen.

Dass unser Brummifahrer schon sage und schreibe tausend endlose Straßenkilometer im Kreuz hatte, wusste unser Sportwagen fahrender Minimachomann genauso wenig wie von der Tatsache, dass der total übermüdete Fahrer ihn von seiner, wenn auch erhöhten, so doch sichtbehinderten Position aus, gar nicht wahrgenommen hatte. Hätte er dieses alles gewusst, dann wäre ihm vielleicht der jetzt folgende folgenschwere Fahrfehler und der damit nach späteren Zeugenaussagen rekonstruierte Unfallhergang wohl erspart geblieben, als er urplötzlich sein kleines, feuerrotes Spiel- oder besser gesagt Rennmobil wie von Sinnen oder Geisterhand bewegt - darüber konnte man sich unter den vielen Zeugen später nicht mehr einigen, zu konfus und zu aufgeregt schilderten sie das sich vor ihnen abspielende Drama auf der Autobahn – vor dem gemütlich vor sich hinfahrenden LKW lenkte, um ihn in einer geradezu verzweifelten, endgültig bezwingenden Attacke dazu zu zwingen, ihm den gebührenden Platz zu machen zur freien und uneingeschränkten Benutzung des immerhin öffentlichen Fahrraums, in Form des zweifelsohne überlasteten aufgrund des hohen Verkehrsaufkommens.

So kam es dann, wie es kommen musste oder besser gesagt nicht hätte kommen sollen: Ein furchtbarer Knall, ein gewaltiger Stoß und unser kleiner Sportwagen nebst Inhalt landete in Mutter Naturs Schoß. Der schon mehr als unkonzentrierte, weil schläfrige, vor sich hindösende Brummifahrer hingegen vernahm nur einen leichten Schlag, denn das voll aufgedrehte Radio, das verhindern sollte das er ganz einschlief, gab ihm das Gefühl, sich eher in einer rollenden Diskothek zu befinden, als in einem mit achtzig Stundenkilometern dahin zockelnden Riesengefährt und der Ruck, den er bis ins Lenkrad spürte, hätte durchaus auch ein auf der Straße liegender Stein oder ein fliehendes Tier sein können, von denen er schon mehr als einmal eines überfahren hatte.

Der Sportwagenfahrer hingegen hatte Glück im Unglück, denn er kam mit einigen Beulen und Schrammen und einem blauen Auge im wahrsten Sinne des Wortes davon und zweifelsohne um eine Erfahrung reicher, die da unmissverständlich lautete: Leg dich nicht mit Größeren an und wenn, dann, ja dann plane die Landung auf jeden Fall weicher ein, als diese nun hier hingelegte bei dem er sein feuerrotes Spiel- und Knattermobil vollkommen zerriß!

Und was sagt uns diese kleine Geschicht?
Provozier du einen Brummi nicht
Und wenn doch, dann nur dann
Wenn der Krieg, den man begann, auch gewonnen werden kann
Ohne Beulen und Blessuren
All jener, die das kleinere Auto fuhren!

Rennfahrer wider Willen

Er war ohne jeden Zweifel ein wahrlich begnadeter Rennfahrer, einer jener, die „den Wagen mit dem Hintern zu steuern wusste wie man in der Branche zu sagen pflegte. Einer also, der genau wusste, wie man die Gänge zum richtigen Zeitpunkt schalten und die Kurven zu nehmen hat, um nicht aus den selbigen hinausgetragen zu werden und die entsprechende Zeit einzufahren, die es gut zu machen gilt gegenüber der unerbittlichen Konkurrenz. Denn nur so kann er immer wieder als Erster - wenn auch manchmal nur knapp - die Ziellinie überfahren, um den „schwer heraus gefahrenen" Sieg davon zu tragen.

Auch gehörte er zu jenen, die dem illustren Treiben eines Lebemannes nicht abgeneigt waren. Auf Festen nach den Siegen trank er zu viel trank, feierte er doch, wenn er feierte zu intensiv. Eines Tages wurde er nach seiner Siegesfeier von der Polizei gestoppt und man stellte bei ihm einen Alkoholspiegel von sage und schreibe 2,8 Promille fest. Klar, dass ihm sofort seine Fahrerlaubnis entzogen wurde und er seinen Wagen nicht mehr fahren durfte. Das jedoch hielt ihn, den Draufgänger vom Dienst, nicht davon ab, sich telefonisch von einem Freund einen anderen Wagen auszuleihen. Kaum aus der Sicht der Polizeibeamten stieg er eiligst in den Wagen und fuhr weiter als wäre nie etwas geschehen. Dass dies jedoch nicht im Sinne der Polizei und letztendlich auch nicht in seinem war, wurde ihm einige Kilometer später auf schreckliche Art und Weise bewusst, als er mit Vollgas und völlig außer Kontrolle in ein anderes Fahrzeug hineinfuhr, das er in seinem stark alkoholisierten Zustand übersehen hatte.

Er überstand den Unfall nur, weil er, aus welchen glücklichen Umständen heraus auch immer, nicht angeschnallt gewesen war und aus dem Wagen auf eine nahe Wiese herausgeschleudert wurde, wo er zwar mit einigen Knochenbrüchen und inneren Verletzungen schwer verletzt liegen blieb, aber dennoch überlebte. Das konnte man von jenen, denen er in die Seitentür hineingefahren war, nicht sagen, denn sie verreckten elendig am Unfallort.

Mit diesem schrecklichen Unfall war seine Karriere beendet und der musste sich vom Rennsport verabschieden, den er freiwillig nie hätte aufgeben wollen. Doch nun blieb ihm nur noch der Rückzug ins Privatleben. Trotz aller Sanktionen und dem Schock über den letzten Unfall wollte er dennoch nicht darauf verzichten, das wunderbare Gefühl vieler PS eines unzähmbar scheinenden Rennboliden unter seinem Hintern zu spüren. So ersann er eine geniale, gleichzeitig aber auch verrückt scheinende Idee. Er bockte unten in seiner Garage einen alten, ausgemusterten Rennwagen auf, den er relativ stabil durch ein Stahlgerüst, auf das er stand, fixierte , so dass die Räder in der Luft hingen und er mit Hilfe eines Abgasschlauches die zweifelsohne hochgiftigen Abgase nach außen leitend, hier weiter seine Rennen, wenn auch in abgespeckter Form, aber dennoch im Vibrationsrausch der nicht mehr vorhandenen Geschwindigkeit fahren konnte, die er aufgrund des Fahrverbotes nicht mehr hatte fahren können.

Mag es auch kindisch verspielt, ja geradezu verrückt klingen, dass ein erwachsener Mann in seiner Garage in einem alten, ausgemusterten Boliden saß, die Gänge hoch und runter schaltete als würde er durch die Kurven von Le Mans fahren. Doch für ihn war es ein entspannender Ausgleich und Nervenkitzel zugleich, mit Vollgas und dröhnendem Motor durch die imaginären engen Kurven einer nicht vorhandenen Rennstrecke zu fahren. Er war im Grunde genommen immer noch der gleiche, verantwortungslose Draufgänger und Tunichtgut. In seinen Träumen und seiner Garage jagte er weiter den Siegen hinterher, die es für ihn nicht mehr zu holen gab. Er war jetzt ein arbeitsloser Ex- Rennfahrer mit dem wilden Herzen eines zügellosen Lebemannes. Als leidenschaftlicher Rennfahrer hätte er sich sofort in jeden nur erdenklichen fahrbaren Untersatz gesetzt, um weiter den Rausch der Geschwindigkeit zu spüren und so seinem nun tristen Leben zu entfliehen. Im Prozess, der einige Monate nach dem Unfall stattfand, verlor er nicht nur endgültig seine Lizenz als Rennfahrer. Ihm wurde eine besondere Schwere seiner Schuld vorgeworfen, da er als Berufsfahrer letztlich eine besondere Verantwortung und als Rennfahrer eine Vorbildfunktion innehabe.

So ging er nach Prozessende betrübt und traurig in seinen Keller, so wie er es schon in den vergangenen Monaten oft getan hatte. Startete seinen siebenhundert PS starken Boliden, setzte sich hinein und gab Gas, um den röhrenden Motor aufheulen zu lassen. Er wollte wieder das Gefühl spüren mit geschlossenen Augen über die Piste zu jagen, jenseits aller Grenzen und mit einer Geschwindigkeit, die atemberaubend und nervenaufreibend zugleich war. Um den realen Verlauf eines Rennkurses noch realistischer zu gestalten, hatte er sich einen großen Projektor zugelegt, der ihm auf einer Großbildleinwand die Kurse der entsprechenden Rennstrecke aus der Sicht eines Rennfahrers mit einer Bordkamera darstellte. Auf diese Weise hatte er das Gefühl, noch einmal über jene Pisten zu fliegen, die er nun für immer nicht mehr befahren durfte.

Als er jedoch in einen der höheren Gänge schalten wollte, verhakte sich dieser und die nicht korrekt getretene Kupplung führte dazu, dass der eingelegte Gang mit einer derartigen Wucht in das Getriebe schlug, dass wie von einer unsichtbaren Faust das Rennauto gepackt und von seiner ansonsten sicher scheinenden Konstruktion heruntergerissen wurde und auf den Boden knallte. Wie von Geisterhand raste der Wagen mit einer unvorstellbaren Geschwindigkeit auf die gegenüberliegende Wand des Kellerraums zu.

Da er weder angeschnallt war noch einen Helm trug, war der Aufprall für unseren Fahrer derart schrecklich, dass man nachher Schwierigkeiten hatte, ihn aus seinem, bis auf die Sicherheitszelle zusammengestauchten, massivst deformierten Renngeschoss heraus zu holen. Er schien merkwürdiger Weise bis auf einige Platzwunden am Kopf relativ unverletzt zu sein, doch bei näherer Betrachtung der Umstände und seines Zustandes erkannte man sehr schnell, dass der Kopf in einer seltsamen Weise nach links unten abgeknickt war, so dass der Fachmann sofort wusste, was das zu bedeuten hatte: Genickbruch. Er war ungeschützt zuerst nach vorne und dann nach hinten gegen die hintere Sicherheitsstütze und den Überrollbügel geknallt, weil er wie schon gesagt nicht angeschnallt gewesen war und so ein leichtes Spiel der von ihm freigesetzten unkontrollierbar gewordenen Kräfte wurde.

So endete nun definitiv, unverrückbar und somit endgültig ein junges, hoffnungsvolles Leben, das er vielleicht noch als Rennfahrer seines Zeichens, zügelloser ungebremster Draufgänger und lebensmüder Formel Eins Pilot, vor sich gehabt hätte und eine Karriere, die ihresgleichen suchte hier in der alten, muffigen Garage seines Elternhauses, die er nach dem Tod dieser übernommen hatte. Und grotesker Weise starb er bei der Ausübung seines über alles geliebten Berufs und Hobbys in einer Situation, die furchtbarer nicht hätte sein können und doch zu seinem Leben passte, wie die berühmte Faust aufs Auge, die er bei jedem eingefahrenen Sieg dem jubelnden Publikum aus seinem Cockpit am ausgestreckten Arm entgegen ballte, war er doch wild und unberechenbar und hatte gegen jegliche Vernunft gelebt, die ihm hätte sagen müssen, wo die Grenzen seines Tuns und Handelns anfangen und aufhören, geradeso wie man es von einem erwartet, der als Sieger durch die Welt geht und nicht als Verlierer sein Leben an die Wand fährt und das anderer Unschuldiger noch dazu.

So starb er wie er lebte, einsam und allein, als ein Rennwagen fahrendes, unbelehrbares Rennschwein, wie ihn die titulierten die nun sein Erbe fortführten, in dem Glauben das das Richtige zu tun, obwohl wir nicht immer das Richtige zu tun geruhn, wie diese Geschichte zeigt, wo einer wieder einmal die Chance das Richtige zu machen, vergeigt.

Der Rezeptionist

„Der Rezeptionist ist ein chauvinistisches Schwein!“, schrieb mit rotem Lippenstift die Dame, die beim Einchecken leider nur eine alte, abgelaufene Kreditkarte vorweisen konnte und dementsprechend kurz abgewiesen wurde, auf den Tresen in der Empfangshalle jenes Hotels, das doch in der Vergangenheit oft ihr zweites Zuhause gewesen war. Dass sie noch bis vor kurzem zum Hochadel des Jetsets gehört hatte und Partys schmiss, die mehr Geld verschlangen als der Tagesumsatz dieses Grand Hotels, spielte jetzt, nachdem sie von ihrem Mann wegen eines miesen Flittchens, geradeso eines, wie sie selbst einmal eine war, bevor sie die damalige Dame des Hauses ablöste, jetzt selbst verlassen worden war, genauso wenig eine Rolle wie ihr guter Ruf, der ihr stets vorauseilte, genauso wie jetzt die Nachricht, dass sie pleite war.

Vor lauter Wut so abgefertigt worden zu sein, schrieb sie also mit ihrem sündhaft teuren Lippenstift Marke „Ladykiller“ diese letzte Grußbotschaft auf die Vorderfront des Tresens, bevor sie ihre sieben Sachen nahm und für immer verschwand.

Merke: Geld macht Leute und Leute machen Geld! Aber wer keines mehr hat, ist genauso schnell wieder vergessen wie die letzte Benefizparty im „Grand Hotel zur verlorenen Glückseligkeit“, denn an Versager verschwendet niemand mehr einen Gedanken!

Darum sollte man stets versuchen, wenigstens mit einem Bein auf der Erde zu bleiben, falls einem das andere einmal abhandenkommt, weil es gerade vom Schicksal einem unter dem Körper weggeschlagen wird. Es sieht zwar nicht gerade lustig aus, auf einem Bein durch die Gegend zu hüpfen, aber immer noch besser, als auf die Fresse zu fallen, die man vorher immer aufriss und jetzt für immer gestopft bekommt, allerdings nicht mit Geld anderer, die dafür bluten müssen, sondern vielmehr mit dem Dreck, den schon ganz andere vorher schlucken mussten, nämlich all die, die Opfer derer wurden, die sich an ihnen bereicherten.

Hochmut kommt vor dem Fall, überall und auf jeden Fall! Sagt der Laie und freut sich, sieht er doch außer dieser Geschicht‘, das Land auf dem er untergehend steht, nicht.

Der überraschende Fund
Oder die verpasste Chance

Sie fuhren mit ihrem Wagen über die nicht enden wollende Landstraße einer für sie namenlosen Provinz, als sie urplötzlich in dieser für sie lebendig gewordenen Ödnis, vor sich auf der Fahrbahn einen zugeschnürten, kleinen Plastiksack sahen, den irgendjemand verloren zu haben schien. Spontan, ohne sich abgesprochen zu haben, schoss ihnen beiden, die schon seit langem unter großen Geldproblemen zu leiden hatten, der Gedanke durch den Kopf, dass dies vielleicht eine Tüte mit einer Million Penunzen sein könnte, die hier vielleicht ein flüchtiger Bankräuber verloren hatte.

Dieser, wenn auch verrückt scheinende Gedanke beflügelte sie so sehr, dass sie nach einer Vollbremsung und Kehrtwendung um 180° im Schweinsgalopp auf die immer noch auf der Straße liegende Tüte zurasten. Als sie sich jedoch ihrem Objekt der Begierde zielstrebig näherten, stellten sie erschrocken fest, dass von der anderen Seite her gleichfalls ein anderer Autofahrer die „Beute“ entdeckt haben musste, weil er, von einem Moment auf den anderen ebenfalls Gas gebend, sich diesem näherte. Doch einmal ihr Ziel ins Auge gefasst, ließen sie sich keinesfalls durch einen unliebsamen Mitstreiter beirren und fuhren mit dem gleichen halsbrecherischen Tempo darauf zu wie ihr Konkurrent mit der Folge, dass irgendwann einmal einer der beiden sein mörderisches Tempo hätte verlangsamen müssen, um noch rechtzeitig vor der vermeintlich mit Geld gefüllten Tüte stoppen zu können. Das gelang aber, wie es aussah, nicht mehr und so prallten mit ca. 80-90 Stunden Kilometer zwei vollkommen verrückt gewordene, geldgierige, die Kontrolle über sich selbst verlierende, habgierige Halbverrückte aufeinander und zermalmten sich in einem mehr als verrückt zu bezeichnenden Unfall gegenseitig. Das Objekt der Begierde aber flog durch den furchtbaren Aufprall in einem hohen Bogen in den naheliegenden Straßengraben und blieb dort wie ein belangloses Stück Abfall liegen.

Im Nachhinein betrachtet kann man sagen, dass eine mit Geldscheinen gefüllte Plastiktüte auf der Straße liegend das Leben dreier Menschen forderte, die davon ausgingen, etwas sie sehr Reichmachendes darin vorzufinden, so dass sie ihr Leben leichtsinnig aufs Spiel setzten und selbiges verloren. Das daraus zu ziehende Fazit wäre, nicht immer zu glauben, dass das, was man zu sehen meint, auch dem entspricht, was es in Wirklichkeit vielleicht gar nicht ist, nämlich das Geld eines Bankräubers, sondern nur achtlos weggeworfener Abfall jener dummen Leute, die ihn auf die Straße warfen. Denn oft trügt der Schein und so sollte man auf keinen Fall sein Leben für so eine verrückte Sache, die noch nicht einmal sicher ist, aufs Spiel setzen, denn es ist es zweifelsohne nicht wert, für eine achtlos weggeworfene Mülltüte voller Abfallreste sein Leben aufs Spiel zu setzen, um so womöglich, wie in diesem Fall, Opfer seiner eigenen Habgier zu werden.

Der Tod mit den blitzenden Zähnen

Sie waren zwei hoffnungslos verlorene Fußgänger auf einer einsamen, unbeleuchteten Landstraße, bekleidet mit schwarzen T-Shirts und dunklen Hosen auf dem direkten Weg hinein in den bereits auf sie wartenden Tod, wie es schien, denn der ihnen entgegenkommende Autofahrer erkannte nichts weiter, als ihre weißen, fahlen Gesichter mit den schreckensweit geöffneten Augen und den nicht weniger weit aufgerissenen Mündern mit den darin befindlichen weißen Zähnen. So wurden sie überfahren, die beiden armen Teufel, die betrunken am Straßenrand hin und her schwankten und dabei ein viel zu frühes Ende fanden, weil sie nicht verstanden, in welcher tödlichen Gefahr sie sich befanden. Das einzige Tröstliche an ihrem Tod war die Tatsache, dass sie so besoffen waren, dass sie es nicht einmal richtig wahrnahmen, als es sie erwischte.

So war es nicht der Tod mit den blitzenden Zähnen, der ihnen entgegen kam, sondern sie selbst waren zu diesem geworden, als sie im Scheinwerferlicht des ihnen entgegenkommenden Fahrzeuges geblendet und irritiert nichts mehr tun konnten, als aufzuschreien, was bei dem sie überfahrenden Unglücksfahrer den Eindruck erweckte, im Augenblick des tragischen Unfalls, die eingefrorenen Gesichter des Todes mit den blitzenden Zähnen vor sich zu haben. So beschrieb es auch der dem Unglücksfahrzeug nachfolgende Fahrer, als er für einen kurzen Augenblick die schreckensweiten Augen, die entstellten, von Todesahnung und Panik verzerrten Gesichter und blitzenden Zähne der Todgeweihten sah.

Die ein halbes Jahr späte erfolgende Gerichtsverhandlung gegen den Unfallverursacher und Fahrer des Todeswagens erbrachte, dass erkeine Chance gehabt hatte, da die beiden Betrunkenen direkt in der Mitte der Fahrbahn in seinen Wagen hinein gelaufen waren und ihm so keine Ausweichmöglichkeit ließen.

Dass jedoch der Fahrer, dem das Unglück passierte, eine lebenslange Psychose aufgrund des erfahrenen Unfalltraumas davon tragen sollte, war genauso tragisch und traurig zugleich wie die Tatsache, dass zwei junge Menschen ihren Tod finden mussten, weil sie nachts total besoffen mit ihrer schwarzen Kleidung dem Tod mit den blitzenden Zähnen in die Arme liefen und selbst zu einem Teil von diesem wurden.

Die Schlittenfahrt

Er fuhr einen alten, klapprigen Campingbus, Marke „fahrende Rostlaube“, der mehr vom Dreck und Farbe zusammengehalten wurde und dem guten Willen seines Besitzers, als der Kraft, Stärke und Festigkeit der Materie, die ihm einst inne wohnte.

So war er wie jedes Jahr unterwegs zu seinem geliebten Feriengebiet in die Berge, dort, wo der Schnee am höchsten lag. Vorsorglich wählte er für diese Tour die alte gebrauchte, „rundum erneuerte“ Mischbereifung, zumindest für die Antriebsräder im hinteren Bereich. Vorne beließ er es bei den Sommerreifen, die von ihrem Profil her fast den Slicks eines Rennwagens entsprachen. Konkret bedeutete dies, dass sie fast vollkommen glatt und somit ohne Profil waren. Aber was soll´s, dachte er noch, er, der nun einmal kein Geld für, wie er fand, „überflüssige Anschaffungen“ hatte, wenn es doch auch so ging. Hauptsache, die alte Kiste lief noch und brachte ihn an den Ort seiner Träume. Die Schneeketten für die Hochalpinstraße hatte er sich Secondhand auf dem Flohmarkt besorgt. Dass schon einige Glieder im Laufe der Zeit so abgenutzt waren, dass sie kurz vor dem Durchbruch standen, schien ihn auch nicht weiter zu stören, waren sie doch günstig gewesen und einem geschenkten Gaul schaut man nun eben nicht immer ins offene Maul.

So fuhr er vergnügt und frohgemut die mehr als tausend Kilometer lange Strecke zu seinem über allem geliebten Winterort in froher Erwartung des dort antreffenden Schnees. Schon auf einer Höhe von weniger als siebenhundert Metern war die Schneedecke so hoch, dass die Straße kaum noch befahrbar war. Daher war es an der Zeit, seine Schneeketten anzulegen. Diese Prozedur kostete ihn allerdings mehr Kraft und Anstrengung, als die letzten hundert Kilometer der fürwahr langen Strecke zu seinem Urlaubsort.

Als sie dann endlich befestigt waren, fuhr er gutgelaunt, weiter Dabei wähnte er sich auf der sicheren Seite des Lebens und spürte den außerordentlich starken Grip, der sich nun in die feste Schneedecke verbeißenden und hart arbeitenden Schneeketten. Er musste nur noch einen kleinen Pass überwinden, um dann in das ihm wohl vertraute und geliebte Tal hinunter zu fahren. Weil es gerade so gut lief und er so guter Laune war, ließ er den Wagen laufen, wie er laufen wollte. Dabei überschritt er die für die Schneeketten zulässige Höchstgeschwindigkeit von 50 km/h. Wie ein Halbwahnsinniger rauschte er, wie es später diejenigen beschrieben, die ihn bei dieser Aktion beobachten konnten, den steilen Bergpass hinunter.

Es wunderte ihn selbst, wie gut sein alter, klappriger, hochbetagter Bus auf der schneebedeckten, eisglatten Straße lag und konnte es gar nicht fassen, wie leichtgängig die Lenkung über die immer steiler abfallende Straße glitt. Eigentümlicher Weise verschwand ab 50 Stundenkilometer dieses seltsame, ihn stets und ständig begleitende Geräusch der rumpelnden Schneeketten und es lief wie geschmiert, im wahrsten Sinne des Wortes, als er mit nahezu 70 km/h die steile Passstraße hinunter rauschte.

Obwohl alles so gut lief, beschlich ihn doch das merkwürdige Gefühl, dass irgendetwas nicht in Ordnung sein könnte. Da er aber nichts Beunruhigendes an seiner rasanten Talfahrt erkennen konnte, setzte er diese unverzüglich im gleichen, eigentlich viel zu hohen Tempo für diese Straßenverhältnisse, fort. Als er nach ca. einer halben Stunde wohlbehalten und glücklich unten im Dorf ankam und seinen ersten Bremsversuch vor dem Ortseingangsschild durchführte, hatte er den Eindruck, als würde er sich mit dem Hintern auf einer Eisbahn bewegen, denn sein Gefährt kam und kam nicht zum Stehen. So rutschte er, nachdem auch noch das Heck des Wagens ausbrach, fast querstehend zur Fahrbahn in den kleinen Ort hinein und kam Gott sei Dank wohlbehalten in einer Schneewehe zum Stehen. Der Schreck saß ihm noch in den Gliedern, als er ausstieg, um sich den durch ihn verursachten Schaden anzuschauen. Da sah er aus den Augenwinkeln heraus einen wild und aufgeregt hinter ihm herlaufenden Mann, der gerade aus seinem Wagen ausgestiegen war um ihm – er konnte es kaum glauben – die von seinen Reifen abgegangenen Schneeketten zurück zu bringen.

Er war sage und schreibe zehn Kilometer den steilen Pass hinunter gefahren, ohne irgendeinen Schutz gegen die mörderische Glätte, denn nach Aussagen des Mannes, der die Schneeketten für ihn auflas, war ihm schon nach der ersten Serpentine das Malheur passiert, bei dem sich beide Ketten aufgrund der überhöhten Geschwindigkeit von den Reifen gelöst hatten. So war er, in dem Glauben, sicher und gut durch die angebrachten Schneeketten ausgerüstet zu sein, mit einer weit über das erlaubte Maß gehenden Geschwindigkeit und zehn Schutzengeln diesen Wahnsinnsberg hinunter gerast, nicht ahnend, wie nahe er an der Katastrophe vorbei geschlittert war. Jetzt, im Nachhinein betrachtet, wo er die selbst für ihn erschreckende Nachricht erhielt, was tatsächlich vorgefallen war, schlotterten ihm die Knie und er konnte sein Glück kaum fassen, dass er nur wenige Meter an den steilen Abhängen, von denen er nur durch einen kleinen Steinwall getrennt war, sicher herunter gebraust war, ohne dass ihm etwas passierte.

Nie wieder, so schwor er sich, würde er so leichtsinnig sein, die zulässige Höchstgeschwindigkeit für Schneeketten zu überschreiten und er würde sich stets davon überzeugen, dass sie wirklich noch auf den Reifen wären. Diese Nacht feierte man im alten Dorfkrug „Zum zerbrochenen Ski", noch lange die wundersame Begebenheit einer glücklich ausgegangenen Beinahekatastrophe und dankte mit dem feuchtfröhlichen Gelage auch jenen ihn umgebenen Schutzengel, um daraufhin schnell wieder den für alle geradezu schockierenden Vorfall eine beinah Unfalls der übleren Sorte, war er doch nicht der erste der auf diesem Wege ins Tal stürzte, den er mit seinem alten Bus ausgelöst hatte, zu vergessen.

Tage später machte er sich auf den Rückweg, diesmal mit der vorgeschriebenen Geschwindigkeit und der entsprechenden Umsicht und Weitsicht. Als er jedoch die Berge hinter sich gelassen hatte, kam wieder der alte Übermut in ihm auf und so fuhr er wie eh und je waghalsig und rasant, bis er dann kurz vor seiner Heimatstadt auf regennasser Fahrbahn ins Schleudern oder besser gesagt Schwimmen, aufgrund von Aquaplaning geriet und mit seinem Bus frontal in die Leitplanke raste. Zu allem Überfluss fuhr ihm dann noch ein nicht mehr ausweichen könnender Kleinlaster hinten rein und quetschte ihn so fest in die Seitenbegrenzung, dass er, eingeklemmt in seinem Bus, sich nicht mehr bewegen konnte.

Ehe die Rettungskräfte eintrafen, fing sein armer alter Campingbus aufgrund einer gerissenen Dieselleitung zudem noch Feuer und der Wagen begann im Nu lichterloh zu brennen. Niemand der Umherstehenden war in der Lage, den Brand mit an Bord befindlichen Feuerlöschgeräte zu löschen und so kam es, wie es kommen musste: Er verbrannte in seinem eigenen so geliebten Wohnmobil, das durch seinen Leichtsinn zum Wrack wurde. wDas einzig tröstliche war, dass er nicht mehr viel von den Schmerzen des ihn verzehrenden Feuers spürte. Aufgrund der schweren Kopfverletzung war er derart benommen und betäubt, dass es ein einigermaßen gnädiger Tod wurde, wie es die diesem Ereignis beiwohnenden Zeugen später zu Protokoll gaben. Selbst seine um ihn bemühten Schutzengel konnten ihm nicht mehr helfen, saßen doch die Retter auf der anderen Seite der Autobahn fest, gleichfalls in einem Stau, der allerdings durch die neugierigen Gaffer ausgelöst worden war, die den Unfall genau beobachten wollten und so auf diesem Wege einen gleichfalls katastrophalen Auffahrunfall provozierten.

Und die Moral von der Geschicht:
Fahr waghalsig mit alten Autos nicht

Schon gar nicht in den Winterurlaub rein
Denn es könnt der letzte dieser Art gewesen sein!
Ach ja und vergiss nicht die Reifen zu kontrollieren,
weil sie oft zu der Art von Unfällen führen,
wenn man mit abgefahrenen Schlappen fährt und unlängst so
eine hoffentlich doch nicht zu erfahrene Katastrophe erfährt.

Zickzackkurs,
Hummel Hummel, Mors Mors

Sie fuhren Zickzackkurs auf eine Art, die der Fahrweise eines sturzbetrunkenen Kapitäns hätte entsprechen können, weil sie nicht in der Lage waren, den Kurs so zu halten, wie es ihnen der Kompass diktierte, war doch ihr Autopilot ausgefallen, ihre Ruderanlage defekt und ihr Einschätzungsvermögen für einen Geradeauskurs weitestgehend durch einen entsprechend hoch alkoholisierten Allgemeinzustand eingeschränkt, der es ihnen nicht erlaubte klar zu denken, geschweige denn zu handeln. Ihren Kurs zu verfolgen, wäre nicht weiter schwer gewesen, konnte man doch anhand der im Wasser schwimmenden, über Bord geworfenen leeren Bierdosen, die noch lange Zeit vor sich hindümpelten, bis sie dann irgendwann in den Wellen untergingen, erkennen, wohin sie fuhren.

Sie waren im Laufe des Tages durch ihren Zickzackkurs die doppelte Strecke gefahren, die sie eigentlich hätten fahren sollen und kamen unversehens in die einbrechende Dunkelheit und somit alles in Schmerz einhüllende Nacht hinein. Das wiederum führte zusammen mit ihrem ohnehin schon eingeschränkten Urteilsvermögen zu einer kleinen Katastrophe, als sie schnurstracks oder besser gesagt geradewegs in ihr drohendes Unheil fuhren. Übersahen sie doch den vor ihnen mit seinem riesigen Bug auftauchenden, knapp dreihundert Meter langen Riesentanker, der sie mit seiner noch größeren Bugwelle fast umgeworfen hätte, ihnen aber wahrscheinlich gerade durch diese das Leben rettete, trieben sie doch auf dieser an seinem gewaltigen Stahlrumpf schrammend vorbei, um danach wieder ihrem Schicksal in der Dunkelheit überlassen zu werden.

Nichts von dem großen Glück ahnend, dass sie gerade noch einmal mit ihrem Leben davon gekommen waren, steuerten sie „zielstrebig in ihrer Unzielstrebigkeit“ weiter auf dem Kurs, der ihnen gerade beliebte, und kamen so, ohne es zu wollen, in die gefährlichen Untiefen jenes von Gezeiten beherrschten Wattenmeeres, wo sie letztendlich auf einer vorgelagerten Sandbank aufliefen. Das wäre an und für sich nicht einmal so tragisch gewesen, denn es war gerade ablaufendes Wasser und sie wären zwar äußerst unkomfortabel trocken gefallen, also mit ihrem Schiffsrumpf auf dem Meeresboden aufgesetzt, aber immerhin noch so, dass sie mit etwas Einsatz bei auflaufendem Wasser und somit Flut wieder freigekommen wären.

Doch mit ihrem dröhnigen, vom Alkohol benebelten Kopf, erkannten sie nicht die sich ihnen bietende Möglichkeit, hier ihren Rausch auszuschlafen. Nein, sie wollten unbedingt, aus welchen Gründen nun auch immer, Hilfe holen, weil sie in der Ferne das Licht eines einsamen Gehöfts erkannten und meinten, dort problemlos hinlaufen zu können. Gesagt, getan. Sie verließen ihr Boot und gingen schnurstracks durchs Watt in Richtung des einsamen, in der Dunkelheit scheinenden Lichts, bis sie erstaunt feststellten, dass die Entfernung zu diesem weiter war, als sie es sich vorgestellt hatten und ihre mittlerweile schweren Beine sie tragen konnten.

So machten sie sich schleunigst auf den Rückweg, doch leider hatten sie vergessen, ihr Boot zu beleuchten Das führte dazu, dass sie, obwohl es nur einige hundert Meter von ihnen entfernt lag, an ihm vorbeiliefen in dieser für sie verfluchten rabenschwarzen Nacht. So liefen sie in eine gefährliche Richtung, einem offenen Priel zu, einer Art Fluss auf dem Meeresgrund, der die gewaltigen Mengen des im Watt sich aufstauenden Wassers nach draußen aufs offene Meer beförderte. Erschrocken mussten sie irgendwann in dieser für sie vermaledeiten Nacht feststellen, dass sie diesen nicht durchqueren konnten und gerieten in Panik, wussten sie doch keinen Ausweg mehr.

So waren wertvolle Stunden verloren gegangen, die sie gebraucht hätten, um wieder zu ihrem Boot zurück zu kehren oder sich anderweitig in Sicherheit zu bringen. Denn als das Wasser mit der auflaufenden Flut zurückkam, war ihre Lage aussichtslos. Obwohl es ein spätsommerlicher Tag mit angenehmen Temperaturen gewesen war, war ihnen doch hier in der feuchten Kälte der Dunkelheit klamm geworden und es fröstelte sie, sicherlich auch vor Angst. Durchgefroren und mit einem mehr als ungutem Gefühl versuchten sie, mit ihrem immer noch vom Alkohol benebelten Schädel, eine klare Entscheidung zu treffen, die doch letztendlich schon vom Leben, oder war es eine höhere Schicksalsmacht, getroffen worden war.

So kam es, wie es kommen musste: Sie ertranken jämmerlich in den auflaufenden Fluten des zurückkehrenden Meeres, während ihr Boot nur einige hundert Meter von ihnen entfernt, sich in Sicherheit befindend, aufschwamm und Tage später gefunden wurde. Unversehrt auf dem offenen Meer treibend. Von ihnen aber, den beiden Unvorsichtigen und Leichtsinnigen, einen zu viel sich hinter die Binde kippenden Seglern, fehlte jegliche Spur. Erst Wochen später gab die See sie wieder frei und sie wurden, bis zur Unkenntlichkeit zerstört, ganz in der Nähe der Sandbänke angetrieben, wo sie einst ihr Leben ließen.

Diese Geschichte mag wohl auch der Grund dafür sein, warum so viele Skipper, die gerne mal einen heben und den Töchtern Neptuns und seinen Gelagen nicht abgeneigt sind, im Cockpit ihrer kleinen, schwimmenden Welt ein Messingschild haben, auf dem geschrieben steht: „Ogen op, hol rechten Kurs, sons suffst du aff un bis im Mors – Augen auf, halt rechten Kurs, sonst säufst du ab und bist im Mors (Hintern)“.

In diesem Sinne, immer eine Hand breit Wasser unter dem Kiel und das richtige Augenmaß für das Nass, das uns von innen befeuchtet, wenn wir wieder einmal als fahrende Skipper auf dem, das uns von unten „befeuchtet“, unterwegs sind!

Whale watching (Walbeobachtung)

Sie schauten schon seit Tagen hinaus aufs Meer in sehnsuchtsvoller Hoffnung, endlich einmal einem dieser grauen Riesen der Meere zu begegnen, sei es nun in Form eines Pott-, Blau- oder auch Grauwals. Aber so sehr sie sich auch anstrengten und in die Ferne schauten, sie fanden nicht ein einziges Anzeichen eines dieser wunderschönen Riesen, den ihnen ihre Seglerkameraden aus dem Club der die sieben Weltenmeere befahrenen „Salzwasserbuckel" so oft beschrieben hatten, wenn sie von den, wenn auch seltenen, aber doch vorkommenden Begegnungen mit ihnen bei ihren Überquerungen der Ozeane berichteten. So suchten sie sie vergebens bis ans Ende ihrer Reise und ahnten nicht, wie nahe ihnen die großen Ungetüme schon gekommen waren, nur nicht, wie sie vermuteten, querab oder voraus, sondern hinter ihnen her schwimmend in sicherer Entfernung, fanden diese sie doch so lustig anzuschauen in ihrer kleinen Nussschale auf dem großen, weiten, für sie viel zu großen Meer.

So hätten sie nur einmal nach hinten schauen müssen, um sie, die grauen, sanften Riesen auf dem Weg in stillere Gewässer als die, in denen sie sich befanden, zu sehen. Denn hier, wo die großen Schifffahrtslinien ihren Weg kreuzten, gab es unendlich viele furchtbare Geräusche, die sie empfindlich störten. Deshalb liebten sie es geradezu, einem kleinen Segelboot hinterher zu schwimmen, das still durchs Wasser mit seinem bauchigen Rumpf und der großen, verkehrt herum zeigenden Schwanzflosse glitt. Nur komisch, dachten sie, dass dieser stählerne Bruder, der auf dem Rücken schwamm, nicht mit ihnen sprach. Aber vielleicht war er ja auch ein stummer Wal, einer von denen, die es aufgegeben hatten, mit der Welt zu kommunizieren.

Nachdem sie ihn, ihren stummen Freund, viele hundert Seemeilen begleitet hatten, kehrten sie ein klein wenig gelangweilt und enttäuscht über sein beharrliches Schweigen, zu ihrer ursprünglichen, alten Route zurück, sagten ihm mit dem Winken ihrer mächtigen Schwanzflosse Lebewohl und gleichzeitig den sich darin befindlichen Menschen, die nicht ahnten, dass ihre großen, friedlichen Riesenfreunde ihnen so nahe gewesen waren, fanden doch die unheimlichen Begegnungen der dritten Art in aller Regel nachts und in der Dämmerung statt, wenn sie sich sicher fühlten.

Denn sie hatten nicht vergessen, dass die Nähe zu den Menschen so manchem von ihnen das Leben gekostet hatte, wenn diese mit langen

Harpunen laut schreiend ihnen an das Leben und letztendlich den Lebertran wollten.

So kann nur der, der sich die Mühe macht, auch einmal nach hinten zu schauen, achteraus, die wundersame Begegnung mit einem Wal erleben, wenn dieser in respektvoller Entfernung folgt. Wohl wissend, dass in jedem menschlichen Wesen ein Tier lebt, das tötet, um zu überleben und auch nicht vor ihnen, den großen mächtigen Säugetieren und somit Walen dieser Welt halt macht, wenn es heißt: „Da bläst er wieder! Harpunen raus! Wir machen ihn, dem „Moby Dick der sieben Weltmeere“, den Garaus.“

Der Wal bläst!

„Papi, Papi, schau doch mal, dort bläst ein Wal!“, waren wohl die letzten Worte, die die kleine Sue Ellen ihrem Vater zurufen konnte, bevor der riesige Blauwalbulle sich mit einem mächtigen Satz aus dem Wasser schraubend auf das kleine Ruderboot warf, das sie extra für diesen Ausflug gemietet hatten, um ihrer kleinen Tochter einmal etwas ganz besonderes zu bieten, nämlich die Begegnung mit einem echten Wal. Mit seinem mächtigen Körper zerschmetterte und drückte der Wal sie alle unter Wasser. Sie, das waren Daddy, Mom und Töchterchen Sue Ellen, die den ganzen Urlaub gequengelt hatte, dass sie einmal in ihrem Leben, wie ihre Freundin Mary Ann, einen Wal aus nächster Nähe sehen wollte. Normalerweise wäre diese Aktion, wie bei vielen anderen tausend Besuchern jährlich auch, ohne große Probleme abgelaufen, wenn der Vater von Sue Ellen nicht unbedingt das Geld für eine Walbeobachtungstour in einem extra für diese Begegnungen der besonderen Art, ausgelegten großen Boot hätte sparen wollen.

So kam es, dass sie sich in dem kleinen Küstenvorort ein mit einem Außenbord motorisiertes Miniruderboot mieteten, unter der strengen Auflage, nicht den Hafenbereich zu verlassen, um in die gefährliche Wal-Beobachtungszone der Blauwale hineinzukommen, die – wie noch einmal ganz ausdrücklich darauf hingewiesen wurde – zur Zeit besonders aggressiv waren, weil sie Junge mit sich führten, die sie hier großzuziehen gedachten. Doch alle diese Warnungen ignorierend setzte sich der Vater von Sue Ellen aufgrund des Gequengels seiner Tochter in Bewegung und so tuckerten sie langsam, aber sicher in Richtung der ihnen verbotenen Zone, in die sie eindrangen und sogleich von einem riesigen, auf sie aufmerksam werdenden Wal argwöhnisch, wie es schien, beäugt wurden, ohne dass sie allerdings ihn zur Kenntnis nahmen. Als dann aber einer von diesen mit einer riesigen Fontäne aufsteigend ganz nahe an ihrem Boot vorbeischoss, da war es ihnen, als bliebe ihnen das Herz vor Schreck stehen, denn der Koloss warf sich mit seinen sage und schreibe fünfzig Tonnen Lebendgewicht geradewegs auf ihr kleines Angelboot und riss sie beim Eintauchen mit in die Tiefe.

Wie durch ein Wunder überlebte die kleine Sue Ellen diese furchtbare Walattacke und konnte von einem sich in der Nähe befindenden offiziellen Walbeobachtungsboot gerettet werden. Noch vollkommen unter Schock stehend war das einzige, was sie den sie umringenden Menschen, die wissen wollten, was passiert war, antworten konnte: „Der Wal bläst! Der Wal bläst!“

Diese ihre letzten Worte vor der Katastrophe sollten ihr für den Rest ihres Lebens nicht mehr aus dem Kopf gehen, denn sie wurde nach dem traumatischen Erlebnis ein Fall für die Psychiatrie, die sich an ihr die Zähne ausbiss, weil ein einmal in der Kindheit erfahrenes Seelentrauma unter Umständen ein ganzes Leben lang anhält. Insbesondere dann, wenn man keinen geeigneten Weg findet, das Erlebte zu verarbeiten, das in der kindlichen Vorstellungswelt weiter lebt. Nun in Angst, dass jederzeit wieder dieser furchtbare Wal auftauchen könnte, der ihr Leben und das ihrer Liebsten, die schon lange von ihr gegangen waren, zerschmettern und somit zerstören könnte.

Wohl dem, der solch eine Tragödie heil überstehen und nicht an den Folgen zugrunde geht, die man zudem noch als ewiglich quengelndes Kind seiner Eltern auslöst und sich ungewollt von ihm, dem Tyrannen auf Zeit erlöst, sagte zum Trost ihr, der sie begleitende Psychiater und der muss es ja wissen, da viele, den ähnlich Schreckliches passierte die, die sie verloren, oft im Nachhinein schrecklich wenig vermissen! ###

Die Morgengymnastik Oder die Betrachtung ein und derselben Sache aus unterschiedlichen Blickwinkeln heraus

Sie lagen mit ihrem alten, rostigen Kahn an einer Stelle, die ihnen eigentlich zu benutzen verboten worden war, weil ihnen wieder einmal, wie schon so oft, das Geld für einen ordentlichen Liegeplatz im Hafen fehlte. Es war ein alter, Anleger, der durch den Bau eines Neuen nicht mehr genutzt wurde, der aber insofern gefährlich war, als dass hier der steil abfallende Deich, lediglich mit einem kleinen Bootssteg ausgestattet, nur einen kurzfristigen Halt erlaubte, aber kein längerfristiges Liegen.

So hatten sie sich des Nachts, als alles schlief, diesen Platz zum Festmachen ausgesucht, sich dort heimlich angelegt und warteten nun darauf, ihn beim Morgengrauen mit dem ablaufenden Wasser zu verlassen. Doch als sie die Leinen lösten, nachdem sie den Motor gestartet hatten und den Gang einlegen wollten, passierte gar nichts, rein gar nichts, denn ein Defekt im Getriebe verhinderte das Vorwärtskommen. So trieben sie plötzlich hilflos in dem sie vom Steg wegziehenden, sprich ablaufenden, strudelnden Wasser und liefen Gefahr, auf einer vorgelagerten Sandbank zu stranden. Mit all der ihnen zur Verfügung stehenden Kraft versuchten sie noch, ein Seil zu einem der im Wasser stehenden alten Dalben zu werfen, was ihnen dann Gott sei Dank auch im letzten Augenblick noch gelang. Das sie aber ins Wattenmeer hinaus ziehende Wasser versetzte sie jedoch in Sekundenschnelle von ihrem angestammten Platz und trieb sie direkt auf den achtern aus liegenden Deich zu. Dort kam das langkielige Segelboot zum Liegen und drohte, in wenigen Augenblicken zu kippen, da das Wasser ihnen unter dem Kiel weglief und sie gewissermaßen wie ein auf dem Trockenen zu liegen kommender Wal strandeten.

Die nun folgende Aktion entbehrte nicht einer gewissen Komik, als die drei verzweifelten Menschen versuchten, das Schiff, das trocken zu fallen drohte, ins tiefere Wasser zu ziehen und somit wieder zurück an die alte Steganlage. Mit aller Kraft und Macht gelang es ihnen letztendlich dann doch noch, das Schiff zu bewegen, indem sie das Beiboot zu Wasser ließen und ein zweites Tau zur Steganlage hin ausbrachten, zu der sie es zurückziehen konnten.

Als sie später vollkommen erschöpft den alten Weg zum Leuchtturm entlang liefen, um Hilfe für ihr kaputtes Getriebe zu holen, da sahen sie dort drei Männer stehen, die ihnen die ganze Zeit neugierig zugeschaut hatten. Auf die Frage hin, was denn nun eigentlich gewesen sei, antworteten die Verzweifelten, immer noch unter dem Eindruck der Ereignisse stehend, dass ihnen ihr Getriebe kaputt gegangen sei und sie versucht hätten, das Schiff vor dem Kentern zu bewahren. Daraufhin erhielten sie die lakonische Antwort: „Ach so, und wir dachten schon, ihr macht dort eure Morgengymnastik!"

Das sind die zwei Betrachtungsebenen ein und derselben Situation von Menschen, die nicht immer wissen was sie tun, geschweige denn sagen, jedoch immer dabei sind, wenn es darum geht, andere Menschen in ihrer Not zu beobachten, um ihre missliche Lage genussvoll aus sicherer Entfernung heraus zu kommentieren.

Der Erbsenzähler

Er verteilte seine Bonbons, die er sorgsam in einer kleinen Metallschachtel bei sich trug, ganz nach dem Motto eines Erbsenzählers, jeweils immer nur einen zur Zeit und nur sehr ungern an Gäste, die sich zudem auch noch selbst einluden. So kam es, dass er bei seiner ganzen Erbsen-, oder treffender gesagt Bonbonzählerei sich eines Tages so sehr darüber aufregte, dass ihm kaum noch Bonbons in seiner kleinen Metallschachtel verblieben waren, dass er sich die in den Mund geführte Leckerei verschluckte und fast an dem ihm im Hals feststeckenden Zuckerball erstickt wäre, wenn, ja wenn nicht ein von ihm „großzügig“ beschenkter, mit nur einem halben Bonbon abgespeister Bittsteller ihm auf den Rücken geklopft hätte, um ihn so von seiner im wahrsten Sinne des Wortes ihn erstickenden Last zu befreien.

Erst da erkannte er, dass er auf dem falschen Weg war und verteilte fortan die Bonbons großzügig unter die Menschen, was dazu führte, dass sich sein schon arg von Karies geschädigtes Gebiss, das voller Löcher und Plomben war, erholte und er ein glücklicher, fortan nicht mehr erbsenzählender Mensch wurde, der die Botschaft des Schicksals verstanden hatte: Nämlich um wie viel reicher das Leben wäre, wenn wir nur alle ein wenig mehr von dem abgeben würden, was wir auf großzügige Weise vom Schicksal erhielten. Bräuchten wir dann doch nicht mehr erbsenzählender Weise durchs Leben gehen und würden ein klein wenig mehr die, die wenig bis gar nichts haben besser verstehen!

Drum teile, wenn das Leben dir etwas gibt, weil dies der Herrgott genau sieht und Dich so hoffentlich auch in Zukunft reichlich beschenkt und seine besten Wünsche auf Dich lenkt!

Der schwimmende Spermapalast

Es dauerte nicht lange, da hatte es sich in der Stadt herumgesprochen, dass das örtliche, schon seit vielen Jahren bestehende, stadtbekannte Bordell, auch liebevoll „Lustpalast der tausend Freuden“ genannt, Zuwachs und somit ungeliebte Konkurrenz in Form eines, man höre und staune, schwimmenden Liebespalastes bekommen hatte. Ein altes, ausrangiertes Riverboat mit komfortablen Kabinen und rotem Plüsch vor den Fenstern, legte eines Tages unverhofft, aber nichts desto trotz weniger spektakulär, auffällig und provokativ an der alten Kaimauer ihres kleinen Hafens an, der eigentlich nur für Binnenschiffe gedacht war und für einige vorbeiziehende Freizeitskipper, die trockenen Fußes über die alten, verrosteten Stege einen Gang in die Stadt wagten und so manches Mal auch einen Blick in den örtlichen Puff warfen, der für seine „exotisch rustikalen Bauernmädels vom Lande“, bekannt war.

Nun lag sie also da, die alte, mächtige Riverlady, die schon so viel in ihrem Leben gesehen hatte, nur das eine noch nicht, nämlich die nicht abreißende Zahl der liebeshungrigen Freier, die für ein paar schmutzige Penunzen ihr kleines, dreckiges Vergnügen suchten. Wild und bunt ging es in den Kabinen und Salons hinter den roten, in der Nacht samtig scheinenden Vorhängen zu, Doch eines Tages wurde es den arg gestressten Bürgern der kleinen Stadt zu viel. Kurzer Hand beschlossen sie, den alten, mit Huren und Freiern bespickten Dreckskahn, absaufen zu lassen. Dass dabei aber das ganze Schiff mit Mann und Maus so tief auf Grund gehen würde, dass viele der käuflichen Mädels des horizontalen Gewerbes und eine nicht unerhebliche Zahl von Freiern mit ihren „dicken Eiern und harten Ständern“, unter ihnen eine große Anzahl von gut betuchten Kunden, sprich angesehenen Geschäftsleuten, finanziell gut auf Freiers Füßen wandelnd zu ihrem Vergnügen gehend, bei dieser Aktion elendig ertrinken mussten, genauso wie die unzähligen in der Bilge des Schiffes lebenden Ratten, hatte niemand vorhergesehen und auch so wohl nicht gewollt.

So sank die alte, stolze Riverlady mit dem ach so schön klingenden Namen „Mississippi Queen“ auf den schlammig morastigen Grund des Hafenbeckens und mit ihr das Highlight jener Kleinstadt, die trostlos und verlassen inmitten der unendlichen Weiten einer nicht enden wollenden, öden Landschaft lag, die nur von einer Landstraße und einem die Natur durchschneidenden Kanal belebt wurde, der sich wie ein endloses braunes

Band dahin zog und auf dem von oben betrachtet in kurzen Abständen kleine schwarze Lastkähne emsig ihre Fracht beförderten…

So mag schon allein der Gedanke daran, dass die alte Mississippi Queen hier in dem nach Diesel und Altöl stinkenden Hafen ihre letzte Ruhestätte fand, weil niemand das Geld für die Bergungskosten aufbringen konnte oder wollte, absurd und geradezu verwerflich erscheinen, genauso wie die Tatsache, dass aufgebrachte, sich moralisch gedemütigt fühlende Bürger dem ganzen Spuk ein Ende bereitet hatten, indem sie des nachts einfach ein Loch in den schon morschen Rumpf der alten Lady hineinschlugen und so den Kahn samt Mannschaft, sprich anschaffenden Huren und zahlenden Gästen zum Absaufen brachten, aber noch verrückter, exotischer und ausgefallener schien die Idee, in dieser kleinen paradiesisch scheinenden, idyllischen Stadt einen schwimmenden Puff mit Palmen und künstlichen Sandstrand dazu zu eröffnen.

Doch zeigte die bittere Realität all jenen daran zweifelnden und später staunenden, ungläubigen Beobachtern und Kritikern des Ganzen, dass das Unwahrscheinliche und Unvorstellbare durchaus möglich und machbar sei, wenn nur einer verrückt genug wäre, diesen außergewöhnlichen Gedanken in die Tat umzusetzen.

Dass bei diesem im Nachhinein als „tragischen Unfall“ zu bezeichnenden Vorfall auch der Initiator und Ideengeber dieser in die Analen ihrer kleinen, am Rande des Kanals liegenden Stadt, eingehende Geschichte ums Leben kommen sollte, mag nur für jene Trost und Genugtuung gewesen sein, die befürchten mussten, dass nach dem ersten gescheiterten Versuch, einen schwimmenden Puff bei ihnen zu etablieren, ein zweiter nach dem kläglichen Scheitern folgen würde. Alle anderen bedauerten zutiefst dieses ihr Leben auf den Kopf stellende Wunderwerk der erlebbaren Lust.

Mit dem Tod und somit finalen Ende der beiden Hauptprotagonisten aber, nämlich der alten Mississippi Lady und ihrem jungen, von vielen spöttisch als leicht verrückt zu bezeichnenden Kreateurs und Ideengebers, endete auch diese skurrile Geschichte, die uns den Überlebenden und außenstehenden neutralen Beobachtern zeigen soll, welch verschlungene und verrückte Wege uns das Leben gehen lässt, um zu erkennen, wie eingefahren, verloren und phantasielos unser Leben auf der einen Seite und wie verrückt, abgehoben und überdreht es auf der anderen Seite sein kann. Schön wäre es, wenn wir Menschen in der Lage wären, die Mitte zwischen diesen beiden

Polen zu finden, um nicht immer wieder von einem Extrem in das andere zu fallen.

P.S. Der Fall der auf tragische Weise untergegangenen Mississippi Queen und ihren beklagenswerten Opfern, konnte nie geklärt werden, da die erstellten Gutachten, ein- aber leider auch zweideutig aufzeigten, dass der stark fortgeschrittene Zerfall der, wie Kenner der Szene sie bezeichneten „schwimmenden Rostlaube“ oder treffender ausgedrückt „Holzlaube“, denn ihr Rumpf war aus Holz und nur ihre Aufbauten aus Eisen, die eigentliche Ursache für den Untergang gewesen sein müsste und kein feindlicher Anschlag moralisch entrüsteter Bürger.

So ragen heute noch der alte, mächtige Schornstein und die schweren, eisernen Masten als stumme, ewiglich anklagende Zeugen aus dem schmutzig braunen Wasser des alten Kanals heraus und noch immer ist man am Stammtisch der kleinen Stadt am Rande des Nichts, wie man es hier selbst immer wieder sagen muss, geteilter Meinung, wenn es darum geht, sich ein abschließendes Urteil über diesen gemeinhin unvorstellbaren und aus dem Lehrbuch des „ganz normalen Wahnsinns“ stammenden Vorfalls zu bilden, zu bizarr und fern jeglicher Realität scheinen die Ereignisse der damaligen Zeit.

Und so war für die einen in ihrer Erinnerung die Mississippi- Lady ein schwimmender Puff, ein skandalträchtiges, nicht in diese Stadt gehörendes Objekt der Schande, ein schwimmender Spermapalast gewissermaßen, der es verdient hatte, ein solches, wenn auch zugegebenermaßen tragisches Ende zu nehmen und für die anderen, die somit einen großen Teil ihrer bestbefriedigenden Freizeiteinrichtung verloren, ein traurig melancholisches Stück nostalgisch verklärte Erinnerung an etwas, was hatte sein sollen, aber nicht hatte existieren dürfen: Nämlich ein Stück fidele Lebensfreude und Spermaabladestation für all jene, die nur bei dem Gedanken an den untergegangenen, ehemals schwimmenden Lustpalast der besonderen Artnoch heute „Big Balls“, sprich „harte Eier“ bekommen und einen Ständer, der dem Flaggenmast der alten Queen an Steifheit und Festigkeit in nichts nachgestanden hätte. Allerdings ohne Beflaggung, denn so heiß# hätte wohl kein Fleischmast der Welt sein können, frotzelte noch Stammgast Harry, bevor er sich in seinen alten klapprigen Ford setzte und zu jenem Puff in der Altstadt fuhr, der nun wieder zur Attraktion der Freier ohne Eier wurde, nachdem die lästige Konkurrenz aus dem Weg geräumt wurde.

Na dann! Ende gut, alles gut. Zumindest für die, die die Katastrophe heil überstanden und ein neues altes Haus der Liebe (käuflichen) fanden!

Die Schöne am Morgen

Jeden Morgen auf dem Weg zur Arbeit fuhr er an ihr vorbei, der lieblichsten und schönsten Frau der Welt, wie es ihm vorkam. Sie stand lasziv da, die Lippen leicht geöffnet, in einem superknappen Bikini, der mehr zeigte, als dass er verhüllte und schien ihm die Botschaft vermitteln zu wollen, dass sie den ganzen Tag und wenn es sein müsste, auch noch die ganze nächste Woche nur auf ihn, ihrem geliebten, feurigen Torero warten würde, der, wenn er nur gekonnt hätte, die Chance bei den Hörnern gepackt hätte, um sie, die Göttin der Lust, zu besiegen.

So fuhr er mit diesem wunderbaren Gefühl, begehrt, geehrt und geliebt zugleich zu werden, in sein tristes Büro im dritten Stock einer alteingesessenen Speditionsfirma, in der er als Buchhalter arbeitete, während sie, seine so Angebetete, weiter von der Plakatwand herab lächelte und um sie herum schon die Plakate für die nächste Woche geklebt wurden, die diesmal einen lasziv am Strand liegenden Mann zeigten, der für eine bekannte Unterhosenmarke warb und viele auf dem Weg zur Arbeit vorbeifahrende Frauen, aber auch Männer zum Schwärmen und gleichzeitig zum Träumen brachte.

Was, ja was wäre unsere Welt ohne jene entzückenden und verzückenden Momente des Lebens, die uns von unserer grauen Alltagswelt ablenken und ein Stück Abwechslung in unsere graue, triste, von Eintönigkeit geprägten Alltagswelt bringen, in der letztendlich nur die Routine, aber nicht die uns alle belebende Abwechslung zählt?

Der Affenfelsen

Es gab einmal einen Affenfelsen in einem kleinen Zoo im Zentrum einer großen Stadt. Er war die Attraktion der ganzen Region und so kam man von weit her, nahm alle Strapazen in Kauf, nur um Joe und seinen Affenclan zu sehen. Joe war der Oberaffe, der seine Truppe mit harter Hand führte. Unter seiner Regie war der Affenfelsen eine kleine, funktionierende, in sich isolierte, aber stets funktionierende Welt geworden, in der alles seinen Platz und somit seine vorgegebene Ordnung hatte. So war Joe als der Oberboss aller rotärschigen Paviane der, den alle liebten, akzeptierten und folgten. Alle?

Nun, nicht alle. Denn da gab es noch Klaus, der merkwürdig aussehende Mensch, der abgrundtief hässlich war mit seinem blauen „Fell“, fast so wie der hämische Vogel aus der Nachbarschaft in seinem Käfig, der immer so laut und durchdringend schrie, als gäbe es hier irgendetwas, was das Schreien gerechtfertigt hätte.

Ansonsten aber hatte Joe, wie es schien, alles unter Kontrolle bis eines schönen oder sollte man besser sagen unschönen Tages etwas sehr, sehr merkwürdiges passierte und George auf den Plan trat, der alles verändern und ihn, den alten Affenkönig stürzen und entthronen sollte. Doch das, was noch viel, viel schlimmer war, war die Tatsache, dass er ihn dadurch bis in alle Ewigkeit degradierte. Aber davon wusste Joe noch nichts, auch nicht, als sein Abenteuer begann. Und das kam so:

Es war ein brütend heißer Tag im Zoo, die „Affenmenschen“ oder menschlichen Affen hingen wieder wie Trauben an dem Zaun und ihre lustig anzuschauenden, affenähnlichen Gesichter guckten neugierig auf das bunte, lebhafte Treiben da unten auf dem Affenfelsen, der Joe und seinen Bewohnern vorkam wie der Nabel der Welt, weil um sie herum nur lachende, laute, lärmende, hässliche „Menschenaffen“, ihr Unwesen trieben, aber immer, wahrscheinlich aus Angst vor ihm, gebührenden, ja geradezu respektvollen Abstand hielten. Urplötzlich sprang ohne Vorwarnung die Käfigtür auf, die sie von den „Menschenaffen“, den hässlichsten neben den Schimpansen auf der Welt, trennte und herein kam Blaufellmann Klaus mir George an der Hand – nein, nicht dass er nur herein kam, er spazierte geradezu, als ob er der Herr aller Paviane sei!

Bevor er jedoch noch einen Schritt weiter laufen konnte, hatte ihn Joe schon gepackt und schlug wie ein Wilder auf den unerwünschten Neuling ein. Dass er dabei dem Blaufell auch ein paar verpasste, war zwar nicht geplant, aber nichts desto trotz einmal notwendig, um der Mannschaft und auch sich selbst zu zeigen, aus welchem Holz man geschnitzt war und dass man sich hier nichts gefallen ließ, schon gar nicht das unangemeldete Eindringen in ein vom Oberaffen beherrschtes Territorium! Durch diese, wenn auch wenig überlegte Aktion, verdeutlichte Joe auf eindrucksvolle Weise wer der wirkliche Herr im Affenland war und das war zweifelsohne nicht der Blaufellmann, auch nicht der Neue, sondern nur er, der stärkste, schönste und größte Pavian unter Affenfels´ Sonne, dachte er, bis ihn der Elektroschocker von Klaus, dem Blaufellmann, zu Boden streckte. Da der zweite Elektroschlag etwas unglücklich auch noch seinen Genitalbereich traf, war das Malheur geschehen und das Drama nahm seinen unfreiwillig komischen Verlauf.

Joe lag jetzt mächtig platt auf dem Boden, platter als die platteste Betonplatte, auf die es ihn niederstreckt hatte und machte zum Entsetzen aller Anwesenden einen riesigen gelb grünlich scheinenden See unter sich. Das nun einsetzende Geschnatter, Gebrülle und Gekeife war so laut, dass niemand vernahm, wie um sie herum die anderen Grünfellmänner mit Schläuchen bewaffnet aufzogen und auf das Signal von Blaufellmann Klaus die Rohre öffneten. Afrikas Sturzregen, die niemand von den in Gefangenschaft Geborenen je erlebt hatten, hätten nicht schlimmer sein können. Im Nu war das ganze Areal eine schwimmende Wasserwüste. Alles schwamm, badete und trieb im kalten Wasser umher und schlagartig verstummte die unerträgliche, kaum auszuhaltende Geräuschkulisse der aufgebrachten Affenbande. Dass Joe bei dieser Aktion fast ertrunken wäre, mag nicht weiter verwunderlich stimmen, dass aber ausgerechnet George ihn rettete, war der absolute Tiefpunkt in der Karriere unseres bisher uneingeschränkten Herrschers über Kleinafrika, jenseits Großafrika.

So lag er da, völlig durchnässt und nur noch die Hälfte so groß scheinende wie bisher. Denn die durch das Wasser am Körper klebenden Haare hatten ihn auf seine wahre Größe schrumpfen lassen und machten ihn zu einem Bild des Jammers. Während noch die Reste der Schlacht im Strudel der Abwasserrohre versanken, machte sich schon eine merkwürdige Stimmung unter den Pavianen breit, nicht nur, dass sie so etwas noch nie gesehen hatten, nein, auch das Bild von ihrem im Wasser liegenden und fast ertrunkenen Oberaffen ging ihnen nicht mehr aus dem Sinn.

So begann ein Rumoren und die ersten Stimmen wurden laut, dass ein neuer Affenkönig her musste, um diese für immer und alle Zeiten eingehende Schmach und Schande ihres alten Führers auszugleichen. So begann erneut ein unerträgliches Geschnatter und Gebrülle, das jedoch genauso schnell wieder mit den Wasserstrahlen aus den Rohren der Grünfelligen unterging. Also beschloss man, die Diskussion in einer kleinen, weniger öffentlichen Runde durchzuführen und berief dazu in die alte Höhle, die eigentlich nur als Schutz vor Regen und Unwetter gedacht war, die ganze jetzt führerlose Affenbande ein. Schnell kam man dort zu der Übereinkunft, dass nur ein Kräftemessen des alten Herrscher mit dem Neuen über ihre Affengemeinschaft eine Entscheidung bringen könnte und man ersann sich dazu eines alten, schon in den Tagen ihrer Urahnen praktizierten Wettkampfs. Dabei sollten zwanzig der schönsten Affendamen in einer Reihe aufgestellt werden und ihren Allerwertesten den sie von hinten begattenden Affenmännchen zur Verfügung stellen, damit diese ihre Manneskraft und somit Affenstärke unter Beweis stellen könnten. Demjenigen von beiden, dem es gelingen würde, alle zwanzig Affendamen zu beglücken, sollte die Herrschaft über ihr Affenvölkchen als Sieg winken.

Gesagt, getan und so war man schneller zu dem Entschluss gekommen, als Joe, der, nach seinem entwürdigen Auftritt, in Frage Gestellte und somit in seiner Autorität unterlaufene Affenherrscher, Einspruch hätte einlegen können. So wurden zwanzig der attraktivsten Paviandamen in Reih und Glied aufgestellt und ein wahrlich bemerkenswertes Spektakel nahm nun seinen Verlauf. bei dem sogar noch die am Zaun klebenden Menschen etwas von ihren befellten Urahnen lernen konnten.

Als noch amtierender Affenkönig überließ man Joe den Vortritt und er begann als sodann mit dem Beglückungsfeldzug und der damit verbundenen Eroberung, nicht nur der Herzen der Paviandamen, sondern auch der damit verbundenen Rückeroberung seines kleinen an ihm zweifelnden Affenvolkes. Doch, noch geschwächt durch die Stromschläge aus dem Elektroschocker wollte es diesmal mit seiner ansonsten so gerühmten Manneskraft und seinem ausgeprägten Stehvermögen nicht so recht klappen. So sank Joe ermattet nach der zehnten Dame seines Herzens zwischen die auf dem Boden hockenden Äffinnen.

Nun lag es an George, dem Neuankömmling, seine Männlichkeit unter Beweis zu stellen. Doch im Gegensatz zu den ungehobelten Manieren seines Vorgängers nahm sich dieser die Zeit, sich bei jeder der Damen, die er zu beglücken gedachte, persönlich vorzustellen mit einem galanten „Guten Tag, Madame!“ und verabschiedete sich nach getaner Arbeit mit einem „Vielen Dank Madame, es war sehr schön mit Ihnen, Madame!“. So arbeitete er sich durch die Reihe der korpulationsbereiten Paviandamen, ganz in seiner Arbeit versunken und voll auf das Geschehen konzentriert, als die um das Geschehen herum versammelte Affenmeute nur noch ein für alle vernehmliches „Guten Tag, Joe“ und „Vielen Dank, Joe, es war sehr schön mit dir, Joe!“ hörten, bevor man dann wieder ein für alle verständliches „Guten Tag, Madame“ und „Vielen Dank, es war sehr schön mit Ihnen, Madame!“ vernahm.

Dies war gewissermaßen der Anfang vom Ende einer großen, einzigartigen Karriere eines über viele Jahre seine Affenbande beherrschenden und führenden Anführers namens „Joe der Potente“. Denn fortan war er nur noch der von George in den „Arsch gefickte Pavian“ und der ewig Zweite im Kampf um die Vorherrschaft auf dem Affenfelsen von Kleinafrika. So verwunderte es nicht, dass eines Tages Joe, der ehemals große und durch George degradierte Anführer seinem traurigen Leben ein Ende setzte, indem er auf geradezu selbstmörderische Art und Weise Klaus, den Blaufellmann, dem er die Schuld an seiner Misere gab, anfiel und daraufhin nicht nur mittels Elektroschocks niedergestreckt wurde, sondern auch noch kastriert und seiner Männlichkeit beraubt in Einzelhaft kam, wo er einige Monate später an seinem gebrochenem Herzen, wie man sagte, verstarb.

George aber ging als der absolute Star und als der einzige, der es schaffte, alle zwanzig Pavianweibchen und ein einundzwanzigstes Männchen namens Joe zu beglücken, in die Geschichte des kleinen, aber feinen Zoos mit seinem nachgebauten afrikanischen Affenfelsen ein und lebte noch lange und zufrieden im Kreise seiner Auserwählten, bis auch er eines Tages die bittere Erfahrung machen musste, wie es ist, wenn ein Jüngerer und Potenterer ihn, den Alten und Erfahrenen, ablöst.

So stehen heute, friedlich vereint
Für alle Ewigkeit wie es scheint,
Die Affenmännchen George und Joe
Ausgestopft im Museumszoo
Und jedermann, der sie da sieht, nicht glauben kann
Dass ein Pavianmann dem anderen so etwas antun kann,
Denn so zeigt es diese Geschichte auch im Affenzoo
Macht manchmal ein Männchen ein anderes froh!

Der gefallene Engel

Stell dir vor, du kommst von deiner Erkundungstour auf der Erde zurück in den Himmel und das erste, was man dich fragt, ist, ob du auch so schön die Sau rauslassen konntest auf diesem kleinen Spielzeugplaneten, wo alles erlaubt ist und du machen kannst, was du willst, sogar ein Verbrechen begehen, und, wenn du es dir nur von ganzem Herzen wünschst, ein böser, abgefeimter, vermaledeiter Mensch sein.

Selten hatte man sich einen Erdenheimkehrer so sehr ärgern sehen, wie diesen, der da über sechzig Jahre seiner ihm von den Schicksalsmächten geschenkten achtzig Lebensjahre als Mönch und Klosterbruder im Zölibat in dem Kloster einer kleinen, mediterranen Stadt lebte, wo um ihn herum das pralle Leben tobte. Trotz der in ihm oft aufsteigenden Gefühle untersagte er sich jeglichen Luxus, jegliche Form von Vergnügung und Freude, um ganz in seinem Glauben an einen Gott, den es nicht einmal zu geben schien, aufzugehen.

So war die Welt, wie er jetzt erfuhr, ein für gefallene Engel und andere in Ungnade gefallene Wesen geschaffenes Paradies und Hölle zugleich, um dort in einer sogenannten Versuchsreihe all die Dinge zu erlernen, die sie in der wirklichen Welt, in die sie einmal entlassen werden sollten. Das hieß, dass alles, was er in seinem Leben getan hatte, im gutem Glauben an Gott und die Menschen, nichts weiter war, als ein ausgeklügeltes, videoähnliches Spiel eines Scheinlebens, in einer Welt, die es so gar nicht gab.

Gewusst wie, dachte er noch bei sich, und ärgerte sich fast schwarz darüber, als er auch schon die nächste Karte mit seinem Einsatzgebiet in der jetzt für ihn erkennbaren und realen Welt zog, die da lautete: Einsatz in einem, nahe einer Kleinstadt liegendem Kloster in der Verwendung eines volksnahen, die Regeln des Lebens achtenden, katholischen Priesters, im strengen Zölibat der Kirche lebend.

Selten hatte man einen so übelst gelaunten, grimmigen, in sich hineinfluchenden Engel gesehen, der sich auf den weiten Weg zu seiner neuen alten Mission, wie es ihm vorkam und schon bekannten Leben aufmachte.

Lieber Körper, was habe ich dir alles angetan! Ein offener Brief

„Lieber Körper, was habe ich dir alles angetan! Zu viel geraucht, zu viel gesoffen, zu viel gefickt, die Nächte durchgemacht, zu viel gefressen, zu hastig geschlungen, und dir keine Zeit gelassen, zu verdauen, dich geschunden, dich malträtiert, dich getreten und auch manchmal geliebt, dir zu wenig Schlaf gegeben und dich behandelt wie den allerletzten Dreck! Jetzt, fünfzig Jahre nach unserer Geburt, präsentierst du mir die Quittung dafür und ich habe das Gefühl, nicht in der Mitte, sondern am Ende meines Lebens zu stehen. Trotz allem hoffe ich doch inständig, dass das Leben mir noch einige Jahre dazu gibt, und mich nicht so alt aussehen lässt, wie ich dich, meinen Körper, habe alt aussehen lassen, bevor ich erkannte, dass du aus Milliarden und Abermilliarden winziger Mikroorganismen und somit Zellen bestehst, die alle ein Recht darauf haben, so zu leben wie ich und für die ich als ihr Gott, wenn auch nicht Schöpfer, die Verantwortung trage.

So schwöre ich dir in Zukunft, auf dich und deine dir angehörenden, unzähligen Zell- und Organverbände besser aufzupassen. Denn nachdem mir bewusst wurde, dass ich für euch alle verantwortlich bin und ihr mit mir sterbt, wenn ich sterbe, bin ich mir auch über die Konsequenzen im Klaren, die mein Handeln zur Folge hat, wenn ich mit diesem Geschenk Gottes so schändlich und verantwortungslos wie bisher umgehe, gerade einmal so als wäre es ein wertloser Gegenstand, der nicht das Leben taugt, wozu er geboren wurde.

So danke ich dem Schicksal, dass ich noch rechtzeitig, bevor es endgültig zu spät gewesen wäre, erkannte, welch Wunderwerk des Lebens du bist und dass du viel mehr darstellst als nur einen unendlich großen Zellhaufen mit streng organisierten Organverbänden, die, kleinen Galaxien gleich, um meinen mich erhellenden Geist kreisen, sondern dass du vielmehr der Tempel meiner Seele und ihr Zuhause für die Zeit, die ich hier auf dieser Erde weilen darf, bist. Also ein Heiligtum geradezu und eines noch dazu, das nicht geschändet noch so schlecht behandelt werden darf, wie bisher. Bist du doch das Wunder des Lebens schlecht hin und der Garant dafür, dass ich existieren darf in einer Welt, die auf nicht erklärbare wundersame Weise, ein Wunder für mich darstellt.

Ich danke dem Schicksal dafür, dass ich leben darf und diesen einmaligen Körper habe, der mir hilft, die Welt zu begreifen, zu verstehen und zu erleben.

Eine zutiefst dankbare und gleichzeitig über diese Wahrheit erschütterte und tief berührte Seele grüßt dich auf diesem Wege, meinen lieben Körper, und alle Organismen dieser Welt, die das Wunder des Lebens und die Wiedergeburt der Seele erst möglich machen".

Der Windbeutel

Er hatte alles so gemacht, wie man es ihm aufgetragen hatte: die Einnahme der abführenden Medikamente, den Einlauf mit dem kleinen Handirrigator, jenem Gerät, das man mit Wasser gefüllt und einem Schlauch versehen sich in liegender Haltung in den Anus einführte, um dann nach Öffnen der Feststellklammer das lauwarme Wasser in das Rektum einlaufen zu lassen, mit der Folge, dass man kurze Zeit später das eine Ventil wieder schließen konnte, um das andere zu öffnen, aus dem dann eine braune, in ihrer Konsistenz wässrige Lösung aus Enddarmausscheidungsprodukt zum Vorschein kam.

Nachdem er auf diesem Wege spätestens nach der vierten Anwendung seinen Enddarmbereich geradezu klinisch sauber geputzt hatte, brauchte er nur noch zur Vorbereitung auf die proktologische Untersuchung am nächsten Tag im Klinikum auf das ihm sonst so wichtige und tagesabschließende Abendbrot zu verzichten, um mit blitzblanken Schuhen und Darm vor einer resoluten, ganz in Weiß gekleideten Oberschwester stramm zu stehen, die ihn sofort beim Betreten des Untersuchungsbereiches anherrschte, wie einst sein Spieß bei dem ihm so verhassten Komiss, gefälligst anzuklopfen, bevor er die Frechheit besäße, unangemeldet in das Allerheiligste ihrer darmproktologischen Untersuchungsabteilung einzutreten. Nachdem er fast noch in alter Militärmanie vor lauter Schreck über den unvermittelt auf ihn einwirkenden Kasernenhofton die Fassung verloren und die Hacken zusammenknallender Weise gegrüßt hätte durch das Anlegen der rechten Hand an die nicht vorhandene Kopfbedeckung, wurde ihm klar, dass die jetzt auf ihn zukommende Untersuchung kein Spaß werden würde.

Als sich dann aber der alte Stationsdrache beruhigt hatte und bei der Ausfüllung der üblichen Formalitäten wohlwollend zur Kenntnis nahm, dass er nicht nur mit blankgeputzten Schuhen, sondern auch noch blitz blanken Darm zur Untersuchung erschienen war, war die Welt für ihn wieder in Ordnung.

Dass man ihn bei der anschließenden Darmspiegelung wie einen großen, plumpen Frosch aufpumpte, mag noch einer der weniger unangenehmen Teile der Untersuchung gewesen sein. Denn als der ihn zu untersuchende Arzt das Spekulum, sprich Darmspiegelungsgerät in den Anus einführte, war ihm, als würde man ihn pfählen, so sehr drückte es ihm in seinem Enddarm, dass er meinte, eher auf einer Folterbank der Inquisition zu liegen, als auf einer Untersuchungsliege des städtischen Krankenhauses im einundzwanzigsten Jahrhundert. Lediglich die aufmunternden und gleichzeitig mitleidigen Blicke der jungen, dem Arzt assistierenden Krankenschwester gaben ihm das Gefühl, noch ein Mensch von dieser Welt zu sein, um, mehr oder weniger wohlbehütet, diese Prozedur über sich ergehen lassen zu können.

Nachdem das Untersuchungsgerät mit einem vernehmlichen Plopp aus seinem Anus gezogen worden war, verspürte er einen mächtigen, unkontrollierbar scheinenden Druck im Unterleib, ganz so, als würde man ihn mit hunderten Litern von Luft aufgepumpt haben, was ja auch gar nicht so weit hergeholt war, so dass er nun einen unerträglichen Winddrang verspürte und am liebsten vor sich hin gepupst hätte, ganz so, wie man es normalerweise verstohlen unter Ausschluss jeglicher Öffentlichkeit vollzieht. Hier aber, unter der strengen Aufsicht der Frau Oberschwester, den freundlichen, ihm geneigten Blicken der jungen attraktiven Krankenschwester und dem irgendwie autoritär wirkenden Oberarzt, der gerade dabei war, fein säuberlich die entnommenen Gewebeproben zu beschriften, schien es ihm, dem so Gelittenen, unmöglich, einen „fahren" zu lassen, was allerdings besser für ihn gewesen wäre. Denn die sich so zurück stauende Luft drückte ihm derart aufs Herz, dass er starke Stiche und sogar ein Stolpern bemerkte, das ihn zutiefst beunruhigte.

Der diese höchstnotpeinliche Situation bemerkende, von seinen Notizen aufblickende Arzt, griff, ohne lange zu überlegen, in das Geschehen ein und hob den noch vollkommen Verdutzten, sich in der Zwischenzeit sein Herz festhaltenden, die Symptome eines Herzinfarktes oder ein Angina Pectoris durchlebenden, immer blasser werdenden Patienten mit einem Ruck von der Liege hoch und drückte diesem in einer abwärts gerichteten Bewegung auf den sich froschbauchartig wölbenden Leib des jetzt um Luft ringenden, der Ohnmacht nahe stehenden Ex-Untersuchungspatienten, um ihm auf diesem Wege den Platz zu verschaffen, den es brauchte, damit das angehobene Zwerchfell zur Entspannung kommen und wieder im Atemrhythmus auf und nieder gehen konnte.

Das Resultat war, dass unser so Gelittener, sich schon dem Tode nahe sehender Patient, in den alt ehrwürdigen Hallen des Klinikums einen Darmwindabgang hinlegte, der sich nicht nur gewaschen, sondern zudem auch noch einiges in sich hatte. Der auf diesem Wege von dem Druck auf sein Herz Erleichterte wäre seinem völlig überraschten Lebensretter und

Oberarzt vor lauter Dankbarkeit über seine Rettung aus höchster Not, fast in die Arme gefallen, wenn, ja wenn nicht Oberschwester Luisa Klara, ihres Zeichens Stationsschwester und resolute Ordnungshüterin zur Vermeidung unerwünschter und zudem auch noch unerlaubter Patienten–Arztkontakte, dazwischen gegangen wäre. So fiel er anstatt seinem Lebensretter der älteren Dame mit dem Aussehen einer durch den harten Job in die Jahre gekommenen Gefängnisaufseherin in die Arme und es sah fast so aus, als würden die drei durch den ungestümen Gefühlsausbruch des sich wieder im Leben befindlichen, sich schon im Jenseits Glaubenden, zu Boden stürzen. Aber im letzten Moment verhinderte die junge, beherzt eingreifende Krankenschwester eine Eskalation und Ausbreitung dieser verständlichen, wenn auch überschießenden Gefühlsreaktion des gerade noch einmal dem Tod von der Schippe Gesprungenen, indem sie das Trio infernale geschickt zur Wand lotste, wo dieses sich abstützen konnte.

Nach der jetzt überaus hastigen und durchaus auch etwas peinlichen Verabschiedungszeremonie und den mahnenden Worten des besorgten Oberarztes, auf gar keinen Fall die Luft, die nach wie vor gestaut im Darm austreten wollte, aufzuhalten, entließ man den mehr als glücklichen und erleichterten, von einer Zentnerlast befreiten Patienten.

Um nun sein ihm wiedergegebenes Leben gebührlich zu feiern, entsann er sich eines alten, von seiner Tante Mathilde oft angewandten Rituals, nach jedem äußerst unangenehmen Arztbesuch sich etwas Schönes zu gönnen und sei dies nur in Form eines frischen, leckeren Sahnetörtchens oder eines seiner über alles geliebten Windbeutel, die zudem noch einen direkten Bezug zu seiner heutigen, gerade noch mal heil überstandenen Darmspiegelungstortur hatten. So ging er schnurstracks zu dem wohl teuersten und feinsten Kaffeehaus der Stadt, wo sich die High Society und all jene, die meinten, zur Schickeria dazu zu gehören, trafen und das nötige Kleingeld hatten, die überhöhten Preise zu bezahlen, die nun einmal eine exquisite Umgebung wie diese mit sich bringt.

Als glücklicher, von den Toten Wiederauferstandener stand er mitten im bunten Leben und bestellte, wie er es sich vorgenommen hatte, einen Windbeutel à la Card, krampfhaft darum bemüht, die immer wieder stoßweise und wellenförmig austretenden Windabgänge zu unterdrücken, denn so haben wir es von Kindheit auf an gelernt, ziemt es sich nicht, in der Öffentlichkeit einen „fahren" zu lassen.

So stand er also mit zusammengekniffenen Pobacken vor der reichlich überladen scheinenden Kuchenauslage und wäre froh gewesen, schon den langen Weg zu seinem Sitzplatz zurückgelegt zu haben, wenn da nicht die schusselige und obendrein noch nicht einmal seinen Dialekt sprechende, weit von außerhalb herkommende Bedienung gewesen wäre, die nicht genau verstand, was für eine Art Kuchen er nun haben wollte. Nun langsam vollkommen außer sich und in Rage geratend, deutete er aus seiner Sicht schon das siebte Mal auf den unten in der Kühltheke ausliegenden, einzig verbliebenen Windbeutel des Tages. Sie aber, die aus ihrer Position heraus diesen kleinen Winzling, der sich zudem hinter einer Sachertorte versteckte, nicht sah, bat ihn, den nun vollends genervten und mit einem Winddruck im Rektum im wahrsten Sinne des Wortes unter Druck stehenden, sich verzweifelt die Pobacken zusammenkneifenden Ex-Untersuchungspatienten, der mittlerweile schon von einer langen hinter ihm stehenden Schlange genötigt wurde, sich doch nun endlich für einen der vielen Kuchen zu entscheiden, ihr diesen zu zeigen.

Völlig genervt und ohne Kontrolle über seine sich langsam von ihm verabschiedenden Darmwinde, bückte er sich in einem verzweifelten Anfall, die Selbstbeherrschung verlierend nach vorne, um der dummen – wie er sie jetzt nannte – Kuh, einige wollen später den Zusatz „blinde“ gehört haben, die nicht einmal seine Sprache sprach, zu zeigen, welches gottverdammte Stück Kuchen er sich ausgesucht hatte, nämlich den dort vor sich einsam hinstehenden Sahnewindbeutel in der vorletzten Ecke der Auslage. Und genau in diesem Moment passierte das, was niemals hätte passieren dürfen an diesem Ort, an diesem Tag, in dieser hochwohlgeborenen Umgebung der High Society und Schickimickigesellschaft und derer, die es noch werden wollten: ein Knall, ein Krachen, ein Furzen, eine Explosion so laut, dass es sogar bis in den ersten Stock, trotz geschlossener Türen zu hören war, von aufgestauten, sich allesamt in einem Moment auf ein kleines Loch hinzubewegenden Darmgase, die unter dem Druck der sich nach vorne beugenden Körpermasse eine Komprimierung und somit Rückschlag erfuhren und die durchaus dem Geräusch eines kleinen, startenden Düsenflugzeuges entsprachen und nur noch den Weg in die lang ersehnte Freiheit suchten - und sonst, ja sonst gar nichts!

So furzte er ohne Unterbrechung unkontrolliert mindestens zehn Sekunden lang und das ist für so eine feine Umgebung und ihrer Gesellschaft genau zehn Sekunden zu lang, den Furz seines Lebens und wäre, wenn er sich nicht irgendwann selbst den Finger in den Allerwertesten gesteckt hätte, wahrscheinlich noch auf die doppelte Länge gekommen und hätte sich so eines Eintrags ins Guinness-Buch der Rekorde sicher sein können.

Sich also den Finger in die Poritze klemmend, die Beine eng aneinander gedrückt und die Pobacken bis zum Bersten angespannt, versuchte er, der Lage Herr zu werden, aber je mehr er sich bemühte, desto größer wurde die Anspannung in seinem Bauch, und so ging er mit hochrotem Gesicht, wie ein kaputter Luftballon, aus dem ständig Luft entwich, zischend und furzend durch die Gasse der Neugierigen, ihn zum Teil höhnisch und verächtlich anschauenden Gäste des Kaffeehauses, um sich dann, nachdem er sich seine Jacke gegriffen hatte, noch ein allerletztes Mal, sozusagen als Abschiedsgruß, kurz vor der alten Drehtür mit einem weiteren „Furzkonzert" der besonderen Art, wie es später der vollkommen düpierte Türsteher, der so etwas in seiner zwanzigjährigen Laufbahn noch nicht erlebt hatte, auf Nimmerwiedersehen zu verabschieden.

Nie wieder danach, so kann man sich vorstellen, besuchte dieser so arg gebeutelte, von unkontrollierbaren Windabgängen geplagten Mann, dieses Kaffeehaus, das zu seiner gesellschaftlichen Ächtung und somit Untergang führte.

Heute noch, viele Jahre später, nachdem diese Geschichte geschah, gilt sie als absoluter Renner unter den unzähligen Anekdoten und außergewöhnlichen Geschehnissen, die dieses alte, ehrwürdige Kaffeehaus im Laufe seiner unzähligen Jahre, die es schon auf dem Buckel hatte, zu sehen und hören bekam. Aber nie wieder gab es eine so herrliche wie diese, die unter dem Begriff „der Windbeutel und seine ungeahnten Folgen" die Gemüter der Menschen erheiterte, wenn sie bei einer Tasse Kaffee und einem Stück Kuchen versuchten, ihre traurigen und tristen Alltagssorgen und Lebenserfahrungen zu kompensieren. Denn manchmal, ja manchmal kann sogar eine Geschichte wie diese vom Windbeutel das traurige Dasein eines Menschen derart erhellen, dass er für kurze Momente sein eigenes Leid und seine ihn bedrückenden Probleme vergisst.

Windbeutel hin, Windbeutel her
Furzen ist nicht schwer
Doch am rechten Ort muss es sein
Sonst bist du geächtet und für lange Zeit allein!

Hundis missverstandenes Geschenk

Und er legte seinem über alles geliebten Frauchen eine beachtlich lange Kotwurst als Zeichen seiner Liebe und Anerkennung für sie als das Alphatierchen vom Dienst, was ihn automatisch zum Betatierchen immer im Dienst degradierte, vor die erlauchten Stinkefüße, die er aber über alle Maßen liebte, kannte er doch von Anfang an nichts anderes als diese. Doch zu seinem großen Erstaunen nahm sie dieses geradezu fürstlich auserwählte Geschenk nicht als das an, was es war, nämlich ein liebevolles Ausscheidungsprodukt, wohlriechend und schlank gebaut, nur für sie, seine über alles geliebte Herrin und Gebieterin, schlicht, einfach und ergreifend auch Alphafrauchen genannt, aber das wissen wir ja schon, sondern einfach nur als das, was es für sie war: Ein ordinär vor sich hin stinkender, die nähere Umgebung sprich Landschaft versauender Scheißhaufen, in den sie zu allem Übel auch noch hineingetreten war mit ihren Allwetterschuhen Marke „Kraxel Antirutsch", die eine besonders dicke Profilsohle aufwiesen für die Schlechtwettertage, wo man nicht einmal einen Hund vor die Tür jagen würde.

Dass Hundi selbstredend für diese Unartigkeit und Frechheit obendrein, ausgerechnet auf Muttis über alles geliebte Kokosmatte mit den einladenden Worten „You are welcome!", also „Sie sind willkommen" gekackt und hier zu allem Unglück auch noch sein Kothäufchen abgeladen hatte, bestraft werden musste, stand für das außer sich seiende Frauchen außer Frage. Wo käme man denn da hin, wenn jeder sein Geschäft auf die über alles geliebte Fußmatte verrichten dürfte, die sie - auch das noch – als Urlaubssouvenir aus dem fernen Süden hatte mitgehen lassen, wo sie bis dahin als Fußabtreter vor der Hotelanlage fungiert hatte.

Nur ob das Treten des Hundes in seinen Allerwertesten und das Hineindrücken seiner sensiblen Schnauze in den schon genannten Haufen, die richtige Er- und Entziehungsmethode gewesen war, wollen wir einmal genauso dahingestellt lassen, wie die weiterführende Maßnahme, dass der arme Wuffi drei Tage bei Wasser und Brot im Keller ausharren musste, nicht einmal wissend, was man ihm eigentlich vorwarf und welches Vergehens man ihn eigentlich beschuldigte. Das wäre genauso ungerecht, als würde man uns Menschen drei Tage unter den gleichen Bedingungen einsperren, nur weil der Chefin des Hauses unser, sagen wir einmal vorsichtig ausgedrückt, sehr individuelles Geschenk nicht gefallen, sprich gepasst hätte! Ja, wo kommen wir denn da hin, wenn man schon wegen so einer kleinen Lappalie und im Grunde genommen Bagatelle eingelocht werden würde und dazu obendrein noch, wenn es nur in der Absicht geschah, dem anderen geliebten Menschen eine Freude zu machen. Und das, ja das kann doch jeder nur so, wie er es in seiner kleinen, nun sagen wir einmal ironisch sarkastisch, ob dieses traurigen Themas, beschissenen Welt kennt, sieht und versteht!

So bleibt es nun einmal eine unverrückbare Tatsache, dass Klein Schnuffi die Welt mit anderen Augen sieht als sein über alles genervtes Alphafrauchen, nämlich als kleiner, tierischer Abkömmling und somit Vorvorfahre unserer schon als elitär und evolutionär hochstehend zu bezeichnenden Menschenrasse, die oft gar nicht so entwickelt ist, wie das Beispiel der rigiden und barbarisch, geradezu animalisch wirkenden Erziehungsmethoden unseres Frauchens von Hundi Schnuffi zeigte.

So kann letztendlich jeder eben nur so weit über seinen Teller- oder besser gesagt Hundeschüsselrand schauen, wie es seine Natur ihm erlaubt. Und so ist für den einen ein frisch abgelegter, stark duftender Berg, der in der aufgehenden Sonne wie ein Stück Gold glänzt, das größte Geschenk auf Gottes Erdboden, und für den anderen ein ekelerregender, stinkender Scheißhaufen, der sich durch die tiefen Rillen in der Schuhsohle auch noch im ganzen Haus und den sündhaft teuren Teppich verteilte.

Was für eine beschissene Welt, dachte sich unser so arg gelittene und gebeutelte Protagonist dieser traurigen Geschichte voller Missverständnisse zwischen den zwei- und vierbeinigen Wesen sei und wie er da noch so vor sich hingrübelte, was wohl falsch an seinem Geschenk gewesen war, kam ihm doch auch sogleich die Erleuchtung: Es war der nicht würdige Rahmen, zu unpersönlich und geschmacklos ausgewählt für sein liebes Frauchen und der eigentliche Grund dafür, dass sie so böse reagierte.

Aber auch sie hatte arge Schuldgefühle wegen ihrer überstrengen erzieherischen Maßnahmen und so wurde ein kleines, über alles trauriges, pelziges Etwas, schwanzwedelnd und mit feuchten Augen aus seinem Kellerverlies befreit, tausendmal schwörend, nie wieder einen so dummen Fehler zu begehen wie den letzten.

So kam es, dass eines schönen Tages ein kleiner Hund namens Schnuffi Waldi beschloss, seinem Frauchen das schönste und größte Geschenk zu machen, was es je gegeben hatte: einen Haufen, so groß, wie ihn die Welt bis dahin noch nicht gesehen hatte. Und um diesmal alles richtig zu machen, setzte er seinen tagelang aufgestauten Riesenschiss direkt in Frauchens

Lieblingsschuh als Krönung und Wiedergutmachung für alle begangenen Fehler aus der Vergangenheit.

Was das wohl für eine Überraschung geben wird, dachte er noch, während er lustig in ihren Schuh kackte, um danach stolz und bewundernd sein Werk zu bestaunen. Da hing über ihrem samtenen, mit Diamantensplittern besetzten Gehwerkzeug dieser wunderbar duftende Haufen Hundekot und lief sogar wie der Überguss der Schokoladentorte, die sie immer so gerne aß, links und rechts darüber hinaus, so dass er fast vor Entzückung vergangen wäre und vor innerer Aufregung über ihr wahrscheinlich vollkommen überraschtes Gesicht und ihn spontan, so hoffte er zumindest, noch freudige Erregung und aufkommende Freude über das Beste was er je in seinem Leben produziert hatte. Einen Haufen größer, als alles was er je gesehen hatte. Und er hatte wahrscheinlich schon so manche Hinterlassenschaften anderer ihre Frauchen liebender Vierbeiner gesehen.

Und so kam es, dass ein kleiner Hund, der wirklich sein Bestes - und das im wahrsten Sinnes des Wortes - für sein über alles geliebtes Frauchen gab, im Tierheim landete, wo er heute noch unter dem Zusatz „Kacki“ der Hund, der nicht an sich halten kann, geführt wird. Und wenn er dort gestorben ist oder auch nicht, so lebt er doch weiter in unserer Erinnerung als lebendiges Beispiel dafür, was passiert, wenn man die Signale des Lebens und die Zeichen der Zeit falsch deutet. Und vor allen Dingen wie gefährlich es sein kann, die Dinge nur aus seiner eigenen kleinen, beschissenen Sicht der Welt heraus zu interpretieren bzw. zu beurteilen, wenn man es versäumt nicht über seinen eigenen Kothaufen hinaus, auch wenn dieser noch so schön in der Morgensonne glänzt, hinweg zu schauen.

Sonderbare Fische

Sie standen an der Reling des schneeweißen Luxusdampfers und schauten in das kristallklare, azurblaue, von keiner Menschenhand getrübte Wasser, so dass er spontan, über diesen wunderschönen, friedlich harmonischen, geradezu paradiesischen Anblick und zu Tränen gerührt, die Hand seiner Frau ergriff, um dieses wundersame Ereignis mit ihr zu teilen, als er neben sich die kleine, plärrende Stimme seiner siebenjährigen Tochter vernahm, die aufgeschreckt durch etwas im Wasser Schwimmendes, ihn aus seinen Tagträumen riss.

„Iiih, Papi, schau mal! Schwimmt da nicht eine Wurst im Wasser?“ Und obwohl er noch kurze Augenblicke zuvor gedacht hätte, dieses köstliche, zum spontanen Trinken einladende Wasser in sich aufzunehmen, kam ihm jetzt der noch unverdaute Mageninhalt vom morgendlich aufgenommenen Frühstück wieder hoch, als er mit schreckensweiten Augen erkennen musste, dass dort tatsächlich im reinsten Wasser der Welt an den sonnenerwärmten Stränden der Karibik, dort, wo man meint, dass nichts die Idylle stören könnte, eine dicke, fette, ockerfarbene Ausscheidungswurst der übelsten Sorte auch noch auf der sich leicht kräuselnden Oberfläche des Wassers trieb. Um auch noch die Illusion einer idyllisch perfekten Welt vollkommen zu zerstören, schwamm ihr ein Gekräusel aus zerfetztem, sich langsam auflösenden Klopapier nebst einer schon leidlich gebräunten, weil in satten Rosttönen, die sich langsam in pastellfarbene veränderten Damenbinde hinterher, die im transparenten Wasser zudem sich schon im Auflösen begriffen befand und aussah wie ein ruhig dahinschwimmender, weißer karibischer Fisch mit seinen roten Tupfern.

Das gab ihm, dem noch an das Gute im Menschen und das Schöne in der Natur Glaubenden, den letzten Rest und er musste im hohen Bogen das schöne All-inclusive-Frühstück aus dem Fünf-Sterne-Restaurant „Bahia de Coco“ erbrechen, was seine kleine Tochter dazu veranlasste, dieses gleichfalls mit den Worten zu kommentieren, dass ihr Papi nun die Schweinerei komplett gemacht habe mit seinem hochwertigen, wenn auch noch unverdauten Captains-Frühstück a la carte.

„Da werden sich aber die Fische freuen, Paps!“, sprach da noch die vorlaute Göre, während sich ihr Vater ein zweites Mal übergeben musste, um auch noch den letzten Rest des Mageninhaltes über die gekräuselte Oberfläche des vor ihm liegenden Meeres zu verteilen. Das an und für sich wäre schon Tragödie genug gewesen, wenn nicht in dem gleichen Moment, wo sich Familie Fleischmann aus Kastrop-Bostel oder war es Boskop-Kastel, von dem Elend abwenden wollte, die kleine, jetzt auch schon gelbgrünlich im Gesicht scheinende, überaus neugierige und scheinbar alles sehende, ihre Eltern damit mehr als einmal nervende Tochter einen allerletzten Blick auf die menschlichen Hinterlassenschaften geworfen hätte, um mit einem Gefühl aus Ekel und aufkommender Übelkeit festzustellen, dass viele bunte Fische vergnügt nach den dicksten im Wasser schwimmenden Brocken schnappten, wobei hier nicht die von Papis Captainsfrühstück für Ausgeschlafene gemeint waren, sondern leider auch die immer noch auf der Wasseroberfläche treibende Wurst, um diese genüsslich und geradezu begierig zu verschlucken.

Das gab nun auch Mutter Fleischmann den Rest und so hingen drei vom Glauben an die Schönheit und Unberührtheit der Natur abgefallene, alles–im–Preis–mit-inbegriffene–Pauschaltouristen aus einem fernen Land im Norden, wo man sich derartige Schauspiele von fäkalienfressenden Fischen aufgrund der minder guten, um nicht zu sagen absolut schlechten Wasserqualität und somit Transparenz nicht anschauen kann, an der Reling und erbrachen gemeinsam zwei weitere Continental-Luxus-Frühstücke mit angedautem Rührei, Toast, leckerem Aufschnitt, frisch gepresstem Orangensaft, einem halben Liter Kakao und zwei übergroßen Portionen Müsli mit Milch, geradeso wie es Mutti und Tochter Fleischmann für einen guten Start in den Tag brauchten.

Diese bunte Mischung trübte das vor ihnen liegende Wasser vollends in eine undefinierbare, geradezu ekelerregende Brühe aus nun mittlerweile undefinierbaren Mageninhalten, angefressenen Fäkalien und mittenmang wie ein Ufo aus einer anderen Welt im Wasser treibend, die alte, rot weiß gefärbte Damenbinde nebst zerfleddertem Klopapier und zerstörte vollends das um ihnen herum aufgebaute Bild einer heilen, die Welt berührenden geradezu paradiesischen Natur.

Dass dieses von Familie Fleischmann unfreiwillig inszenierte und gleichzeitig recht unterhaltsame Spektakel, zwischenzeitlich auch andere Gäste aufmerksam gemacht hatte, lag auf der Hand. Und so stand bald eine handverlesene, tief ergriffene, ungläubig staunende und gleichzeitig geschockte Reisemannschaft am Oberdeck, um das lustige, bunte Treiben der sich jetzt in unzähliger Schar auf die für sie scheinbar köstlichen Leckereien aus den Darm- und Mageninhalten ihrer zweibeinigen, luftatmenden, kiemenlosen, weiß bis grünlich scheinenden, froschäugigen Nahrungslieferanten stürzenden Fische zu beobachten.

Doch schon nach kurzer Zeit waren die Schrecken dieser unheimlichen Beobachtung und Konfrontation mit den Niederungen der menschlichen und tierischen Erlebniswelt vergessen und aller Wahrscheinlichkeit nach sogar verdrängt, weil es doch bei dem ein oder anderen zu leichten Übelkeitsgefühlen kam, als sie die Exkremente und Mageninhalte verschlingenden, fischigen Meeresbewohner sahen, die sich als nicht kostverächtende Gourmets des wahrlich außergewöhnlichen und somit besonderen Geschmacks für sie herausgestellt hatten. Als ihnen später noch ein sich zu ihnen gesellender Steward erklärte, dass dies durchaus normal sei, verging vielen für immer der Appetit auf die Früchte des Meeres.

An diesem und noch vielen anderen nachfolgenden Abenden blieb zum großen Erstaunen des Drei-Sterne-Chefkochs, der viele Jahre selbst zur See gefahren war und alle Höhen und Tiefen der menschlichen Kreatur namens Seemann erlebt hatte und letztendlich nur deshalb seinen Titel trug, weil ein Freund in Carracas, der ihm einen Gefallen wegen einer abgestochenen Dirne schuldig war, diesen durch Bestechung der dortigen Behörden verschafft hatte, die von ihm kreierte Fischplatte „Meeresfrüchte und Fische für den gehobenen Gourmet Geschmack a la carte“ unberührt. Es hatte, ohne sein Wissen, die Kunde von den fäkalienfressenden Fischen die Runde gemacht und niemand hatte mehr Appetit, jene Bewohner des Meeres, die sich von ihren Ausscheidungen ernährten, zu verspeisen.

Aber so ist nun einmal der Lauf der Dinge und alles auf dieser Welt wird auf die eine oder andere Weise wieder verwertet, also recycelt gewissermaßen, in der endlosen Nahrungskette zwischen Mensch und Tier, Tier und Mensch.

Drum hüte dich, du Mensch davor
Als kleiner dummer Tor
Munter in das klare Nass zu scheißen
Willst du später nicht auf die eigene Scheiße beißen
Die lustig dort im Wasser treibt und die sich jener Fisch einverleibt,
Der gefangen und frisch zubereitet Dir zeigt,
Wie die Nahrungskette funktioniert,
Wenn man sich zum Abend das,
Was man am Morgen hinter sich ließ, erneut zuführt.
Und dir die Lust auf Meeresfrüchte vergeigt!
Wenn bei einem die Übelkeit aufsteigt
Und man erneut die Fische auf diesem Wege zu füttern gedenkt
Und Mutter Natur ein Stück recycelbares, sprich wiederverwertbares

Appetithäppchen schenkt!

Aus den Augen, aus dem Sinn, aber nicht aus der Welt

Er fuhr mit einem gecharterten sportlichen, 5,5 m langen Schnellboot, das mit einem 150 PS starken Außenborder motorisiert war, die wunderschöne, naturbelassene Küste mit den herrlich weißen Sandstränden entlang, als ihn ein furchtbares menschliches Bedürfnis zu drücken und auch schon bald zu bedrücken anfing, weil er diesem aus verständlichen Gründen nicht nachkommen konnte. Denn bei über 60, in Worten sechzig Stundenkilometer auf dem Wasser lässt sich selbiges nur schwer abschlagen, wie es ein Seemann, also ein zur See fahrender Mann sagen würde. Hätte er aber das Tempo verringert, hätte man durchaus vom nahen Strand beobachten können, wie er den verbotenen Toilettengang über die Reeling hängend, vollzogen hätte. Ein schneller Rundumblick allerdings sagte ihm, dass die Gelegenheit günstig wäre, da die Wellen relativ flach und die Geschwindigkeit des Bootes hoch genug. Und so vollzog er, trotz der irrsinnig hohen Geschwindigkeit des Bootes unter Aufbietung all seiner Kräfte, rücklings außerboards hängend, nicht etwa nur sein kleines, nein vielmehr auch noch sein großes Geschäft, das er eigentlich zu Hause auf der Toilette hätte verrichten sollen. Hier draußen aber, auf dem Meer nahe dem unendlich weißen Sandstrand und den vielen kleinen, wie Pilze aus dem Boden geschossenen Restaurants, die den frischesten Fisch des Tages anboten, schien es nicht geboten zu sein. Er jedoch entschied sich anders und das, wie wir noch sehen werden, nicht unbedingt zu seinem Vorteil. Denn wie sagt schon der Volksmund und der tut bekanntlich Wahrheit kund: „Scheiße nie in das Wasser, was Du noch benutzen willst, denn es könnte dich selbst vergiften!"

Trotz aller Widrigkeiten war die quälend lange Dreitageswurst schnell abgesetzt und er fuhr erleichtert weiter, weil alles so reibungslos bei diesem hohen Tempo geklappt hatte. Sogar sein leicht kotbeschmiertes Hinterteil war durch die aufspritzenden Wellen gereinigt worden, wie bei den neumodernen Klos, die dank einer automatischen Wasserspülung für eine leichtere Entfernung der lästigen, der ansonsten später in der Unterhose sichtbaren Schleifspuren, sorgten. So machte er sich keinerlei Gedanken mehr darum, was nun mit diesem ca. 20 cm langen Ungetüm passierte, das in seiner Konsistenz sehr fest war, weil er in den letzten Tagen sehr wenig Wasser trank. Vielleicht würde das Ding irgendeinem Badenden, der mit offenem Mund durch die Wellen kraulte, direkt in denselbigen hinein schwimmen oder einem Schnorchler, der gerade auftauchte, auf dem Kopf zu liegen kommen oder einem kleinen Mädchen, welches „Backe, Backe Kuchen" am Strand spielte als zusätzliches Baumaterial dienen. Doch seine Devise war: „Aus den Augen, aus dem Sinn" und so schwamm das von ihm unter gefährlichen Bedingungen abgesetzte oder sollte man treffender sagen ausgesetzte Würstchen mit der Strömung und dem Wind in Richtung des feinen, sehr, sehr gepflegten weißen Sandstrandes.

Der Abend war schon angebrochen, als er noch die geniale Idee hatte, nach diesem wunderbaren Bootsausflug eine dieser wunderschönen Strandbars mit seiner Familie zu besuchen, um dort einen sogenannten Absacker zu nehmen, der ihm und den Seinen den wunderbaren Urlaub am Strand von Vaky Beach zusätzlich noch versüßen sollte. Gesagt, getan. Man schlüpfte in die elegantesten Klamotten und weißen Leinenschuhe und machte sich auf den Weg zum Strand, als er kurz vor dem Ziel ganz unversehens in eine ganz in weiß gekleidete, gewissermaßen panierte Kotwurst trat, die dadurch, dass sie immer wieder vom feinen Sand überweht worden war aussah, wie ein mit Puderzucker umgebener, etwas deformierter Spielball, den man in die Länge gezogen hatte. Im Grunde genommen wäre nichts passiert, wenn er nicht den unbändigen Wunsch verspürt hätte, in diesen geradezu verlockend, wohl schon um einen anderen zertretenden Ball hinein zu kicken, wie sich so seine schönen neuen Leinenschuhe von unten bis oben einzusauen, indem er in die wahrscheinlich eigene, von ihm nachmittags zuvor abgesetzte Ausscheidung trat.

„Shit, shit und nochmals shit!", hörte man ihn brüllen zum Gelächter seiner Familie und so wurde ihm bewusst, dass nicht alles, was aus den Augen auch aus dem Sinn und somit aus der Welt ist. Eine lehrreiche Stunde in Sachen Umweltverschmutzung und deren Folgen, aber auch: „Trete nicht in alles hinein, was dir vor die Füße kommt, denn es könnte deine eigene Sch… sein".

Reinkarnation

Ich war der Darmparasit meines Meisters, die Mikrobe in seinem Gedärm, ein parasitäres, geradezu übel riechendes Nichts, ein namenloses Loch in der Geschichte der Menschheit und nicht mehr als ein mikroskopisch kleiner Fingerabdruck in der Sanduhr des Lebens, dem Räderwerk des Schicksals. Aber ich stieg, den Grundsatzregeln der Wiedergeburtstheorie folgend, auf vom darmparasitären Analfaltenbenutzer zur Filzlaus, die ihr Unwesen in dem Schamhaardschungel ihres Meisters, Herrn und Gebieters treiben durfte. Nach dieser kurzen Übergangsphase mutierte ich zur blutsaugenden Zecke über das kurze Dasein einer Feldberg-Schnecke, die in seinem Salat endete zur schwanzbestückten, alles fressenden Kanalratte, immer noch im Refugium meines Herrn und Meisters existierend, seine Abfälle sortierend und von dem lebend und überlebend, was andere achtlos wegwarfen und zuweilen auch hinter sich ließen, wie ihre langen, braunen, übelriechenden, gleichfalls dunklen und haarlosen, blinden Austreibungshäufchen, die mir oft gefährlich nahe kamen und mein schönes, glänzendes Fell auf das Übelste verschmierten.

Nach dieser kurzen Kriechphase und somit Kleintierkarriere wuchs ich über mich selbst hinaus und inkarnierte als Mäuse- und Rattenjäger und wurde für lange Zeit das Streicheleinheiten suchende, flauschige Seelentier und somit jene gefürchtete und verhasste Katze, der man oft nachsagte, dass sie mehr auf die Schultern einer alten Hexe gehört hätte als auf die eines wahren Meisters. Das wird wohl auch der Grund dafür gewesen sein, warum ich nur wenige Jahre an seiner Seite leben konnte, denn die Missgunst der Menschen über mein privilegiertes Dasein führte zu einem jähen und sehr schmerz- und gleichzeitig qualvollen Ertränkungstod in einem alten Sack, der zugeschnürt mit mir als Inhalt in einen großen Bottich voller Wasser hineingeworfen wurde.

Doch danach stand ich, flugs wiedergeboren, erneut an der Seite meines Herrn und Meisters, diesmal um so mehr geschützt, vor allen Boshaftigkeiten und üblen Übergriffen der mich nach wie vor bedrohenden, mir feindlich gesonnenen Menschen. Als zähnefletschender Jagdhund mit ausgezeichneten Bewacher- und Beschützerqualitäten ausgestattet, was mir aber insofern zum Verhängnis wurde, als dass es das Schicksal zu gut mit mir meinte und es mich stundenlang durch Wald und Wiese tollen ließ, bis mich eines schönen Tages die verirrte Kugel eines verwirrten Jägers traf. Und auch wenn es für mich, den so abrupt aus dem Leben Gerissenen und Verschiedenen, kein Trost mehr sein konnte, weil ich tot war, stand doch auf meinem Grab im Wald, dort, wo ich starb, ein hölzernes Kreuz mit der Inschrift:

„Er war der beste Freund meines Lebens!"

und als Ergänzung und mahnende Erinnerung an mich, seinen geliebten, vierbeinigen, immer hinter ihm her hechelnden und um ihn besorgten, schlappohrigen, treuherzigen und seelenverwandten Herzensfreund der Hinweis darauf, wie viel ich meinem Herrn und Meister bedeutete, die klugen Worte:

„Seitdem ich die Menschen kenne,
Weiß ich, was ich an den Tieren habe!
Dem einzig wahren Freund, den ich in diesem meinem Leben hatte."

Das wiederum rührte mich so sehr in meinem kleinen siebten Hundehimmel, dass ich daraufhin beschloss, diesmal nicht erneut als schlappohriger Vierbeiner, der treuherzig hinter seinem Herrn und Meister hinterherläuft, zu inkarnieren, sondern als körperlich ebenbürtiger und somit hilfreicher kleiner, wenn auch noch unfertiger Zweibeiner mit ebenfalls etwas zu groß geratenen Ohren, aber zumindest schon einmal mit einem aufrechten Gang.

So diene ich heute meinem über alles geliebten Vorbild auf wundersame Weise, als Spiegel seiner Seele, als fester Halt in seinem Leben und unverzichtbarer, treuer Freund, der ich schon von Anfang an, seit meiner Zeit als kleiner, darmräuberischer Parasit, seines Zeichens Mikrobe, gewesen war.

Und die Moral von der Geschicht'?

Die find ich jetzt gerade nicht
Doch mein ich schon, ihr lieben Leut'
Ist es mehr als eine große Freud
Wenn aus dem Parasit von einst,
Auch wenn du es nicht denkst, geschweige denn wohl meinst,
Ein wunderschöner gerader Mensch geworden ist
Der seine Herkunft und den langen Weg zu sich selbst nie mehr vergisst.
Denn wenn einer, der einst des Menschen Scheiße schob

Was er heute nicht mehr machen muss, Gott Lob!
Zu solchem einem Weg befähigt war
Dann ist das so gesehen schon wunderbar
Und lässt die Hoffnung in uns keimen,
Dass einem Schicksal wie dem meinen
Noch viele andre folgen werden
Zum Wohl der Menschheit hier auf Gottes Erden.

Herzlichst, ein von einer Mikrobe zum Menschen aufgestiegenen Wesen und ja, sie haben richtig gelesen, auf direktem Wege dorthin inkarnierte, wo es ein Leben an der Seite seines Meisters führte. Weil, ja, weil dieser seine Unterstützung brauchte, dieser feine Herr, der Erleuchtete. Da doch jeder große Meister letztendlich nur durch seine ihm ergebenen Helfer lebt, woran ihr wieder einmal seht, wie unterschätzt der Pöbel wird, obwohl ihm das Reich der Meister und Erlauchten schneller, als man schnell sagen kann, wohl stirbt. Drum vergesst nicht, wie wichtig die darmparasitäre Mikrobe ist, wenn Du ihr Herr und Meister bist, weil nur durch sie erscheinst Du gesund und stark und bist befreit vom Scheiße produzieren und nach außen hin autark in einer Welt voller unsichtbarer Helfer, die Dich stützen und so vor großem Unheil schützen.

Transformation - Der Schritt ins neue Leben

Und so trat sie einen Schritt nach vorne, in Richtung jenes Abgrunds, der sie gleich verschlingen sollte und spürte noch im Fallen, was das Leben wirklich bedeutet und wie schön es hätte sein können, wenn, ja, wenn es nicht so grausam zu ihr gewesen wäre. Das war das Letzte, was sie durch einen endlos langen Sturz in die 30 Meter Tiefe noch wahrnahm, bevor sie auf der betonharten Oberfläche des Wassers aufschlug.

Als man sie aus der See barg, war sie mehr tot als lebendig. Erst viele Wochen später erwachte sie aus ihrem Koma, gelähmt vom Hals an abwärts und wusste, was es heißt, ein lebender und letztendlich überlebender Mensch in einer sterbenden, hoffnungslos scheinenden Welt zu sein. Ein Mensch, der nun fortan gefangen in einem zerstörten Köper und gefesselt an ein Bett war, aber dennoch seelisch befreit mit der Gewissheit im Herzen, dass es so etwas wie Freiheit, Liebe und Glück vielleicht gibt.

Eines Tages schaffte sie es, mit Hilfe ihrer Therapeutin mittels eines Mundschreibegerätes ihre Gefühle aufzuschreiben und brachte sich so in jene Welt zurück, die ihr bisher versagt geblieben war. Erst durch den Sturz von dem Felsen ins Meer konnte sie die Freiheit wieder in sich spüren, die sie jetzt nicht mehr leben konnte, da sie in ihrem gelähmten Körper gefangen war.

So schrieb sie fortan ihre Träume und verborgenen Wünsche als Geschichten so auf, als hätte sie alle diese Abenteuer selbst erlebt und half somit all denen, die noch laufen konnten, aber in sich gefangen waren, ihre Freiheit zu finden. So musste sie zuerst auf grausame Weise sterben, um als ein neuer, anderer Mensch wiedergeboren zu werden. Sie, die, nun gefangen in ihrer äußeren Welt den Menschen von jener Freiheit zu berichten wusste, die sie jetzt in ihrem Inneren spüren konnte, ohne sie jemals selbst erlebt, geschweige denn gelebt zu haben.

Gegenüberstellung

Er arbeitete schon lange als Polizeibeamter im Staatsdienst, hatte viele Dienstjahre auf dem Buckel und suchte immer nach neuen Herausforderungen, als er eines Tages vom Landeskriminalamt eine Anfrage bekam, ob er aushilfsweise seinen Job bei ihnen verrichten möchte. Er sagte spontan zu, nicht wissend, auf was er sich da wirklich einließ, war er doch letztendlich nur Laufbursche all derer, die in ihrem wahrlich als hart zu bezeichnenden Geschäft überfordert waren, sowohl hinsichtlich der kriminaltechnischen Auswertung der gesammelten Informationen aus den voran gegangenen Observationen, als auch die Untersuchungen von Beweismitteln aus der Spurensicherung betreffend. Aber es machte ihm nichts aus, war es doch im Verhältnis zu der eintönigen, ihn nach so vielen Dienstjahren monotonen erscheinenden Polizeiarbeit, die er sonst zu verrichten hatte, eine geradezu abwechslungsreich vorkommende Tätigkeit, wenn auch auf andere Weise stupide, weil er alle Handlangerdienste erledigen musste, die nun einmal anfielen.

Einer dieser unteren Dienste war es, bei sogenannten Gegenüberstellungen von Zeugen, die mit möglichen Tatverdächtigen konfrontiert wurden, sich in die Reihe derer einzureihen, die als verdächtig galten, um so demjenigen, der die schwierige Aufgabe der Identifizierung hatte, ein umfassenderes Bild von den möglichen Tätern zu geben, als nur die zwei oder drei, die dafür in Frage kämen. So standen mehrere Kollegen gemischt mit den eigentlichen Tatverdächtigen auch heute wieder in einer Reihe, jeder mit einer Nummer vor der Brust versehen. Es ging um einen Serienvergewaltiger, der schon seit vielen Wochen und Monaten sein Unwesen in dieser Region trieb und die Frauen, die Opfer seiner widerlichen Übergriffe geworden waren, sollten ihn identifizieren. Der Polizist hatte sich nicht weiter bei den Kollegen erkundigt, weshalb er hier in der Reihe zu stehen hatte, doch als die vorgeführten Missbrauchs- und Vergewaltigungsopfer eine nach der anderen ihn eindeutig als den Täter identifizierten, wurde ihm doch schon mulmig, wobei seine Kollegen noch scherzten, dass das ein typisches Phänomen der Gegenüberstellung wäre, bei der immer auch die, die zu den Guten gehören, als die Bösen identifiziert werden würden.

Als sogar die vierte Frau ihn zweifelfrei als den brutalen, sie überfallenden Vergewaltiger beschrieb, dämmerte auch den Kollegen, dass sie vielleicht doch den Richtigen, nur am scheinbar falschen Platz hatten und begannen mit ihren Untersuchungen und Observationen in seine Richtung, die sie aber in aller Heimlichkeit durchführten, damit er nicht davon Wind bekäme. Der Tatverdacht verdichtete sich mehr und mehr und die Beweislast wurde immer erdrückender, obwohl außer den sehr detaillierten Zeugenaussagen keine wirklich konkreten Hinweise auf eine mögliche Täterschaft seinerseits gefunden wurden. Dennoch erhob man Anklage gegen ihn wegen Vergewaltigung und Misshandlung von mindestens vier Frauen, die ihn zweifelsfrei als Täter wiedererkannt und somit identifiziert hatten. Seine Körpergröße, die Haarfarbe, die Augen und das anhand von ihren Aussagen erstellte Phantombild passten genau auf ihn. Zudem schien er immer auch zum Zeitpunkt der Tat in der Nähe der Tatorte gewesen zu sein und hatte für die entsprechenden Zeiten kein Alibi. Die Falle schnappte zu und er war gefangen in einem Netz aus Intrigen und Verdächtigungen, aus dem er nicht wieder herauskam.

So kam es, dass seine eigenen Kollegen ihn eines Morgens verhafteten und ins Untersuchungsgefängnis brachten, wo er viele Monate einsaß, bevor ihm der Prozess gemacht wurde. Schließlich verurteilte man ihn in einem spektakulären Prozess, bei dem noch einmal alle Gräueltaten, die er begangen haben sollte, zur Sprache kamen, wohlgemerkt aufgrund der Indizien, seines fehlenden Alibis und der zweifelsfreien Zeugenaussagen zu einer langjährigen Haftstrafe. Die Tatsache, dass er die Taten leugnete und seine Unschuld beteuerte, führte nicht dazu, dass sein Urteil milder ausfiel, sondern eher noch härter, war doch der vorsitzende Richter, einschließlich der Schöffen und des Staatsanwaltes, davon überzeugt, dass er der wahre Täter sei. Sogar sein Rechtsanwalt hegte am Ende der Verhandlung Zweifel an seiner Unschuld, zu erdrückend war die Beweislast gegen ihn.

Er saß schon einige Jahre in Haft, als durch einen Zufall, wie es so oft im Leben passiert, ein Mann bei einem Banküberfall festgenommen wurde, der ihm zum Verwechseln ähnlich war. Im Verlauf der polizeilichen Ermittlungsarbeiten gestand dieser, mehrere Frauen vergewaltigt zu haben. Daraufhin wurde der Fall des verurteilten Polizisten noch einmal neu aufgerollt. Als zweifelsfrei feststand, dass man seinerzeit einen Unschuldigen und somit den Falschen inhaftiert hatte, wurde er auf richterliche Anordnung in einem erneuten Prozess freigesprochen. Er bekam eine Entschädigung und man bot ihm sogar eine höhergestellte Tätigkeit bei der Polizei im Innendienst an, aber er lehnte dankend ab, hatte er doch die Schnauze voll von jenen, die ihn auf diese üble Weise vieler Jahre seines Lebens beraubt und seinen guten Leumund und Ruf für immer zerstört hatten. Denn sowohl die Presse als auch die Medien waren damals über ihn hergefallen und hatten ihn in einer Form an die Wand genagelt, wie es nur selten in ihrem kleinen Provinzstädtchen vorgekommen war, da sie ihn von Anfang an als den eigentlichen Schuldigen vorverurteilt hatten.

Das war wohl auch der Grund dafür, dass er keine Chance hatte, in seiner Stadt noch einmal einen Fuß auf die Erde zu bekommen und er es vorzog, woanders ein neues Leben zu beginnen. Von dem ihm zustehenden Wiedergutmachungsgeld kaufte er sich ein kleines Wohnmobil, nahm seine letzten Ersparnisse sowie das Geld aus dem Verkauf seines kleinen Häuschens und machte sich auf die Socken hinaus in die weite Welt, in die Freiheit seines Lebens, sah er doch in diesem seinem alten Leben keine Chance mehr auf Rehabilitation und somit Wiedergutmachung dessen, was man ihm angetan hatte.

Frohen Mutes fuhr er hinaus in sein neues Leben und begann nur wenige hundert Kilometer hinter seinem Heimatort mit seinem alten, von ihm verdrängten Laster, unschuldige Frauen in seinem Wagen mitzunehmen, um sie dort auf bestialische Weise zu vergewaltigen. Diesmal jedoch machte er nicht den Fehler, sie am Leben zu lassen, sondern tötete sie an Ort und Stelle, verscharrte sie irgendwo in der weiten Flur und fuhr weiter, eine Spur der Verwüstung und Vernichtung menschlichen Lebens hinter sich lassend.

So wäre es wohl ewig weiter gegangen, wenn er nicht irgendwann eines schönen Tages im Süden, in einer wunderschönen Bucht, die sich über viele Kilometer hinzog, beim Rangieren mit seinem Wohnmobil zu weit über die Abbruchkante der Steilküste gefahren und abgestürzt wäre, was sein Leben und gleichzeitig sein grausames und schreckliches Hobby für immer beendete. Denn manchmal, so scheint es, übernimmt das Schicksal selbst die Bestrafung seiner aus dem Ruder gelaufenen Schützlinge, obwohl es für die, die seine Opfer wurden, zu spät war.

Der Mann mit den Pferdezähnen

Er war berühmt berüchtigt für sein breites pferdeähnliches Grinsen und sein geradezu wieherndes, alles überschallendes Lachen, wenn dieses, nachdem er sein oberes und unteres Pferdeähnliches Gebiss freigelegt hatte, erscholl und man sich unwillkürlich umdrehend die Frage stellte, ob dieses soeben vernommene Geräusch tatsächlich menschlichen Ursprungs gewesen war oder nicht, da man spontan eher darauf getippt hätte, einen allzu menschlich überdrehten Pferdeklepper lachen gehört zu haben, als einen menschlichen Artgenossen mit einem Pferdegebiss.

Beim zweiten Blick aber auf sein Maul, pardon Mund und die pferdegebissähnlichen Zähne sich zeigten, die er zudem jedem, der es wollte oder auch nicht, über beide Backen grinsend, zeigte, begleitet von einem Wiehern, das jedes Pferd eingeschüchtert hätte, erkannte man die wahrlich traurigen und künstlerisch zweifelhaften Imitationsversuche eines vom Leben hart gestraften „Reiters von der traurigen Gestalt", der sich Zeit seines Lebens schon die möglichsten und unmöglichsten Vergleiche aufgrund seines als furchtbar zu bezeichnenden Gebisses, mit seinem prägnanten Fehlstellungen und den übergroß scheinenden Zähnen, mit seinen tierischen Artgenossen, hatte anhören müssen.

So wählte er eines frühen Tages die Flucht nach vorn, indem er seine ihn benachteiligende Behinderung zu seinem Kapital machte und über die Plätze der Dörfer und Städte zog, um die Menschen mit seinem kaum noch zu überbietenden Äußeren und dem nachhaltig wirkenden Wiehern für ein paar müde Geldstücke zu unterhalten, die er dafür einsammelte und sich so seinen Lebensunterhalt verdienen konnte.

Im Laufe der Zeit war er derart in seine Rolle hineingewachsen, dass er den Unterschied zwischen seinem eigenen persönlichen Leben und dem wiehernden Pferdedasein nicht mehr zu unterscheiden wusste, so authentisch und überzeugend war die Identifikation mit seinen vierbeinigen Freunden, dass er einem im Grunde genommen schon Leid tat. Als er eines Tages nur noch wiehern konnte, zog er es vor, freiwillig jene Institution aufzusuchen, die man nur in ganz dringenden Notfällen zu konsultieren gedenkt, dort wo Menschen wie er ein durchaus passables Zuhause finden können und er sogar einen regen Austausch pflegen konnte mit vielen anderen Tiergattungen in menschlicher Gestalt auf zwei Beinen.

Ob er sich das so gewünscht hätte, war im Nachhinein schwer zu sagen, denn nachdem er sich nur noch in der Sprache seiner vierbeinigen Freunde zu unterhalten gedachte, blieb jede weiterführende Unterhaltung im Ansatz stecken, denn keiner der ihn behandelnden und betreuenden Ärzte war in der Lage, seine auf ihre klugen Fragen hin gegebenen Antworten zweifelsfrei übersetzen zu können.

So blieb er allen ein Rätsel und wahrscheinlich sich selbst das größte. Aber wie sagt schon der Volksmund: Jedem Tierchen sein Plaisierchen und letztendlich soll doch jeder nach seiner Façon selig werden, wenn es ihm so gefällt, wie es ihm gefällt und er damit keinen anderen belästigt oder ihm Schaden zufügt.

Dass er eines Tages, weil jemand vergessen hatte, die „Stalltür" zu schließen, einfach davon galoppierte, mag nur für den der schöne Abschluss einer ansonsten traurigen Geschichte sein, der es so sehen möchte. Denn seine Freiheit dauerte nur so lange, bis er laut wiehernd, wie die Augenzeugen des Geschehens später berichteten, „schwanzwedelnd", weil nackt, über eine belebte Straßenkreuzung trabte und ausgerechnet von einem Pferdetransporter überfahren wurde und noch an der Unfallstelle verstarb.

Das Letzte, was man noch von ihm hörte, war ein leise schnaubendes, viele Ohrenzeugen meinten auch ein wieherndes Geräusch vernommen zu haben, bevor für immer die Luft aus seinen Lungen entwich, er ein letztes Mal die Nüstern weit aufriss und die Augen eines waidwunden, zutiefst verletzten, seelisch angeschlagenen Menschen zeigten, der Zeit seines Lebens als Pferdemensch oder Menschenpferd, wie sie ihn spöttisch nannten, es vorzog, sich von der Realität der ihn erdrückenden Bilder seiner Vergangenheit zu entziehen. War er doch mehr als einmal von seinem ihn voller Brutalität dressierenden und somit abrichtenden und zureitenden Vater besprungen worden und so in den Wahnsinn, den er später auf diesem Wege auslebte, hinein geritten worden. Wohl dem, der nicht vergisst, wie pervers diese Welt wohl ist, wo ein Vater seinen Sohn in den Tod wohl reitet und ihm so zu Lebzeiten schon ein Totenbett auf Zeit bereitet. Ohne dass irgendjemand etwas davon mitkriegt, als eine sterbende Seele auf Zeit, vom Bösen besiegt.

Drogen oder der ungewollte gewollte Tod

Für sie waren die Drogen mehr als nur eine Stimulanz ihrer Sinne. Sie dienten ihr als Schmerz- und Betäubungsmittel zugleich, als glückverheißende Boten aus dem Reich der verbotenen Sinne in ihrer traurigen, von Gott verlassenen und verlorenen Welt. Sie konnte die Realität schon lange nicht mehr ertragen und war hineingeflüchtet in die Welt der betäubenden und sie gleichzeitig glücklich und zudem noch selig machenden Drogen Diese gaben ihr wenigstens das Gefühl, ein Stück Lebensqualität zu besitzen in einer Welt, in der es das für sie so nicht mehr gab.

Sie war einsam, verloren und vergessen in der sie missbrauchenden, verachtenden Welt jener Männer, denen sie zu Diensten sein musste. In einer Welt, die nicht mehr die ihre war und die nicht sie steuerte und beherrschte, sondern in der sie beherrscht und gesteuert wurde. So wurde die Zahl der Drogen, die sie tagtäglich konsumierte mit der enormen, für sie kaum noch erträglichen Verzweiflung, größer und größer, bis sie eines Tages nicht einmal mehr selbst überschauen konnte, was sie sich und ihrem Körper antat.

Die dann letztendlich zu ihrem Tode führende Überdosis war nichts weiter, als ein versehentlich unabsichtliches Übersteuern der Kräfte, die sie nicht mehr beherrschte und die dazu führten, dass sie hinausgetragen wurde aus der Kurve des Lebens, hinein in die Welt des Todes, die sie umschloss und ihr das wegnahm, was man noch Hoffnung hätte nennen können in einem Leben, das nur noch aus Dunkelheit bestand. Eine verlorene Welt, in der der Tod schon längst ihr bester, weil einziger Freund geworden war. Es war jener Tod, den sie sich tagtäglich gespritzt hatte, in kleinen und langsam immer größer werdenden Dosen, bis sie den Halt verlor und sich selbst tot spritzend ins Jenseits jagte, sagen die, die zurück blieben und vielleicht die einzigen waren, die sie verstanden, weil auch sie schon Tag für Tag mit dem Tod spielten und mit jedem glückselig machenden Schuss dem möglichen finalen aller finalen Schüsse und somit ihrem Ende näher kamen.

Dass sie alle letztendlich nicht den Tod suchten, wenngleich auch fanden, ist die bittere Ironie ihres Handwerks. Denn der, der die Glückseligkeit sucht, indem er sich den Tod spritzt, wird ihn finden und auf seine Weise das Elend, aus dem er heraus diese Drogen nimmt, bewältigen. So ist es ein Tod auf Raten, wenn man wieder einmal auf dem Trip ins Jenseits ist und dem Grauen zu entfliehen gedenkt und doch seine Schritte näher als es einem lieb ist, dem Ende entgegen lenkt.

So beschreiben es die, die diesen Weg gehen und die Gefahr verdrängend mit einem Bein im offenen Seelengrab schon stehen.

Die Geschichtenerzählerin Und der Ball an der Wand

Sie stand an der Wand, mit dem runden Leder in der Hand und schaute einmal in die Runde, ihre kleine Zuhörerschar abschätzend, und begann dann, sich wieder umdrehend, den Ball gegen die Wand zu spielen, indem sie ihn hochwarf und abprallen ließ, bis er auf dem Boden aufschlug und sie ihn wieder auffing, um mit dem Spiel von vorne zu beginnen. Dabei erzählte sie in monotoner und doch laut und in verständlicher Sprache Geschichten, die spannender nicht hätten sein können, vom Leben derer, die kein Leben mehr hatten. Erzählungen von denen, die hier geboren wurden und schon lange tot waren und solche, die die Menschen, die sie hörten, ängstigten.

Sie war eine Magierin der Worte, eine Alchimistin der Sätze und eine Geschichtenerzählerin par excellence, jedoch eine, die keine ihrer erzählten Geschichten je wiederholen konnte, kamen sie doch aus ihrem selbst ihr verborgenen Inneren, aus ihrer nicht enden wollenden Intuition, ihrer unendlichen Phantasie und somit den Tiefen ihrer Seele, stiegen auf wie Blasen aus einem unergründlichen Sumpf ihrer sie heimsuchenden Eingebungen, gaben die dort drin enthaltenen Information frei und verschwanden wieder, meist für immer, wie luftige Gebilde, aus dem Reich der Einbildung, die sich nicht halten ließen.

So sprach sie, ohne es zu wissen, wie aus einer anderen Welt zu ihnen, erzählte Geschichten, die fremd und unheimlich erschienen und letztendlich doch nichts weiter waren, als tief in ihr verborgene Wahrheiten des Lebens, die sie verdrängt hatte, seitdem sie ein kleines Mädchen gewesen war. In ihrer Phantasie gab sie nun den Gestalten und Menschen, die sie einst quälten, misshandelten und malträtierten, andere Namen, phantasievollen Gebilden gleich, die nie hätten erahnen lassen, welch schreckliches Schicksal sich hinter ihnen verbarg.

Viele Jahre ging es so und sie, die als geistig behindert eingestuft wurde, erzählte die schönsten, zugleich aber auch schrecklichsten und grausamsten Geschichten. Ihre Zuhörerschaft wurde immer größer, bis sie eines Tages von einem Tag auf den anderen verstummte. Niemand wusste warum, aber der Ball, den sie immer an die Wand gespielt hatte blieb liegen, ihr Platz leer und sie ward nicht wieder gesehen, verschwunden wie eine ihrer Geschichten, die sich einfach in Luft auflösten. So war sie ohne Abschied gegangen und hinterließ eine traurige, vereinsamte Zuhörerschaft, die fortan ohne ihre Geschichten auskommen musste.

Einige Wochen später fand man ihre Leiche nicht unweit der Stelle an der Wand, wo sie gespielt hatte. Missbraucht, vergewaltigt, geschändet und verstümmelt bis zur Unkenntlichkeit. Nur in ihr Gesicht, dem unverletzt gebliebenen Antlitz, war eine unendliche Ruhe eingetreten und die Spannung all ihrer Erfahrungen gewichen, so, als hätte sie all die Geschichten ihres Lebens erzählt, die ihre Seele gespeichert hatte und die sie so sehr belasteten.

Heute, noch viele Jahre nach ihrem gewaltsamen Tod, treffen sich die Menschen von einst an ihrem Grab und hören den Geschichten jener zu, die sich dort in Angedenken an sie, die Geschichtenerzählerin versammeln, um sich die Geschichten ihres Lebens zu erzählen, die ihnen auf der Seele liegen. So lebten ihre Erzählungen weiter unter denen, die Ähnliches erleiden und erdulden mussten und die ihr zum Andenken und zum Gedenken an all jene, die immer noch leiden müssen, sie in ewiger Erinnerung behalten. Sie, die einst mit einem kleinen Ball an der Wand ihnen die Ereignisse und Erfahrungen ihres Lebens erzählte, die sie so tief in ihrer Seele berührten. Hatten viele von ihnen doch selbst das gleiche und schlimmeres erlebt in furchtbaren Tagen und Nächten, die sich in ihre Seelen einbrannten und auf diesem Wege wieder zum Vorschein kamen und erzählt werden konnten. Auf dass indirekt auf diesem Wege, nie wieder sich das Grauen in die Gefühle und Köpfe jener Menschen einbrennen kann, weil sie die Möglichkeit haben einen anderen, besseren Weg zum Ausgleich ihres sie heimsuchenden Irrsinns zu gehen.

Der Geschichtenerzähler

Er saß im Café und sprach mit wildfremden Menschen über sein schweres Schicksal, das er in Wirklichkeit nie hatte, nur um ein wenig Liebe, Aufmerksamkeit und Mitgefühl zu erhalten, aus lauter Einsamkeit und Verzweiflung darüber, dass niemand ihn liebte, geschweige denn anerkannte, so wie er war. So erdachte er sich immer wieder neue Geschichten, die abstruser nicht hätten sein können; Geschichten von dem verlorenen Sohn, der bei einem Autounfall ums Leben kam, von seiner Frau, die nach der dritten Krebs-Operation elendig im Koma verstarb, nachdem man die Geräte abstellte oder von dem eigenen Krebsleiden, dem Tumor, der ihm so unerträgliche Kopfschmerzen bereitete.

Nachdem er mehr als hundert von diesen Geschichten erzählt hatte, schien es sogar dem Schicksal zu viel zu sein und es strafte ihn, den ansonsten kerngesunden, aber psychisch angeschlagenen, zutiefst darunter leidenden Mann mit einer furchtbaren Krankheit, die schlimmer war, als all seine Geschichten zusammen.

Und so verstarb er eines Tages an all den Lügen, die er den Menschen aufgetischt hatte, um ihre Liebe, Aufmerksamkeit und Anerkennung zu erhalten. Das Allerschlimmste aber daran war, dass er zum Zeitpunkt seines Todes wieder einmal einsam und allein war und niemand ihm die Hand hielt, weil niemand ihm mehr seine Geschichten abnahm und ihm glaubte, wie sehr er in Wirklichkeit litt, er, der als Todgeweihter auf dem langen Weg zum Seelenschafott nicht sich selbst, sondern nur den Tod wohl fand und hoffentlich auf diesem Weg die Einsamkeit seines Herzens überwand.

Der Wurm
oder die Kreppsohle des Todes

Es war einmal ein kleiner Wurm, den spülte der Regen von seinem sicheren Platz auf dem Rasen zu einen großen, asphaltierten Parkplatz. Als aber der Regen aufhörte und die Sonne begann, gnadenlos den schwarzen Teer zu erhitzen, war es nur noch eine Frage der Zeit, wann es um den kleinen Wurm geschehen wäre. Dies erkannte ein vorübergehender Tierfreund und versuchte, den kleinen Wurm aufzuheben und in das nahegelegene Gras zu setzen. Das gelang ihm aber nicht und so machte er sich auf die Suche nach einem geeigneten Transportmittel, sei es nun in Form eines der Größe des kleinen Wurms angepassten Papierfetzens oder eines Holzstückchens.

Er brauchte nicht lange zu suchen, denn nur ein paar Schritte von dem kleinen, sich langsam auf dem immer wärmer werdenden Asphalt windende Würmchen, fand er ein Stück Papier und einen kleinen Stock, mit dem er den glitschigen Regenwurm würde aufnehmen und sicher im tiefen Gras absetzen können. Auf der Suche aber nach dem geeigneten Hilfsmittel, hatte unser Tierfreund leider die Stelle vergessen, wo er sein hilfloses Würmchen zum letzten Mal gesehen hatte und so begann er, langsam nervös werdend, die nähere Umgebung abzusuchen.

Er fand ihn auch, aber leider nicht so, wie er es sich gewünscht hatte, denn er, der Retter dieses armen Wurmelis, wurde auf makabre Art und Weise ungewollt sein Vollstrecker. Denn bei dem fehlgeschlagenen Versuch, ihn wieder zu finden, trat er unvermittelt direkt auf den kleinen, hinter ihm um sein Leben kämpfenden Wurm und zerquetschte diesen.

So trug er den zermanschten Wurm, unter seiner grobstolligen Fußsohle klebend, mit hinüber zum rettenden Gras, wo er ihn, ohne es zu wissen, abstreifte und kopfschüttelnd seines Weges ging, immer noch nicht verstehend, warum er das kleine Würmchen nicht wiedergefunden hatte.

So wurde der Helfer und Retter eines kleinen Lebens unfreiwillig zu seinem Vollstrecker. Niemand wird verstehen, warum es so kommen musste, wie es kam. Denn manchmal, so sagt man, sei es besser, die Dinge so zu belassen, wie sie sind, anstatt sich in etwas einzumischen, was einen nichts angeht. Aber auch das ist keine feststehende Regel, sondern nur ein Hinweis des Leben, in dem wir alle einmal Vollstrecker, Vollender, Erlöser, Ritter und Helfer sind.

Das schweigsame Würmchen

Jahrelang war er ein „schweigsames Würmchen“ gewesen, bis er lernte, sich zu artikulieren und zu einem sprechenden Wurm zu werden. Aber leider blieb er das, was er immer gewesen war: Ein kleiner, zertretbarer Erdenwurm, der trotz der Wichtigkeit der Dinge, die er auszusprechen hatte, ein Nichts war. Ein kleiner, grüner, hässlicher Fleck unter dem Absatz eines ihn zertretenen Fußes, nachdem er es gewagt hatte, den großen Konzern direkt anzugreifen, so dass dieser sich auf seine übliche Art und Weise wehrte und ihn wie ein kleines, nichtsnutziges schleimiges Etwas zerquetschte.

Nur ein kleiner, weiß-grün schimmernder Fleck erinnerte an den ungleichen Kampf zwischen dem Erdenwürmchen und Goliath und seine heldenhafte Tat, gegen die Macht des Staates aufzubegehren, um etwas zu verändern, was sich nur schwer verändern lässt, weil eine Milliarde und mehr Menschenwürmchen auf dieser unserer Welt genau mit dem, was da mit ihnen passiert, einverstanden schienen und es keine Gegenwehr gab gegen das, was ihnen von oben diktiert wurde.

Hätten sich zu dem gleichen Zeitpunkt, wo er kämpfte, mehrere Erdenwürmchen mit auf den Weg gemacht, gegen das Böse, Große und sie Bedrohende anzugehen, wäre vielleicht dieses geradezu monsterhaft riesige Gebilde aufgrund der vielen kleinen, von ihm zerquetschten Körper ins Rutschen gekommen und gestürzt. So aber passierte nichts weiter, als dass wieder einmal, wie schon so oft, ein kleiner, weißlich-grünlicher Erdenwurm zertreten und zerquetscht wurde und auf dem Pflaster des Lebens mit seinem kleinen Leichnam ein Zeichen setzte und eine Botschaft hinterließ, die da lautete: „Wer nicht kämpft, hat schon verloren“.

Und doch schien sein damals geradezu als heldenhaft zu bezeichnender Wutausbruch nichts weiter gebracht zu haben, als den viel zu frühen Tod, der sinnloser nicht hätte sein können. Denn jetzt war niemand mehr da in der Masse der versklavten Menschenwürmer, der noch hätte aufstehen können, um sich gegen die zur Wehr zu setzen, die sie unterdrückten, malträtierten und letztendlich zerquetschen.

Doch sollte sein Tod trotz alledem nicht umsonst gewesen sein, denn wie durch ein Wunder erhob sich die Masse der Erdenwürmchen und ging gegen ihre Peiniger und Unterdrücker vor, in einer Art friedlicher Demonstration. Nur durch die Kraft ihrer Gefühle, Gedanken und Leiber getragen, die sich unaufhörlich gegen jene drängte, die sie bislang auf so furchtbare Weise unterdrückt und versklavt hatten.

Heute, viele Erdenwürmchen-Jahre danach, leben sie in einem freien Land, in dem sie hin kriechen können, wohin sie wollen. In dem sie endlich das tun können, was sie tun möchten und in dem ihre Kinder sich so fühlen dürfen, wie es immer und überall sein sollte: Nämlich frei und unabhängig und doch eingebunden in eine große Gemeinschaft, die ihnen Kraft und Halt gibt und das Gefühl von Verbundenheit und Gemeinsamkeit vermittelt, die, auch wenn erst einer von ihnen sterben musste, letztendlich doch den Kampf von David gegen Goliath oder besser gesagt Erdenwürmchen gegen Goliath aufnahm, um das Unmögliche möglich zu machen: Nämlich die Freiheit für sich zu erlangen, sie, die nicht mehr wert waren, als der Dreck auf dem Asphalt, den sie hinterließen, wenn man sie zertrat.

So lehrt uns die Geschichte, dass auch ein Erdenwürmchen, das alleine nichts gegen seinen übermächtigen Feind auszurichten weiß, mit all seinen Schicksalsgenossen, die auf die gleiche Art und Weise gequält und unterdrückt werden, viel zu verändern in der Lage ist, hat doch ein Einzelner als solches nicht die Macht, die es braucht, um etwas zu verändern in dieser unserer Welt, sondern nur die Masse als solches, die zu einem großen, starken Gegner dem gegenüber werden kann, der sie unterdrückt. Denn nur der, der sich zu behaupten weiß, indem er sich zusammenschließt und gemeinsam einen Weg zum Ziel verfolgt, kann das scheinbar Unabänderliche abwenden! Doch leider nur viel zu selten, kommt es dazu, dass eine Würmchen-Armee sich gegen einen Riesen zur Wehr setzt, der sie gnadenlos unterdrückt und ausbeutet und wenn es sein muss zertritt.

So lehrt uns die Geschichte, dass es zwar möglich ist, eine bestimmte Zeit, eine bestimmte Masse und somit ihr kreatives Wissen zu unterdrücken, aber doch nur für eine gewisse Zeit, denn dann erhebt sich in diesen unterdrückten Seelen der Geist der Freiheit und das Gefühl der Stärke und Gemeinsamkeit und fegt den Tyrannen und Unterdrücker hinweg durch eine gemeinsame, sie alle stark machende Aktion, die das Gleichgewicht und die Harmonie der Kräfte wieder herstellt. Denn das, was viele vergessen, ist die Tatsache, dass wir in einem ehemaligen Paradies leben, auf einem Juwel in den unendlichen Weiten des Weltalls, das wir uns zurückerobern müssen und dass die Grundregeln und Grundprinzipien unseres Lebens die der Freiheit, Harmonie, des Ausgleichs, der Freundschaft und Liebe sind und nicht die des

Krieges, der Zerstörung und unterdrückung, des Hasses und der Verzweiflung, wie es so oft den Anschein hat.

Dass es noch ein langer, langer Weg ist wieder zurückzukehren zu diesem unseren Wunsch und dem paradiesischen Zustand von einst, steht außer Frage. Aber der erste vieler Würmchen-Schritte ist getan und viele andere werden folgen bis, ja bis wieder jene Weltenharmonie hergestellt ist, nach der wir uns Menschen so sehr sehnen, die noch notwendiger wir doch in Wirklichkeit tief in uns tragen, als einen unerfüllten Wunsch in einem unerfüllten Leben voller Hoffnung und Veränderung all dessen, was sich nur verändern lässt, wenn wir alle an einem Strang ziehen und uns befreien von den Tyrannen dieser unserer Welt und der Vorstellung, dass ein Erdenwurm ein Erdenwurm ist und bleibt ohne Macht und Kompetenz in dieser unserer von Unterdrückung und Veränderung geprägten Zeit.

Zeitsprünge

Und so sprang er, wie es ihm schien und sei es auch nur in Gedanken, von einer Zeit in die andere, von der Vergangenheit in die Gegenwart und von dort in die Zukunft und wieder zurück, bis, ja, bis er eines Tages nicht mehr wusste, in welcher Zeit er sich in Wirklichkeit befand. Ein Umstand, der ihn derart verwirrte, dass er in der Zeit hängen blieb, in der er sich gerade befand und das war, wie wir uns denken können, die Gegenwart.

So lebte er fortan, wie alle anderen auch, im Hier und Jetzt, die die Vergangenheit hinter sich ließen und die Zukunft noch vor sich hatten, nur mit dem Unterschied, dass er nicht mehr wusste, dass es die Gegenwart war, die ihn nicht mehr losließ, geschweige denn freigab. Denn sie verwirrte ihn mehr, als dass sie ihm half, sich in ihr zurechtzufinden, war sie doch derart präsent, dass er es nicht mehr schaffte, sich von ihr zu lösen, um sich in die Zukunft hinein zu retten oder Zuflucht in der Vergangenheit zu finden und sei dies auch nur gedanklich oder gefühlsmäßig.

So stellt sich die berechtigte Frage, ob wir nicht alle ein klein wenig verwirrt sind, wenn wir daran denken, dass es tatsächlich eine Vergangenheit, Gegenwart und Zukunft gibt, in der wir zeitgleich leben können, wenn auch nur in unserer Vorstellung? Und wir, wenn ein Moment der Zeit vergangen ist, uns schon in einer anderen Zeit befinden, nämlich der Zukunft, vor der die Gegenwart und die Vergangenheit liegt?

So werden wir von einem Moment auf den anderen zu Wanderern zwischen den Zeiten und somit Gezeiten des Lebens. Denn der nächste Augenblick bringt schon wieder eine neue Zeit zwischen Zukunft und Vergangenheit mit sich.

So leben wir ständig in der Mitte zwischen Künftigem und Vergangenem in dem winzig scheinenden Augenblick der Gegenwart, der im darauf folgenden Moment schon Vergangenheit wird. Eine wahrlich unheimliche Zeiterscheinung. Wir sind Teil dieses Phänomens, ohne zu wissen, wie wir dort hineingeraten sind, als Zeitreisende durch die Zeit der grenzenlos scheinenden Ewigkeit. Wohl dem, der darum nicht verrückt wird, weil er akzeptiert, was es ist und der Augenblick der Wahrheit stirbt, genau in dem Moment, wo wir diesen realisieren und tief in uns spüren, an der Grenze einer Welt zu stehen, die wir, wie wir es auch immer drehen, nicht verstehen. Wir, die wir Gefangene im Sturm der Zeit wohl sind und zugleich leider blind, für die tiefere Wahrheit, die sich hinter dem Phänomen verbirgt und auf uns und unser Leben, so lange wir leben, einwirkt.

Zeit lähmt

Die freie Zeit, die er hatte, lähmte ihn, denn so lange er keine Zeit hatte, war er stets in Eile und Bewegung, aber wenn er endlich die Zeit hatte, die er sich sehnlichst wünschte, fühlte er sich wie paralysiert. Klingt es auch für den einen oder anderen geradezu verrückt, aber zu viel freie Zeit kann tatsächlich lähmen!

Es war ein Paradoxon in seinem Leben, dennoch ein existentes und somit reales, mit dem er sich stets konfrontiert sah. War er doch ein Mensch, der sein ganzes Leben lang ohne Zeit für sich selbst und seine Bedürfnisse auskommen musste. Wenn er dann einmal Zeit hatte, über sich und sein Leben nachzudenken, dann war es für ihn ein Gräuel. Denn in dieser freien Zeit erkannte er all seine Fehler, seine Schwächen und das Fehlen des tieferen Sinns seines scheinbar träge dahin fließenden Lebens. Ein Umstand, der ihm gar nicht gefiel, war es doch, wie er sich eingestehen musste, ein Blick in den Abgrund seiner eigenen Seele, der düster und verhängnisvoll ihm den Weg in die Zukunft aufzeigte. Eine Erkenntnis, die ihm Angst machte und ihn mehr lähmte, als je zuvor, wusste er doch, dass in der Vergangenheit die Dinge geschaffen werden, die später erst in der Zukunft ihre eigentliche Wirkung entfalten und somit zeigen. So war er allein schon durch das gelähmt, was er sah und was noch kommen sollte, weil er wusste, was er in seiner Vergangenheit erlebt hatte und sich wie ein Abbild dessen in die Zukunft projizierte.

Ist es doch ein ungeschriebenes Gesetz des Lebens, dass wir von all dem, was wir unverarbeitet in uns tragen, irgendwann in unserem zukünftigen Leben nach dem Gesetz der Anziehung heimgesucht werden, um uns daran zu erinnern, was wir alles in der Vergangenheit hätten bearbeiten müssen, als wir noch Zeit dazu hatten, in jener freien Zeit also, die uns, wie wir nun wissen, aufs Nachhaltigste lähmte.

So erkennen wir manchmal auf recht drastische Weise, wie es ist, ein Opfer seiner freien Zeit zu sein, die man sich so sehr wünscht. Insbesondere dann, wenn man in dieser mit sich nichts anzufangen weiß, weil man spürt, wohin das führt, wenn man sich nicht mit dem beschäftigt, was man in sich trägt und einem aufs Gemüt wohl schlägt, wie die nicht abgeschlossene Vergangenheit und das sich daraus ergebende, zukünftige Seelenleid.

Goldkörnchen

Sie war das Goldkörnchen unter all den Sandkörnern in den Mühlen des Lebens, die zermahlt wurden und, zu feinem Staub zerrieben, ihrem Schicksal überlassen ein jämmerliches Dasein führte. Ihr Schicksal aber war es, als das goldige Goldkörnchen die Mühle, die sie zermalmen sollte, zum Stehen zu bringen. Und so wurde sie dadurch der Retter all jener Sandkörnchen, die auch ein Stück Gold in sich trugen, nur ganz tief in sich versteckt und verborgen vor den Augen der Welt.

So wurde sie, wie schon gesagt, zum Retter aller goldgekörnten Sandkörnchen, weil sie die pure, reine Kraft des Goldes darstellte und die Steinmühle, die ihre Leidensgenossen zermalmte, zum Stillstand brachte. Eine Heldin par excellence, auserwählt vom Leben und somit auserkoren, Großes zu tun.

So sollten wir uns fragen, ob wir nicht alle auch ein Goldkörnchen in uns tragen und dazu in der Lage sind, etwas Außergewöhnliches zu tun, wenn wir uns nur darüber im Klaren wären, dass auch wir die Welt verändern könnten, wenn, ja, wenn wir nur an uns selbst und den goldenen Kern, den wir tief verborgen in uns tragen, glaubten. So sagen es alle die, die den Weg des goldgekörnten Sandkörnchens gingen, um heute als reine Goldkörnchen allen anderen, die ihnen folgen, ein Vorbild zu sein, weil sie die schrecklichen alles zermalmenden Mühlen des Lebens mit ihren sie zermalmenden Steinrädern zwar nicht zum Stillstand brachten, aber zumindest für sich überwanden und nicht ein elendiges Ende als Staub in der Ewigkeit fanden.

Nachwort

Nun, am Ende unserer kleinen Reise durch den großen Kosmos der vielfältigen Ereignisse unseres Lebens, erkennen wir als aufmerksamer Leser vielleicht ein Stück mehr vom Wesensgehalt unseres eigenen Daseins, das uns auf manchmal abenteuerliche Weise durch ein Leben führt, bei dem man erst am Ende spürt, welch tieferer Sinn ihm innewohnt und dass es sich in jedem Fall wohl lohnt, sehenden Auges und offen durch das selbige zu gehen, um das Geheimnis des Lebens und des Menschen, der in diesem lebt, zu verstehen.

Denn nur der, der dieses Wunder des Lebens streift ist der, der vielleicht ein Stück von der Einzigartigkeit seines Lebens begreift und offener und bewusster mit dem umgeht, was man unter den schicksalhaften Ereignissen des Lebens versteht, die doch letztendlich unser Leben wie einen roten Faden durchziehen. Woran man wieder einmal sieht, wie wundersam alles zu einander passt, wenn Puzzlestein auf Puzzlestein, eingefasst in eine Welt der Wunder, uns unseren Weg wohl weist und man auf den Erlebnispfaden jener Menschen reist, die schon lange vor uns lebten und nach ihrer Art von Glückseligkeit strebten. Durch die Geschichten, die das Leben und das Schicksal schrieb und von dem, was im Sand der Zeit davon übrig blieb, der durch unsere Uhren rinnt bis sie abgelaufen sind und alles wieder von vorn beginnt, in dem ewiglich scheinenden Kreislauf des Lebens, den nur der versteht, der dem Geheimnis seines eigenen, von ihm gelebten auf den Grund wohl geht. Weil hier die tiefere Wahrheit über unsere Welt und unser Dasein liegt und gleichzeitig der Schlüssel zu uns selbst, so dass es nun an dem Menschen selbst wohl liegt, welchen Weg er durch sein ihm vorgegebenes Schicksal wählt. Wenn wieder einmal, wie wir ahnen, nur die Wahrheit zählt, die uns heil durchs Labyrinth des Lebens bringt, was zweifelsohne nur dem gelingt, der die Geschichten, die das Leben für ihn schreibt, sich mit Haut und Haaren einverleibt, weil er nur auf diesem Wege zu einer ihn weiterführenden Erkenntnis kommt und einen Einblick in die tiefere Welt seines Daseins bekommt, die es ihm ermöglicht, sich selbst zu verstehen und den selbst bestimmten Weg durch sein Leben zu gehen. Weil doch in jeder Geschichte, die man erlebt ein Stück tiefere Wahrheit mit einher wohl geht, durch die man bewusster durch diese, seine, unsere Welt geht und vielleicht am Ende eines langen Zyklus versteht, dass der tiefere Sinn des hier Erlebten darin liegt, dass man die dunkle Seite in sich besiegt und fortan mit anderen hoffnungsfroh voran schreitet und so den uns nachfolgenden Menschen einen Weg bereitet, auf dem sie ein Stück mehr von ihrem Leben und ihrem Schicksal verstehend, hoffnungsfroh einem sich daraus ergebenden Ziel entgegen sehend, nicht mehr verloren durch den Irrgarten ihrer ihnen entglittenen Träume irrend, sich und die Menschen, die sie begleiten verwirrend, hilflos dort im Nichts wohl landen, wo die großen Seelenbaken stranden, wenn sie sich im Dunkel ihrer Welt verlieren und die Totenköpfe die Flaggen ihrer Masten zieren, um im Meer der Zeit verloren zu gehen, in dem wir letztendlich doch nur uns selbst und unsere angeschlagenen Seelen sehen. Wir, die die tiefere Wahrheit Suchenden, die nur zu retten sind, wenn wir nicht mehr getrieben, wie ein Blatt im Schicksalswind, über Fluss und Meer und Land wohl ziehen und vor unserer inneren Wahrheit fliehen, wodurch wir einem ungewissen, uns erwartenden Schicksal entgegen treiben, weil, ja weil sie, die dunklen unsichtbaren Mächte des Bösen uns wieder einmal einverleiben.

So sollte jeder in seinem Leben den schicksalsbedingten Weg wohl sehen, durch den wir erst den tieferen Sinn unseres Daseins verstehen, um die Geschichten, die das Leben schrieb, als eine Art Botschaft zu begreifen, durch die wir erst den wahren Kern unseres Schicksals und den des Menschen begreifen. Wir, die Seelenverlorenen und Gestrandeten an den Gestaden und dem Schicksalssaum der Zeit und von Hilfe keine Spur, wie es scheint, weit und breit, in dieser unserer schicksalsträchtigen Welt, in der dann letztendlich nur noch das Überleben und nicht mehr das Leben als solches zählt. Wenn, ja wenn wir ohne unser Dasein zu verstehen, wieder einmal als Blinde das Licht des Lebens Suchende, durch die eigenen eingestürzten Seelenbauten und Kulissen gehen und erst durch die Geschichten, die das Leben schrieb und von dem was übrig blieb, ein Stück von der tieferen Wahrheit, die uns umgibt, erkennen, was wir die Erkenntnis von dem Wunder des Lebens und seinen Darstellern, die wir sind, nennen. Jenes Wunders, dessen Teil wir werden in einer Welt auf Erden, die dich und mich und uns alle einschließt und hoffentlich uns nicht mehr in Zukunft verdrießt, weil, ja weil wir die Botschaft der Geschichten des Lebens verstehen und fortan mit ihnen durch das Wunder des Lebens und das unserer eigenen Erfahrungswelten gehen, auf der ewigen Suche nach dem tieferen Sinn des Lebens.

Und vielleicht ist diese Suche nicht vergebens, wenn, ja wenn wir in den Geschichten, die das Leben schrieb unsere eigene Biografie wohl sehen und ein Stück von dem Wunder dieser Erfahrungswelten anderer verstehen, weil sie doch den Schlüssel in sich tragen und uns so etwas darüber sagen, wonach wir tagtäglich, ohne es noch zu erahnen, fragen. Nämlich nach dem Woher und Wohin und des Lebens tieferen Sinn, Fragen, auf die es, wie es scheint, keine Antwort gibt, es sei denn, dass man sie in Geschichten des Lebens selbst wohl sieht.

In diesem Sinne hoffen wir, die Autoren dieses Buches, dass Sie beim Lesen der Texte glückliche und erkenntnisreiche Momente hatten, denn in jeder Geschichte, das wissen wir nun, liegt ein Stück tieferer Wahrheit von uns. Und wer sie mit all seinen Sinnen in sich aufnimmt, über sie lacht oder weint und sie nicht als solches mehr verneint, wird vielleicht eines Tages den Schlüssel dazu finden, um ein Stück von der Dunkelheit vor und hinter dem Tor des ewigen Vergessens zu überwinden. Dorthin, wo wir eines Tages alle hingehen, um das Wunder des Lebens und die Geschichten, die es schrieb, zu verstehen.

Biografie des Autoren

Der Heilpraktiker, Dozent und Buchautor Dietmar Schoof wurde 1955 in Hamburg geboren. Er verbrachte seine Kindheit und Jugend in der näheren Umgebung Hamburgs und wuchs unter dem Einfluss seines Stiefvaters auf, der ihn schon von klein auf an in die tieferen Geheimnisse der Esoterik, Tiefenpsychologie und Mystik einweihte. Nach vielen Irrwegen und langem Suchen, darunter eine Ausbildung zum Speditionskaufmann, Polizeivollzugsbeamten im Bundesgrenzschutz und einer längeren Auslandstätigkeit für die deutsche Lufthansa, kam er zu seinem heutigen Beruf, dem des Heilpraktikers.

Im Jahre 1987 begann er in eigener Selbstständigkeit eine Naturheilpraxis zu führen und als stellvertretender Fachfortbildungsleiter für den Verband Deutscher Heilpraktiker Vorträge zu halten. Im gleichen Jahr baute er innerhalb seiner Praxis über ein eigenes Ausbildungskonzept eine praxisorientierte Unterrichtseinheit auf, wobei der Schwerpunkt dieser Unterrichte die psychosomatischen Krankheitsbilder der Patienten und ihre Behandlungsmöglichkeiten waren. Die so auf diesem Wege stattfindende Ausbildung aus der Praxis, für die Praxis beinhaltete das ganzheitliche Behandlungskonzept, bei dem die körperlichen, seelischen und geistigen Bereiche des kranken Menschen sowie sein soziales Umfeld mitberücksichtigt werden. So gilt für dieses Behandlungskonzept, dass nur das Gültigkeit hat, was auch in der Praxis Bestand hat. Auf diesem Wege fließt die Erfahrung aus der täglichen Praxisarbeit in das Ausbildungskonzept für Heilpraktikeranwärter mit ein und wird zum Bestandteil der theoretischen und praktischen Ausbildung des zukünftigen Heilpraktikers.

Als Herr Schoof 1994 die Schulräume seiner ehemaligen Heilpraktikerschule in der Menckesallee übernahm, konnte er auf ein erprobtes und praxisgängiges Konzept zurückgreifen. Zur Vervollständigung seiner Arbeit, bei der ihm fortan liebevoll und aufopferungsvoll seine Frau und viele Kollegen zur Seite standen, gründete er im Jahre 1999 mit ihnen zusammen den „Hamburger Heilpraktikerverband e.V.“ und den „Verein für Opfer sexuellen Missbrauchs und Gewalt e.V., El Faro“. Dies war notwendig geworden, weil aufgrund der sich verkomplizierenden Umstände der Druck der Öffentlichkeit auf die Schule zu groß geworden war, fühlten sich doch eine Reihe von Menschen durch das Ausbildungs- und Behandlungskonzept, das die Behandlung psychosomatisch erkrankter und somit sexuell missbrauchter Patienten mit einschloss, provoziert.

Die sich aus seiner Tätigkeit heraus ergebenden Aufgaben sehen es vor, das Wissen auch einer größeren Öffentlichkeit zugänglich zu machen und so verfolgt er zusammen mit seiner Frau und den ihnen zur Seite stehenden Kollegen dieses Ziel mit großer Intensität und Enthusiasmus. Weitere Heilpraktiker-Fachschulen und Zweigstellen des Vereins sind in Planung, erste Projekte konnten in Berlin verwirklicht werden.

Zudem wurde ein Verlag ins Leben gerufen, der es Betroffenen ermöglichen soll, ihre Lebensgeschichte publik zu machen.

In diesem Zusammenhang wurde gleichfalls ein Frauenhaus zum Schutz betroffener Opfer des sexuellen Missbrauchs gegründet, sowie eine Begegnungsstätte und eine Dauerausstellung in Leese (Landkreis Nienburg) zum Thema des sexuellen Missbrauchs in der Familie, speziell für Betroffene oder die, die Schwierigkeiten haben sich in die traurig verlorene Welt eines Missbrauchsopfers hinein zu versetzen.

Des weiteren sind Buchpublikationen, öffentliche Vorträge und aufklärerische Arbeit im Rahmen des Verbandes und des Vereins Teil dieser oft schwierigen Arbeit, da es nach wie vor an Akzeptanz in der Öffentlichkeit gegenüber dem Thema des psychosomatischen Behandlungskonzepts und somit sexuellen Missbrauchs fehlt.

Nichtsdestotrotz wird sich diese Idee über kurz oder lang durchsetzen, da die Nachfrage der Betroffenen größer ist als der Widerstand derer, die in ihr eine Bedrohung sehen, da sie die bestehenden Grundfeste ihres gutbürgerlichen Lebens in Frage stellt.

www.elfaro-portal.org

Über diese Homepage haben Sie Zugang zu den verschiedenen Organisationen wie:

- den Heilpraktiker Schulen in Hamburg und Berlin,
- dem Opferschutzverein El Faro mit seinen Zweigstellen in Hamburg und Berlin,

- dem El Faro Verlag und

- der Begegnungsstätte für Betroffene von sexuellem Missbrauch und Gewalt in Leese (Landkreis Nienburg)